Collection dirigée par
Rémi Brissiaud

CM1

j'apprends les maths

MANUEL

Rémi Brissiaud
Maître de conférences à l'IUFM de Versailles

Pierre Clerc
Professeur des écoles

François Lelièvre
Professeur des écoles

André Ouzoulias
Professeur à l'IUFM de Versailles

Illustrations : Michel Fayaud

RETZ
www.editions-retz.com
1, RUE DU DÉPART
75014 PARIS

Conception de la maquette : Pictorus
Mise en page : Pictorus
Illustrations : Michel Fayaud
Cartographie : Domino
Direction éditoriale : Sylvie Cuchin
Édition : Anne Marty
Corrections : Gérard Tassi

ISBN : 978-2-7256-2440-2
N° de projet : 10140079 - Dépôt légal : Avril 2005
Achevé d'imprimer en Italie en mars 2007 sur les presses de l'imprimerie G. Canale & C. S.p.A. – Borgaro T.se

Présentation

L'enseignement des mathématiques à l'école élémentaire a beaucoup évolué ces quinze dernières années et *J'apprends les maths* a été l'un des principaux vecteurs de ces évolutions. Concernant les problèmes arithmétiques, par exemple, les pédagogues sont d'accord aujourd'hui pour souligner l'importance des formes de résolution que les programmes de 2002 appellent « résolutions personnelles » par opposition aux « résolutions expertes » (dans *J'apprends les maths*, nous préférons parler de « résolution par simulation de la situation » par opposition à la « résolution arithmétique »). Le dispositif des Ateliers de résolution de problèmes (ARP), présent depuis l'origine dans cette collection, a largement contribué à faire comprendre et à diffuser cette idée. On retrouve évidemment ces ateliers dans la nouvelle édition.

Pour autant, tous les débats n'ont pas cessé concernant les choix nécessaires pour mettre en œuvre les programmes de 2002. Dans la répartition des contenus entre les différentes classes du cycle 3, par exemple, faut-il reporter l'enseignement de la technique de la division au CM2 ? Faut-il reporter au collège l'étude du sens « division » des fractions (*a* / *b* peut se lire : « *a* divisé par *b* ») ? Nous apportons ci-dessous des réponses à ces questions. Elles concernent seulement la division, les fractions et les décimaux, mais elles éclairent l'ensemble des choix pédagogiques de *J'apprends les maths*.

L'exemple de la division

Certains pédagogues plaident en faveur d'un report au CM2 de l'enseignement de la technique de la division. Ce choix est très différent de celui de *J'apprends les maths* puisque nous avons choisi de l'enseigner dès le CE2. En fait, de report en report, c'est cet enseignement lui-même que ces pédagogues souhaiteraient abandonner. Dans un document publié par le Conseil national des programmes en août 1999, par exemple, on pouvait lire : « *Apprendre à faire une division est un travail formel qui n'éclaire pas le sens de cette opération et qui, par ailleurs, prend beaucoup de temps. D'autre part, même si l'élève parvient à acquérir cette technique, celle-ci est souvent vite oubliée.* » Examinons chacun de ces deux arguments, en commençant par le dernier.

L'apprentissage de la technique de la division ne laisserait-il aucune trace chez l'élève ?

Les pédagogues précédents ne tiennent pas compte du fait qu'il existe deux sortes d'oubli : l'oubli total, extrêmement rare, et l'oubli partiel. En psychologie, il est fréquent d'apprécier la qualité d'un apprentissage à la rapidité d'un réapprentissage après un oubli partiel.

Tous les enseignants ont l'expérience d'élèves qui, en début d'année scolaire, semblent « n'avoir rien appris dans la classe précédente » mais qui, rapidement, s'avèrent plus performants qu'ils ne le paraissaient initialement. Avoir oublié, ce n'est pas bien grave lorsqu'on est capable de réapprendre vite.

Concernant la division, c'est en 1re scientifique que l'élève aura l'occasion de réapprendre cette technique. En effet, pour savoir si le polynôme $3x^3 + x^2 - 9x + 5$ est divisible par $x - 1$ et pour effectuer la factorisation correspondante, l'élève utilise un algorithme qui a exactement la même structure (il pose une division « en potence »). Celui qui aura appris à faire une division à l'école l'apprendra en quelques minutes, alors que cela demandera des heures à celui qui ne l'aura pas appris. L'école élémentaire doit avoir l'ambition de donner à tous les élèves les moyens de poursuivre éventuellement des études scientifiques approfondies.

Mais, plus fondamentalement encore, l'abandon de l'enseignement de la technique de la division affecterait probablement la compréhension même de cette opération : on peut douter du fait qu'« *apprendre à faire une division [...] n'éclaire pas le sens de cette opération* ». C'est ce que nous allons nous employer à montrer maintenant.

Les deux « gestes mentaux » de la division

Rappelons d'abord (pour une présentation détaillée, voir le *Livre du maître*) que le calcul du quotient et du reste d'une division est susceptible de solliciter deux « gestes mentaux » de base : celui de la *division-partition* (ou division-partage) et celui de la *division-quotition* (ou division-groupement).

Pour diviser 27 847 par 4 (division par un nombre à 1 chiffre), par exemple, les enfants peuvent penser à un scénario de partages successifs des milliers, centaines, dizaines et unités comme celui-ci :

– Partage des milliers : *27 milliers partagés en 4, cela fait 6 pour chacun et 3 milliers restent à partager.*

– Partage des centaines restantes : *les 3 milliers restants et les 8 centaines qu'on avait au départ font 38 centaines à partager en 4,* etc.

Ce premier « geste mental » est celui qu'on utilise lorsqu'on « pose » cette division par écrit.

Présentons l'autre « geste mental de base ». Si l'on doit diviser 903 par 125, par exemple, cela n'aide guère de s'imaginer le partage de 903 objets entre 125 personnes. Il convient mieux de chercher : « *Avec 903 objets, combien peut-on former de groupes de 125 ?* » ou encore « *En 903, combien de fois 125 ?* », ce qui correspond au geste de la division-quotition. Comme 7 fois 125 = 875, le quotient est 7 et le reste 28.

Les exemples numériques précédents n'ont pas été choisis au hasard : lorsqu'on divise un « grand nombre » par un nombre à un chiffre (le quotient est alors un nombre à plusieurs chiffres), on a intérêt à procéder par partages successifs des milliers, centaines, etc. En revanche, lorsqu'on divise un nombre *a* par un autre *b* alors que le quotient n'a qu'un seul chiffre, on a intérêt à se demander : « En *a* combien de fois *b* ? ».

L'apprentissage de la technique et la conceptualisation de la division

Avoir compris ou avoir conceptualisé la division euclidienne, c'est avoir construit la conviction de l'équivalence des deux gestes mentaux précédents : deux nombres *a* et *b* étant donnés, il est équivalent de chercher « En *a* combien fois *b* ? » ou de chercher la valeur d'une part lorsqu'on partage *a* en *b* parts égales.

Dans des divisions par un nombre à un chiffre, pour 27 847 divisé par 4, par ex., la technique de la division revient à mettre en œuvre le geste mental du partage successif des milliers, centaines, dizaines et unités. Il est clair qu'une bonne maîtrise de l'un des deux gestes mentaux (celui du partage en l'occurrence) ne peut que favoriser l'appropriation de leur équivalence. Et y a-t-il un meilleur moyen de s'approprier ce même geste que de le mettre en œuvre dans le calcul de divisions *a* : *b* ?

De plus, dans le cas général de la division par un nombre à plusieurs chiffres, celui du calcul de 87 647 divisé par 12 par ex., *la technique de la division revient à mettre en œuvre de manière coordonnée les deux gestes mentaux*. Pour calculer cette division, en effet, on est amené à partager successivement les 87 milliers en 12, puis les centaines restantes en 12, etc. La structure générale de la technique est donc du côté d'un partage successif des milliers, centaines, etc., ce qui sollicite le geste mental de la partition. Mais chaque quotient partiel, lui, est obtenu en se demandant : « *En 87 combien de fois 12 ?* », etc., sollicitant alors le geste mental de la quotition.

Pour effectuer une division par un nombre à 2 chiffres dans le cas général où le quotient a lui-même plus de 2 chiffres, il suffit donc de mettre en œuvre de manière coordonnée les deux « gestes mentaux » dont l'équivalence fonde cette opération arithmétique. La véritable difficulté n'est donc pas dans l'enseignement de cette technique en elle-même mais dans celui de l'équivalence entre la quotition et la partition. Ainsi, contrairement à ce qu'on pourrait penser, le fait qu'un élève soit capable de calculer une division par un nombre à deux chiffres peut être considéré comme un indice d'une bonne compréhension du sens de cette opération.

Éviter les difficultés ou les aborder autrement ?

Souvent, c'est parce que les enseignants veulent que leurs élèves s'approprient d'emblée le savoir sous une forme générale que ceux-ci sont nombreux à échouer. Concernant la division, par ex., il ne convient guère que les enfants soient, dès le départ, confrontés à des divisions par des nombres à 2 chiffres et ayant, dans le même temps, plusieurs chiffres au quotient.

L'une des principales forces de *J'apprends les maths CM*, nous semble-t-il, est de réhabiliter la notion de progression. Ainsi, concernant la division, nous avons choisi de l'introduire dans une situation de quotition : « *Combien de fois peut-on reporter un segment de 25 mm dans un autre de 163 mm ?* », car lors des « premières rencontres » avec un concept arithmétique, il est toujours préférable – quand c'est possible – de privilégier ses significations savantes et de différer le sens trivial (en l'occurrence, « diviser = partager »).

Puis, les élèves sont confrontés à une situation-problème dont la résolution favorise la prise de conscience de l'équivalence entre le geste de quotition et celui de partition : 217 cubes sont placés dans une boîte à chaussures, sur le bureau de l'enseignant (former une telle collection n'est pas trop pénible : si ces cubes sont emboîtables, cela correspond à 21 groupes de 10 et encore 7 !). Il faut partager équitablement les 217 cubes entre 25 élèves qui sont assis dans la classe. On amorce la distribution en donnant 1 cube à chaque élève, et l'enseignant demande d'anticiper ce que chacun aurait si on achevait la distribution. Il faut prendre conscience que 1 cube pour chaque élève correspond à 25 cubes pour le stock et qu'on obtient donc la valeur d'une part en cherchant combien de fois il y a 25 dans 217.

En psychologie, on dit que, dans un tel problème, il y a *discordance entre sa représentation initiale et l'économie de sa résolution numérique* : l'énoncé conduit à se représenter le partage qui y est décrit alors que la solution numérique s'obtient facilement en cherchant « *En 217, combien de fois 25 ?* » (voir R. Brissiaud, 2002, « Psychologie et didactique : choisir des problèmes qui favorisent la conceptualisation des opérations arithmétiques ». *In* J. Bideaud & H. Lehalle (éds) : *Traité des sciences cognitives - Le développement des activités numériques chez l'enfant*, 265-291. Paris : Hermes).

Puis les élèves sont régulièrement confrontés à des divisions simples, mais qui se calculent tantôt par partage (523 : 3 ou 1 645 : 5, par ex.), tantôt par quotition (86 : 10 ou 432 : 50, par ex.), avant d'utiliser de manière coordonnée ces deux stratégies lors de l'apprentissage du calcul d'une « grande division » par un nombre à deux chiffres.

En résumé, la conceptualisation arithmétique exige d'accompagner les élèves dans la rencontre de certaines difficultés. Nous l'avons montré avec l'exemple de la division, nous aurions pu mener le même type d'analyse concernant les conversions, un domaine de connaissances dont l'importance est sous-estimée par beaucoup et où l'usage d'un tableau de conversion se fait souvent au détriment de la compréhension (*cf.* le *Livre du maître*). Nous allons voir de même que, concernant les nombres décimaux, il apparaît tout aussi indispensable d'affronter certaines difficultés.

L'exemple des décimaux

Les nombres décimaux servent à approcher d'aussi près que l'on veut la mesure d'une grandeur continue.

Pour résoudre ce problème, les Égyptiens ont inventé les fractions de numérateur 1. Plus précisément, dans la plupart des contextes (mesures de capacités de céréales, d'agrumes ou de liquides), ils utilisaient uniquement les fractions : 1/2, 1/4, 1/8, 1/16, 1/32 et 1/64..., c'est-à-dire celles dont le numérateur est 1 et le dénominateur une puissance de 2.

Un tel système permet en effet d'approcher d'aussi près que l'on veut la mesure d'une longueur *l* à l'aide d'une unité *u*, par ex., comme le montre le schéma suivant :

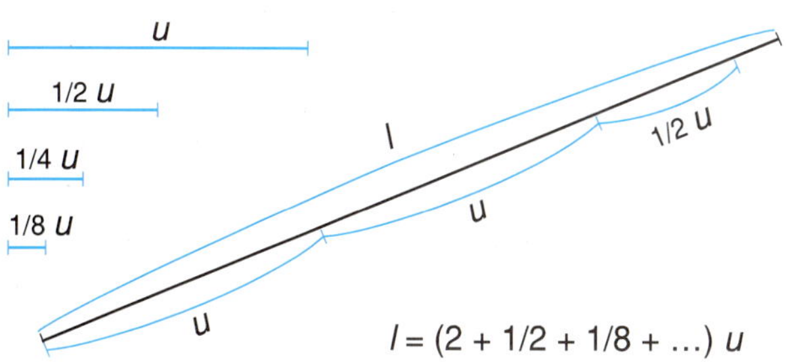

D'un point de vue pratique et théorique, la suite de fractions 1/2, 1/4, 1/8, ... et celle des décimaux 1/10, 1/100, 1/1000, ... ont exactement la même fonction.

Disons le clairement : il est impossible d'envisager que les élèves comprennent les décimaux sans avoir étudié en classe, de façon assez approfondie, les fractionnements successifs par 10, 100, 1000, etc.

De même que, d'un point de vue historique, les hommes ont d'abord découvert le système 1/2, 1/4, 1/8... pour approcher d'aussi près que l'on veut la mesure d'une grandeur continue, c'est d'abord sous la forme de fractions que les enfants doivent découvrir les décimaux en classe.

Les deux « gestes mentaux » qui permettent de comprendre les fractions

Cependant, une progression pédagogique où l'on enseigne d'abord les décimaux sous forme de fractions décimales n'est pas suffisante pour que les enfants conceptualisent ces nombres. De nombreux enseignants font ce choix et se plaignent toujours que leurs élèves comprennent mal les décimaux.

L'explication de ce phénomène est vraisemblablement la suivante : les enfants conceptualisent mal les décimaux, bien qu'ils soient présentés comme fractions décimales particulières, parce que, plus généralement, ils conceptualisent mal les fractions. En effet, tel qu'on s'y prend le plus souvent, les élèves comprennent mal que *a*/*b* puisse se lire aussi bien : *a divisé par b* que *a fois un b*ième.

Or, par exemple, si on s'intéresse à une fraction d'heure, l'écriture 3/4 ne doit pas seulement évoquer une durée de « trois quarts d'heure », elle désigne aussi la durée correspondant à 3 heures partagées en 4 périodes égales (« 3 divisé par 4 »).

Souvent, les élèves comprennent mal l'équivalence de ces « gestes mentaux » différents. Il est alors normal qu'ils comprennent mal pourquoi, par exemple, 3 ÷ 10 = 3/10 (ou 0,3). Pourtant, il n'y a pas de vraie compréhension des décimaux s'il n'y a pas de compréhension du fondement de telles égalités.

C'est pourquoi deux choix fondamentaux caractérisent la progression adoptée dans *J'apprends les maths* : le sens « division » d'une fraction *a*/*b*, le moins banal, est rencontré le premier, puis, lorsque les enfants se sont approprié l'équivalence entre les deux « gestes mentaux » qui fondent les fractions, les décimaux sont présentés comme des fractions particulières.

Enseigner d'abord les fractions *a* / *b* dans leur sens «*a* divisé par *b* »

Les raisons d'un tel choix sont nombreuses et sont présentées de manière détaillée dans le *Livre du maître*. Il est clair que le sens « division » est le moins naturel parce qu'une écriture comme 3/4 se lit communément « trois quarts » et non « 3 divisé par 4 ». Mais ce sens n'est pas le plus difficile à comprendre et, surtout, il est plus facile de s'approprier l'équivalence entre les deux sens lorsqu'il est premier que lorsque c'est le sens « fractionnement » qui est premier. En effet, pour partager 3 pizzas en 4 parts égales (A, B, C, D), la solution suivante est simple :

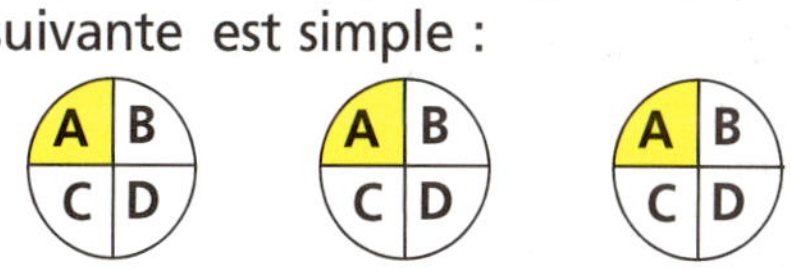

Lorsqu'on a noté 3/4 (3 divisé par 4) la valeur d'une part (celle de A, par exemple), il est simple de comprendre que cette même part s'obtient aussi en prenant une seule pizza, en la partageant en 4 et en prenant 3 des parties ainsi formées (ce qui correspond aux trois quarts d'une pizza).

Cheminer en sens inverse serait beaucoup plus difficile. Les utilisateurs de la 1re édition de cet ouvrage en attestent fréquemment : l'enchaînement des notions que nous avons adopté est plus facile à comprendre que bien d'autres qui n'ont pas la même ambition concernant la compréhension par les élèves de ce qu'est un nombre décimal.

Nous remercions M. Bouchet, M.-P. Gelas, É. Lefeuvre, A. Maccès et C. Méchaï, enseignantes du Val-d'Oise, qui ont expérimenté les premières versions de J'apprends les maths CM1*, et C. Lefloc'h, qui a participé à l'expérimentation de cette seconde édition.*

Les auteurs

Index

NB : Les numéros renvoient aux séquences et une même séquence peut apparaître dans plusieurs rubriques.

Arithmétique

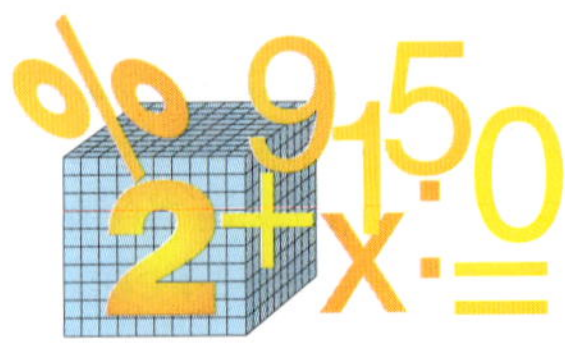

Nombres, opérations et écritures

Les stratégies de calcul

Voir aussi les pages 8 à 11 sur le calcul mental et, pour chaque séquence, les indications en haut et à droite de la page du manuel

général

Les activités de calcul mental

En haut et à droite des pages du présent manuel, dans une zone de texte spécifique et pour chaque séquence, nous proposons des activités de calcul mental. Rappelons que celles-ci sont étroitement liées à la progression d'ensemble et jouent un rôle essentiel dans le progrès des élèves (voir nos conseils pages 12 et 13). Parfois les indications données suffisent à définir les calculs demandés. Mais souvent nous renvoyons à ces quatre pages pour des précisions importantes.
Pour chaque activité, dans le sous-titre, nous n'indiquons que le numéro de la séquence dans laquelle elle est proposée la première fois.

Sq n° 3 : Tables de multiplication

Nous avons choisi la formulation suivante des tables : pour la table de 3 par exemple, « 3 fois 1, 3 fois 2, 3 fois 3, 3 fois 4,… ». C'est en effet celle qui favorise le mieux la mémorisation.

Pour que les élèves mémorisent bien les tables, ils doivent d'abord remarquer que, dans la table de 5, les nombres vont de 5 en 5 (5, 10, 15, 20, 25…), que, dans celle de 3, les nombres vont de 3 en 3 (3, 6, 9, 12, …), etc. Il convient ensuite de les amener à utiliser les repères « *n* fois 5 » et « *n* fois 10 ». Ainsi, « 4 fois 6 », c'est juste après « 4 fois 5 », c'est 24 ; « 4 fois 9 », c'est juste avant « 4 fois 10 », c'est 36. C'est pour faciliter ce raisonnement que l'on commence la révision des tables par celle de 5. La structure des tables présentées en fin du manuel et du fichier d'activités facilite aussi ce repérage.

Dans la révision des tables au CM1, nous privilégions les trois activités décrites ci-après.

1. Le jeu du furet. L'enseignant(e) annonce sur quelle table il va interroger (par exemple, celle de 4) et demande successivement à des enfants, par exemple :

Enseignant : « Luc » ; Luc : « 4 fois 1, 4 ».

Enseignant : « Sophie » ; Sophie : « 4 fois 2, 8 ».

Enseignant : « Tidiane » ; Tidiane : « 4 fois 3, 12 ».

Etc.

Il est important que *chacun énonce le produit et son résultat*. Quand un élève a atteint « 4 fois 10, 40 », on continue en redescendant vers « 4 fois 1 ».

2. Interrogation dans le désordre. L'enseignant(e) propose les cas de la table, mais en les énonçant dans le désordre. Il demande par exemple successivement : « 4 fois 6 ? », « 4 fois 2 ? », « 4 fois 5 ? », etc. Les élèves écrivent sur l'ardoise le résultat correspondant.

3. « *28, c'est 4 fois combien ?* ». L'enseignant(e) propose successivement divers résultats d'une même table dans le désordre et, pour chaque résultat, les élèves doivent écrire sur l'ardoise le produit correspondant : *4 fois 7* (ou *4 x 7*). Il s'agit, en quelque sorte, de l'activité précédente à l'envers. En limitant les associations erronées, cette tâche facilite la mémorisation.

Sq n° 3 : Additions simples

Il s'agit du répertoire élémentaire ($a + b$ pour a et $b < 10$). Quand les sommes ne sont pas connues directement (« par cœur »), l'enseignant(e) incite à utiliser 3 stratégies pour les reconstruire par le calcul (plutôt que par le surcomptage) :

• **Passage de la dizaine.** On se ramène à un calcul facile avec 10. Pour 9 + 7 par exemple : « 9 et 1, 10 et … 6, 16 ». Cette stratégie est particu-lièrement adaptée aux sommes dont un des deux nombres est 9 ou 8.

• **Retour aux 5.** On s'appuie sur 5 + 5 = 10. Ainsi, pour 6 + 7, on décompose 6 en 5 + 1 et 7 en 5 + 2 et on recompose sous la forme 10 + 3. Cette stratégie est adaptée aux sommes $a + b$ pour a et $b > 5$ et aux cas où l'un des deux nombres est 5.

• **Retour au double.** Pour 6 + 7 par ex., on se ramène à « 6 et 6, 12 et 1, 13 ». Cette stratégie est pertinente quand on somme 2 nombres successifs.

Sq n° 4 : Soustractions simples

Ce sont celles qui interviennent dans le calcul des soustractions en colonnes, comme 9 – 3, 12 – 5, 7 – 0, etc. C'est pourquoi il est bon de proposer quelques cas « impossibles » tels que 3 – 9 ou 0 – 4 que l'on rencontre dans la disposition en colonnes en cas de retenue (*cf.* la sq n° 31).

Il est normal au CM1 que des élèves n'aient pas encore mémorisé plusieurs résultats de ces soustractions élémentaires. Pour les aider à les reconstruire par le calcul (plutôt qu'en comptant à rebours ou en « surcomptant »), on peut privilé-gier les 3 stratégies suivantes :

• **Calcul « en reculant ».** Pour 16 – 7 par exemple, il est pertinent de retirer d'abord 6 (pour s'arrêter à 10), puis 1.

• **Calcul « en avançant ».** Pour 13 – 8 par exemple, il est pertinent de chercher le complément : pour aller de 8 à 13, il y a 2 pour aller à 10 et encore 3 pour aller à 13.

• **Appui sur le répertoire additif.** Pour 16 – 8 par exemple, on s'appuie sur 8 + 8 = 16. Pour 15 – 10, on utilise 15 = 10 + 5, etc.

Sq n° 5 : Additions faciles du type « 30 + 40 », « 80 + 50 », ...

On se ramène au calcul de (3 + 4) dizaines, de (8 + 5) dizaines... Lorsqu'on dépasse 100, comme dans ce deuxième cas, c'est une nouvelle occasion de voir que, par exemple, « 13 dizaines, c'est 130 ». On peut aussi faire un « passage de la centaine » : « 80 et 20, 100 et encore 30, 130 ».

Sq n° 7 : Numération décimale et multiplication par 10 et 100

L'enseignant(e) propose des problèmes énoncés oralement qui conduisent à des calculs du type 10 fois *n* ou 100 fois *n*. Par exemple : « *48 équipes de 10 cyclistes, combien est-ce de cyclistes ?* », « *Combien y a-t-il de feuilles dans 32 paquets de 100 feuilles ?* », etc., et, d'autre part : « *Combien y a-t-il de dragées dans 10 boîtes de 75 dragées ?* », « *100 rangées de 36 arbres, combien est-ce d'arbres ?* », etc.

Il convient de varier les contextes et les termes qui désignent les groupes de 10 ou de 100 : équipes, paquets, piles, troupeaux, files, four-nées, ... (et de faire remarquer que les équipes de 10, les paquets de 100, les piles de 10, ... sont différentes formes de groupes de 10 ou de dizaines, de groupes de 100 ou de centaines).

Pour la validation des solutions au tableau, l'enseignant utilise la multiplication (par exemple, 100 x 27 = 2 700). Il est bon de faire interpréter quelques résultats des deux manières suivantes :

– en faisant référence à un matériel de numération : 27 « plaques-centaines », c'est 2 « cubes-milliers » et encore 7 « plaques-centaines » ;

– 20 fois 100, c'est 10 fois 100, 1 000 et encore 10 fois 100, 1 000, et enfin 7 fois 100, 700, en tout 2 700.

Sq n° 10 : Doubles du type 2 fois *n* (somme < 200)

On vise à ce que les élèves sachent calculer « 2 fois 68 », par exemple, sous la forme « 2 fois 65, 130 et 2 fois 3, 6, en tout 136 » (et pas seulement en utilisant une décomposition en dizaines et unités). L'activité se déroule en 4 phases :

1°) On s'intéresse à quelques cas simples tels que « 2 fois 40 », « 2 fois 94 », « 2 fois 53 », ... (le nombre qui est doublé a moins de 5 unités).

2°) On aborde une série de cas tels que « 2 fois 35 », « 2 fois 65 », ... (le nombre qui est doublé a 5 unités). On anticipe que les deux 5 formeront « un dix de plus ».

3°) Les élèves découvrent (ou revoient) que, par exemple, « 2 fois 68, c'est 2 fois 65, 130 et 2 fois 3, ... ». On propose alors des suites de calculs tels que : « 2 fois 45 », puis « 2 fois 47 » ; « 2 fois 85 », puis « 2 fois 86 » ; ...

4°) L'enseignant(e) propose divers cas mélangés en privilégiant ceux du type « 2 fois 68 ».

Sq n° 11 : « Multiple de *n* ou non ? »

L'enseignant(e) demande par exemple : « *390 est-il un multiple de 10 ou non ?* ». Les élèves répondent sur ardoise 390 = 10 x 39. Dans les cas où il faut répondre « non », ils écrivent seulement « N ». On fait alors expliciter de façon orale et informelle la décomposition $a = bq + r$.

Pour les multiples de 10 et de 100, le domaine numérique est celui qui a été exploré dans les séquences sur la numération décimale. Pour les multiples de 5, 25, 50, 250, on ne dépasse pas 12 fois le nombre.

Sq n°s 11 & 16 : Additions faciles du type « 87 + 50 » ; « 387 + 50 »

L'un des deux nombres a deux chiffres et se termine par zéro. On procède en deux phases : dans la sq n° 11, chacun des deux nombres a deux chiffres (87 + 50) ; dans la sq 16, on ajoute un nombre entier de dizaines à un nombre de trois chiffres (387 + 50).

L'enseignant(e) fait remarquer que, si on sait calculer 80 + 50 (*cf.* sq 5), on sait aussi calculer 87 + 50 : « 87 + 50, c'est comme 80 + 50, avec 7 de plus ». Et pour les cas du type 387 + 50, « c'est comme 87 + 50 avec 300 de plus ».

Sq n° 22 : « *Multiple de 3 ou non ?* » « *Multiple de 4 ou non ?* »

Même tâche que celle introduite dans la sq 11. Là encore, on ne dépasse pas 12 fois le nombre. Les élèves apprennent à s'appuyer sur les repères « 5 fois 3 » et « 10 fois 3 », « 5 fois 4 » et « 10 fois 4 ». Par ex. : « 17 n'est pas un multiple de 3, c'est 5 fois 3 plus 2 », « 27 est un multiple de 3, c'est juste avant 10 fois 3, c'est 9 fois 3 exactement ».

Sq n° 23 : Soustractions « en avançant » et « en reculant »

Il s'agit d'entraîner les deux stratégies revues dans la sq n° 22. L'enseignant(e) propose divers cas. Pour certains de ces calculs, il demande comment les élèves ont procédé : « en avançant » ou « en reculant » ? Il est bon alors d'expérimenter chaque stratégie. On constate ainsi que, parfois, les deux stratégies sont également pertinentes (par ex., dans des cas tels que 76 – 37). Il est bon aussi de proposer des calculs pour lesquels on utilise plutôt des décompositions connues (par exemple pour 120 – 60, 75 – 25, etc.).

En cas de nécessité, les élèves peuvent utiliser une file comme celle de la sq n° 22, que leur enseignant leur a photocopiée et qui a été glissée dans une pochette transparente (les élèves se servent alors d'un feutre effaçable).

Sq n° 24 : Multiplications faciles du type « 20 x 37 » et « 30 x 8 » , « 40 x 7 » ...

On entraîne ici la stratégie découverte dans la sq n° 23 : pour multiplier un nombre par 20, 30, 40, ... on le multipie par 2, 3, 4, ... puis on multiplie ce produit par 10. Dans le cas des multiplications par 20, le second facteur est un nombre quelconque < 100. Dans les autres multiplications (par 30, 40, 50), c'est un nombre < 10. Les élèves prennent conscience que l'on se sert alors des tables de 3, 4 et 5. Cette même démarche est généralisée ensuite (sq n° 25, voir ci-après) aux multiplications par 60, 70, 80, 90.

Sq n° 25 : Table de 6 (7, 8, 9) puis multiplications par 60 (70, 80, 90)

Il s'agit de comprendre que, pour calculer 60 x 8 par exemple, on utilise 6 fois 8, 48, mais que le résultat est un nombre de *dizaines* : 60 x 8 = 480. On commence donc par les activités habituelles sur la table de 6 (*cf.* sq 3) et on poursuit avec quelques cas de multiplication par 60 (le second facteur est inférieur à 10). Même démarche dans les séquences suivantes avec les autres tables.

Sq n° 29 : « *Je pense à un nombre...* »

La difficulté de la tâche dépend des ordres de grandeur respectifs des nombres. Par exemple : « *Je pense à un nombre, j'ajoute 4 et j'obtiens 42* » est assez facile parce que la relation « 38 et 4, 42 » vient presque immédiatement à l'esprit et on n'a même pas besoin d'utiliser une soustraction pour résoudre ce problème d'ajout. En revanche, le problème « *Je pense à un nombre, j'ajoute 38 et j'obtiens 42* » conduit le plus souvent à calculer 42 – 38 (qui se calcule « en avançant »). Quand l'énoncé utilise « *je retire...* », le calcul qui permet de retrouver le nombre pensé doit être une somme que les élèves peuvent déterminer mentalement, comme, par exemple, les cas abordés dans les sq 11 et 16, ou une somme du type 57 + 35 (deux nombres de deux chiffres quelconques). On revoit alors que 57 + 35 par exemple, c'est « 57 et 30... 87 et encore 5, 92 » (on ajoute les dizaines puis les unités du second nombre).

Sq n° 31 : Additions faciles du type « 320 + 67 » ; « 370 + 67 »...

Il s'agit de préparer le calcul mental de multiplications du type 54 x 11, 38 x 12, etc. (*cf.* le calcul mental de la sq 32). En effet, pour 38 x 12 par ex., qui sera calculé sous la forme (38 x 10) + (38 x 2), les élèves devront pouvoir sommer 380 + 76. Pour cette somme, on utilise la procédure classique : ajout successif des dizaines et des unités. Ainsi, 370 + 67 « c'est 370 et 60... 430 et encore 7, 437 ».

Sq n° 32 : Multiplications faciles du type *n* x 11 et *n* x 12

On multiplie par 11 ou 12 des nombres de deux chiffres. Les multiplications sont proposées par écrit au tableau car cela aide les élèves à gérer la suite des calculs. La stratégie privilégiée repose sur la distributivité de la multiplication sur l'addition : pour 41 x 12, par exemple, 12 fois 41 est égal à 10 fois 41 et encore 2 fois 41. On peut graduer la difficulté en commençant par des cas sans « retenue » au niveau des dizaines, comme 41 x 12 (on somme 410 + 82), 32 x 12 (on somme 320 + 64) ou 63 x 11 (on somme 630 + 63). On peut aussi proposer des cas tels que 54 x 12 (on somme 540 + 108, soit deux nombres de 3 chiffres, mais sans avoir à gérer de « retenue »). Des cas tels que 38 x 12 (on somme 380 + 76) ou 56 x 11 (on somme 560 + 56) sont proposés ensuite.

Cette tâche prépare les élèves à comprendre la technique en colonnes (sq n° 38).

Sq n° 38 : Divisions par 5, 10, 25 ; divisions par 50, 100, 250

L'enseignant(e) demande : « *180 divisé par 25 ?* ». Les élèves écrivent $q = 7$ $r = 5$. On interroge sur des cas où $q = 0$, $q = 1$, et $r = 0$, $r =$ diviseur – 1. Dans les divisions par 5, 25 et 250, les quotients ne dépassent pas 12.

Sq n° 42 : Conversions vers des unités plus petites

L'enseignant(e) demande par exemple d'exprimer en pouces une longueur de 32 pieds, en secondes une durée de 9 minutes, en litres une capacité de 34 hl, etc. Les rapports entre unités sont connus des élèves et les cas abordés sont ceux qui ont été étudiés lors des sq n°s 39 et 40 : soit il s'agit de deux unités contiguës hors système métrique, soit il s'agit de convertir en mm des longueurs exprimées en m, dm ou cm, soit enfin il s'agit de passer des km, hm ou dam au m (des kg, hg ou dag au g ; des hl ou dal au l).

Le raisonnement qui amène à mobiliser la multiplication est celui qui a été introduit dans la sq n° 39 : il y a plus de pouces, il y en a 12 fois plus... La multiplication mobilisée (32 x 12 ; 9 x 60 ; 34 x 100 ; etc.) est facile.

Sq n° 46 : Utiliser les tables pour calculer des divisions

Il s'agit de comprendre que, dans les divisions du type 26 : 3 ?, plutôt que de chercher « en 26, combien de fois 3 ? », il est plus facile de s'imaginer qu'on a déjà réalisé le partage de 26 en 3 parts égales et de se demander « 3 fois combien font 26 ? ». Du coup, cela revient à chercher le quotient dans la table de multiplication par 3. En fait, on trouve 3 fois 8, 24, ce qui conduit à $q = 8$ et

$r = 2$. C'est pourquoi il est bon de revoir préalablement la table du nombre qui est mobilisé ensuite comme diviseur.

Les élèves découvrent cette stratégie dans la sq n° 46 (après avoir compris que la division permet de résoudre des problèmes de partage équitable) avec les diviseurs 3 et 5 et quelques cas de division par 2 (voir sq n° 58, ci-dessous). On l'étend ensuite aux autres nombres (voir séquences suivantes).

Hormis dans les divisions par 2, $q < 10$.

Sq n° 58 : Divisions par 2 et divisions par 3, 4, 5 … pour *q* = 10, 25, 50, …

Dans une 1re phase de la séance de calcul mental, l'enseignant(e) propose des divisions par 2 de nombres < 200. Ce calcul, en effet, est assez particulier. Pour 174 : 2 ? par ex., plutôt que de partager les 17 dizaines en 2, etc., il est plus facile de s'imaginer le partage déjà réalisé et de se demander « 2 fois combien font 174 ? ». Cela revient en effet à chercher de quel nombre 174 est le double. Or, si l'on connaît bien les doubles des nombres < 100 (*cf.* sq n° 10 et suivantes), pour 170 : 2 ?, la réponse est immédiate : $q = 85$, et, pour 174 : 2 ?, la réponse vient presque aussitôt : $q > 85$ … $q = 87$.

Fondamentalement, on utilise le même raisonnement dans la 2e phase de la séance en proposant des cas de divisions par 3, 4, 5, etc. comme 152 : 3 ?, 812 : 8 ?, 1 003 : 4 ?, etc. Dans tous ces cas, les élèves peuvent s'appuyer sur des décompositions bien connues comme 150 = 50 x 3, 800 = 100 x 8, 1 000 = 250 x 4, etc. En somme, pour cette seconde série, les quotients sont donc 10, 25, 50, 100, 250, 500, 1 000, … comme dans les activités de la sq n° 55.

Sq n° 60 : Conversions jours ↔ semaines

Lorsqu'on propose aux élèves des conversions du type J ↔ S, il convient d'éviter que la taille du nombre leur serve d'indice pour savoir s'il faut faire une multiplication ou une division par 7. En effet, si, pour que les calculs soient simples, les cas proposés sont du type « 64 j → ? s » et « 9 s → ? j », certains élèves font une division quand le nombre proposé a 2 chiffres et une multiplication quand il n'en a qu'un. On évite ici ce comportement superficiel en proposant des cas où le nombre initial est toujours un nombre de deux chiffres se terminant par 0 (10, 20, 30, … 80, 90). De ce fait, les multiplications comme les divisions sont simples et, pour chaque cas, les élèves doivent se ramener au raisonnement utilisé jusqu'ici : pour convertir 30 semaines en jours, il y a plus de jours, il y en a 7 fois plus… ; pour convertir 30 jours en semaines, il y a moins de semaines…

Quel que soit le calcul, cette tâche est aussi une bonne façon d'automatiser la table de 7.

Sq n° 67 : Divisions par 30 de $n \leq 360$, …

On propose deux sortes de cas :

1°) Les cas où le quotient est 10, 11 ou 12. Dans ces cas, les divisions sont du type 305 : 30 ?, 338 : 30 ?, 362 : 30 ? Autrement dit, le reste est ≤ 10.

2°) Les cas où le quotient est < 10. Il s'agit de découvrir que le quotient de divisions comme 268 : 30 ?, 167 : 30 ? ou 224 : 30 ? s'obtient en calculant respectivement celui de 26 : 3 ?, de 16 : 3 ?, de 22 : 3 ? Les élèves prennent conscience que chercher combien de fois il y a 30 dans 224, c'est comme chercher combien de fois il y a 3 dizaines dans 22 dizaines ; le quotient de la division 224 : 30 ? est le même que celui de 22 : 3 ?

Cette activité est reprise dans les sq suivantes avec des diviseurs tels que 40, 50, etc.

On remarquera que l'on prépare l'apprentissage (au CM 2) de la stratégie qui consiste à se ramener à une division simple comme ainsi 27 : 5 ? pour estimer le quotient de 278 : 53 ?

Sq n° 76 : Ajouter, retirer 19, 29, 39, …

Pour ajouter 19, 29, 39, … à un nombre donné, la stratégie classique consiste à ajouter 20, 30, 40, … et à retirer 1 en explicitant par exemple : « on a ajouté 1 de trop ». De même si l'on retire 19, 29, 39, … à un nombre donné, il est facile de retirer 20, 30, 40, … et d'ajouter 1 en explicitant par exemple : « on a retiré 1 de trop ».

Sq n° 85 : Furet de 15 en 15 et de 0,15 en 0,15

Le jeu du furet est le même que celui décrit dans le commentaire du calcul mental de la sq 3. On commence par des ajouts successifs de 15 : « 15, 30, 45, 60, 75, 90, 105, … ». On peut aller jusqu'à 300 par exemple avant de « redescendre ». Il s'agit de préparer le même jeu dans le cas où on procède à l'ajout successif de 15/100 : « 15/100, 30/100, 45/100, 60/100, 75/100, … ». On rencontre ainsi plusieurs cas où l'on peut exprimer le nombre sous deux formes : 30/100 ou 3/10 ; 60/100 ou 6/10 ; 75/100 ou 3/4 ; … 120/100 ou 1 + 2/10 ou 12/10 ; … 150/100 ou 1 + 1/2 ; etc.

Les élèves doivent tous écrire le nombre sur leur ardoise même si un seul d'entre eux est effectivement interrogé pour valider l'ajout du moment.

D'un jeu à l'autre, l'enseignant(e) demande tantôt les écritures fractionnaires, tantôt les écritures avec la virgule.

Sq n° 99 : Ajouter presque 100, ajouter presque 200, …

L'enseignant(e) amène les élèves à formuler que pour ajouter 95 ou 195 par exemple, on peut ajouter 100 ou 200 et retirer 5. Cette tactique est presque toujours pertinente quand le nombre est compris entre 90 et 100, 190 et 200, etc.

5 conseils pour bien utiliser

1. S'appuyer sur la progression proposée

Les 120 séquences de ***J'apprends les maths CM1*** ont été expérimentées dans plusieurs classes (lors de la conception de la 1re édition et de cette 2e édition). La progression définitive, telle qu'elle apparaît ici dans la succession des séquences, est le résultat de cette expérimentation. L'emploi optimal de cet outil repose en grande partie sur le respect de cette progression. Nous déconseillons vivement de « sauter » des séquences ou d'en changer l'ordre. En effet, des savoir-faire ou des notions abordés dans telle séquence conditionnent la réussite de telle autre séquence, qui se déroule parfois aussitôt après, parfois bien plus tard. Voici deux exemples qui illustrent cette caractéristique de ***J'apprends les maths CM1*** (se reporter aux pages correspondantes sur le manuel ou le fichier).

1er exemple : la division

Séquence n° 19 :

Les multiples de 25

L'enfant apprend à calculer les multiples de 25 et à déterminer si un nombre est ou non un multiple de 25 (la notion de multiple a été abordée dans la séquence 10).
Ce savoir-faire est entraîné dans les séquences suivantes, dans la zone **Je deviens performant** et dans les séances quotidiennes de calcul mental (voir hauts de pages).

Séquence n° 36 :

Introduction de l'écriture *a : b ?*

La division est introduite **sur le fichier** dans une situation où l'on cherche combien de fois il y a 25 mm dans une longueur donnée (171 mm par ex.). Grâce à une bonne connaissance des multiples de 25, l'enfant n'a aucune difficulté à trouver que 171 contient 6 fois 25 et qu'il reste 21. En l'absence d'obstacles techniques, il peut ainsi consacrer toute son attention à ***la compréhension des particularités de cette nouvelle opération : la division*** (on y cherche deux nom-bres : le quotient et le reste, etc.).

Séquence n° 79 :

Technique (diviseur à 2 chiffres)

La compréhension de la technique est, elle aussi, grandement facilitée quand elle est introduite dans le cas d'un diviseur dont les multiples sont connus, comme c'est ici le cas avec 25. Comme les enfants ne rencontrent aucune difficulté dans les divisions partielles, *ils peuvent consacrer toute leur attention à* ***la compréhension des différentes étapes de l'algorithme*** et de leur enchaînement. Ainsi, en divisant par 25, les enfants s'approprient la structure de cette technique avant de la généraliser à des divisions par 37, 63, etc.

2e exemple : les décimaux

Séquence n° 14 :

Les compléments à 100

L'enfant apprend à déterminer les compléments à 100. ***Il s'y entraîne dans les séquences suivantes***, par écrit dans la zone **Je deviens performant** et oralement lors des activités quotidiennes de calcul mental (voir hauts de pages).

Séquence n° 78 :

Les fractions décimales

Considérons la tâche suivante : *Lequel de ces deux nombres est le plus proche de 1 ? Est-ce 78 / 100 ou 1 + 1/4 ?* (activité 4). Cette tâche est très intéressante parce que ***les enfants y comparent deux nombres décimaux dont l'un est une fraction simple qu'ils doivent connaître : 1/4, c'est 25 / 100.*** Mais cette tâche n'est simple que si les enfants savent déterminer, sans poser d'opération, le complément de 78 / 100 à 100 / 100. D'où l'importance d'avoir appris, à partir de la séquence 14, à calculer les compléments à 100.

Séquences nos 95-96 :

Les nombres décimaux

La plupart des élèves de CM1 savent que 8,86 est compris entre 8 et 9. Mais bien connaître 8,86, ***c'est savoir répon-dre à cette autre question : 8,86 est-il plus proche de 8, de 8 et demi ou de 9 ?*** Là encore, la réponse n'est simple que dans la mesure où l'on sait calculer le complément de 86 à 100.

"J'apprends les maths CM1"

2. Utiliser le fichier *et* le matériel individuel

Les tâches proposées sur le fichier et avec le matériel individuel sont ***indispensables à un apprentissage réussi***. Considérons par exem-ple l'apprentissage de la technique de la division par partages successifs des centaines, dizaines et unités. Sur le fichier, à six reprises à partir de la séquence 47, les élèves sont amenés ***à réaliser par l'action*** un tel partage, en s'appuyant sur le dessin d'un matériel de numération :

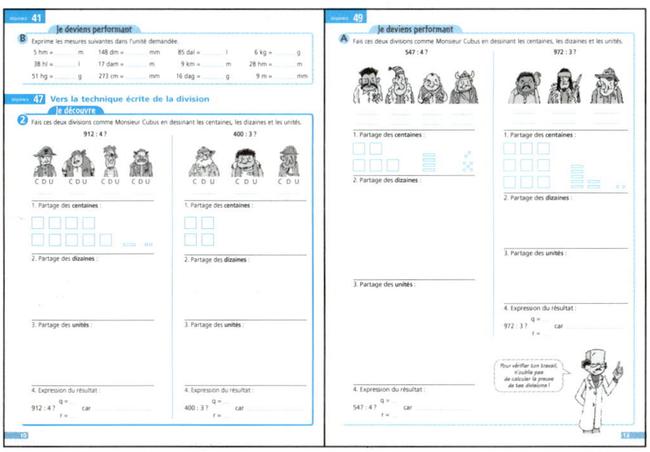

Lorsqu'ils découvrent la technique écrite (sq n° 51), ***celle-ci apparaît comme le résumé d'une action familière***. Par exemple, il leur sera facile de comprendre qu'il y a deux sortes de dizaines à partager … (voir le *J'ai appris* de la sq n° 47).

3. Ne pas négliger les activités d'entraînement

Les activités d'entraînement proposées dans la zone **Je deviens performant** du manuel (et quelquefois sur le fichier) sont nécessaires à la mémorisation et à l'automatisation des savoir-faire de base. C'est à cette condition que l'enfant en disposera le moment venu, par exemple pour comprendre une notion nouvelle introduite plus tard dans la zone **Je découvre** .

L'ensemble des activités d'une séquence a été « calibré » ***pour se dérouler dans l'horaire quotidien de mathématiques***. L'enseignant trouvera dans le **Livre du maître** des activités complémentaires qu'il peut proposer aux élèves qui auraient terminé avant.

4. Consacrer le début de chaque séquence au calcul mental

En début de séquence, en haut et à droite de la page du manuel, nous proposons des activités de calcul mental. Celles-ci ne sont pas un « supplément d'âme » qu'on pourrait trouver secondaire au regard de l'apprentissage des techniques opératoires. Aider les enfants à devenir habiles en calcul mental, c'est ***les aider à progresser dans la résolution de problèmes***.

Mais c'est aussi ***favoriser l'apprentissage des techniques***. Par exemple, une bonne connaissance des tables de multiplication aide grandement à calculer les divisions (de nombreuses activités de calcul mental sont consacrées à la mémorisation de ces tables).

C'est enfin ***favoriser la conceptualisation d'opérations*** comme la division (voir *Présentation* p. 3 à 5), ***de nombres*** comme les décimaux (*cf.* notre premier conseil) ou ***de notions*** comme la proportionnalité. Le contenu de ces activités et leur succession ont, eux aussi, été conçus en relation étroite avec la progression d'ensemble.

5. Animer les ARP de manière individualisée

Toutes les huit séquences en moyenne, le manuel propose deux séquences d'*Atelier de résolution de problèmes* (ARP). Il s'agit là d'***un type de séquence très différent des autres*** (même si les activités qui y sont proposées s'inscrivent elles- mêmes dans la progression d'ensemble).

Dans les activités numérotées **2** , on vise surtout à ce ***que l'élève comprenne l'énoncé*** et résolve chaque problème en recourant à ***la procédure qui lui est accessible*** sur le moment. L'enseignant notera donc une résolution correcte à l'aide d'un schéma ou de calculs successifs aussi positivement que la résolution experte. En effet, quand l'exigence d'utiliser la stratégie la plus experte est prématurée, elle amène l'enfant à s'appuyer sur des indices superficiels (mots-clés, par exemple) et à ne plus chercher à comprendre l'énoncé.

Première période

Arithmétique : numération ; addition, soustraction, multiplication (calcul mental et en colonnes) ; multiples, préparation à la division.
Géométrie et mesure : segment, droites parallèles, polygones, cercle ; constructions ; longueur, lecture de l'heure.

Je découvre

1 Jeu du nombre mystérieux

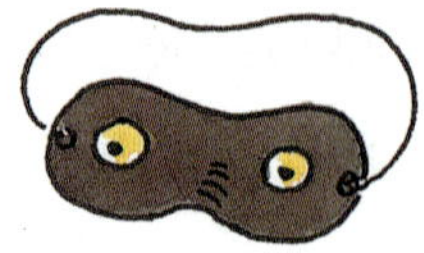

Recopie sur ton cahier les dix nombres entourés et les 9 calculs en les effectuant.
Un seul des nombres entourés n'est pas le résultat d'un calcul :

c'est le nombre mystérieux.

5 7 8 9 12
13 14 15 16 18

7 + 6	5 x 3	45 – 40
16 – 9	8 + 4	14 – 6
3 x 6	15 – 6	6 + 8

2

Recommence avec ces additions.
(Ne les pose en colonnes que si c'est nécessaire.)

795 805 812 874 900
948 949 984 992 1 000

920 + 64	760 + 52	780 + 22 + 98
93 + 234 + 478	534 + 458	407 + 302 + 240
848 + 26	737 + 211	470 + 530

3 La ruche des nombres

Trouve le chemin entre la case de départ et la case d'arrivée (les nombres dans ces cases sont écrits en gras).

Tu as le droit d'avancer dans les six directions.

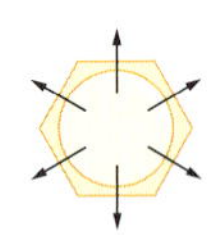

*Avance toujours vers un nombre plus **grand**.*

Écris la liste des nombres par lesquels tu passes.*

* Conseil : avec un doigt d'une main, repère la case où tu es, écris les nombres de l'autre main.

❶ et ❷ Calculs variés dans le contexte d'un jeu qui permet un contrôle des résultats obtenus.

❸ Reconstituer une suite croissante de nombres (ou décroissante comme dans la sq n° 2), à partir des écritures chiffrées qui sont proposées.

SÉQUENCES 1/2

1. Calculs simples (+, –, x)
2. Segments et points

Calcul mental quotidien

C'est ici que l'on trouvera les activités de calcul mental.
Nous renvoyons parfois pages 8 à 11 du manuel pour une présentation plus détaillée.

Je découvre

1 *Combien de points déjà tracés sont alignés avec A et B et situés entre ces deux points ?*

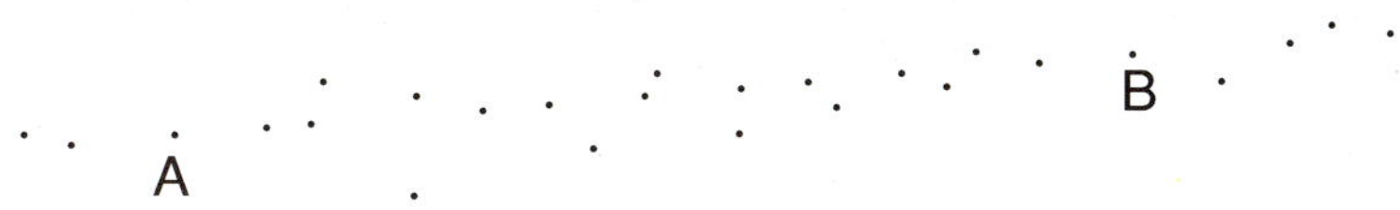

a Sur ton cahier, trace deux points C et D distants de 5 cm.

b Trace 10 points alignés avec C et D et situés entre C et D. Essaie d'en placer 10 autres.

c *Avec un crayon très fin et en t'aidant d'une loupe, pourrais-tu en tracer 100 autres ?*

d *Quel est le plus grand nombre de points qu'on peut imaginer entre C et D, alignés avec C et D ?*

> ***J'ai appris***
>
> Entre deux points A et B, je peux imaginer une infinité de points alignés avec A et B.
>
> En géométrie, cet ensemble de points s'appelle le **segment d'extrémités A et B** et se note **[AB]**. [AB] comprend :
>
> 1°) Le point A et le point B.
>
> 2°) L'infinité de points alignés avec A et B et qui sont situés entre A et B.
>
> En géométrie, pour représenter un point, on utilise soit la pointe d'un crayon très fin, soit l'intersection de deux petits traits très fins.
> Et pour représenter le segment [AB], on trace un trait qui relie A et B.

2 **Fichier d'activités page 1**

Je deviens performant

A Jeu du nombre mystérieux

202	205	209	210	215
220	222	232	240	250

27 + 178	119 + 32 + 89	246 – 37
1 217 – 985	47 + 86 + 69	190 + 60
262 – 52	408 – 186	94 + 81 + 45

B La ruche des nombres

Ici, avance toujours vers un nombre plus petit.

3 037	3 040	2 521	2 135	2 225	1 018	1 004	982
3 002	2 804	2 810	1 983	2 013	984	975	
3 017	3 026	2 933	1 715	1 995	1 027	1 103	**958**
3 013	3 009	2 832	1 894	1 489	1 206	1 301	967

❶ et ❷ Concevoir le segment qui relie les points A et B comme l'ensemble infini des points qui sont alignés avec A et B et qui sont situés entre ces 2 points. Introduction des conventions d'écriture et de représentation d'un segment.

SÉQUENCE 3

Mesure de longueurs : le pouce, le cm, le mm

Calculs proposés oralement

1. Table de multiplication par 5 : les trois activités décrites p. 8.
2. Additions simples (sommes < 20) : comparaison des différentes stratégies (voir p. 8).

Je découvre

1 Observe.

Ce segment est long comme 1 allumette (on dit qu'il mesure 1 allumette).

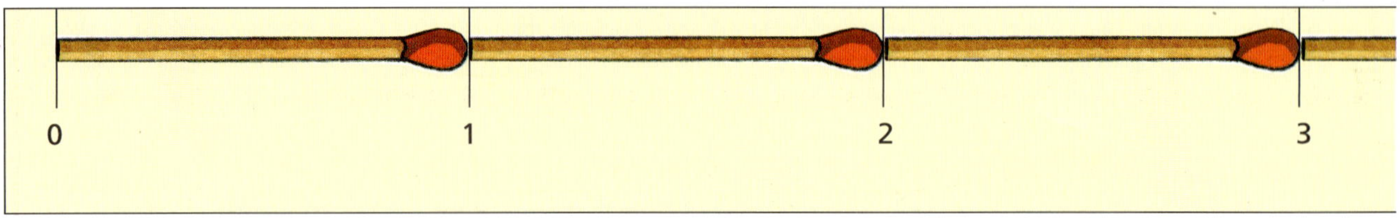

Montre exactement entre tes doigts des longueurs de 1 allumette, 2 allumettes.
Montre approximativement des longueurs de 4 allumettes, 5 allumettes, 10 allumettes.

Détache la règle graduée en pouces anglais que tu trouveras dans ton fichier d'activités.

Ce segment est long comme 1 pouce anglais (on dit qu'il mesure 1 pouce).

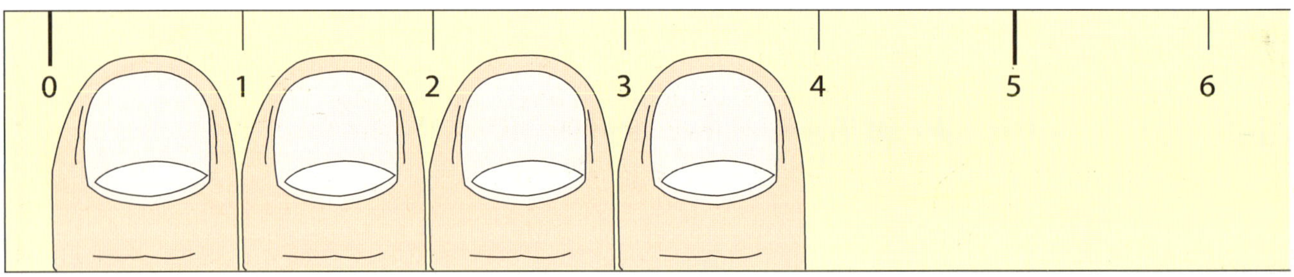

Sur ta règle, montre exactement entre tes doigts des longueurs de :
1 pouce, 2 pouces, 5 pouces, 9 pouces.
Fais-le à différents endroits de la règle.

Ce segment est long comme 1 centimètre (on dit qu'il mesure 1 cm).

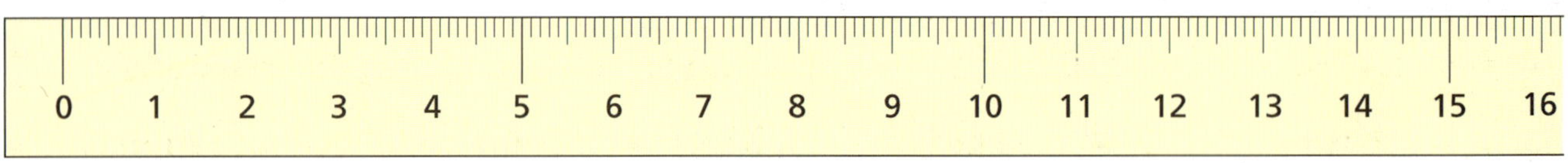

Sur ta règle, montre exactement entre tes doigts des longueurs de :
1 cm, 2 cm, 5 cm, 10 cm, 20 cm.
Fais-le à différents endroits de ta règle.

Ce segment est long comme 1 millimètre (on dit qu'il mesure 1 mm).

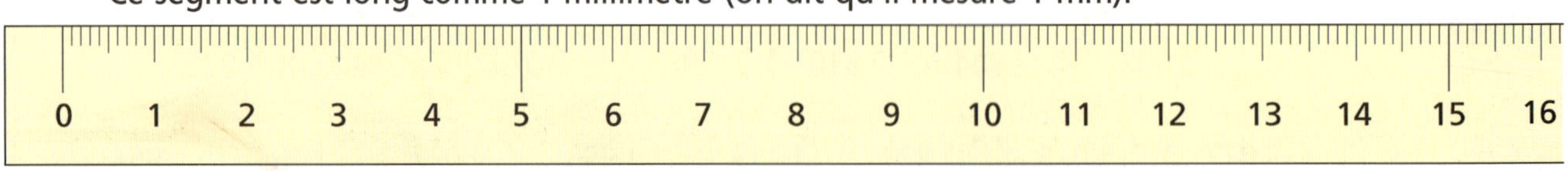

Sur ta règle, montre exactement entre tes doigts des longueurs de :
1 mm, 2 mm, 5 mm, 10 mm, 20 mm, 50 mm, 100 mm, 200 mm.
Fais-le à différents endroits de ta règle.

1 Mesurer une longueur, c'est chercher combien de fois on peut reporter un étalon correspondant à l'unité choisie. Cependant, avec le cm et le mm, il est difficile de concevoir ce report. D'où l'importance de les montrer à différents endroits de la règle.

2 Trace sur ton cahier les segments dont les longueurs te sont données :

[AB] : 5 pouces	[EF] : 5 mm	[IJ] : 10 cm	[MN] : 97 mm
[CD] : 5 cm	[GH] : 9 pouces	[KL] : 100 mm	[OP] : 160 mm

3 Vérifie que [ST] mesure :

- 3 pouces
- entre 7 et 8 cm
- 75 mm

Mesure les longueurs des segments suivants en pouces, puis en cm, puis en mm.

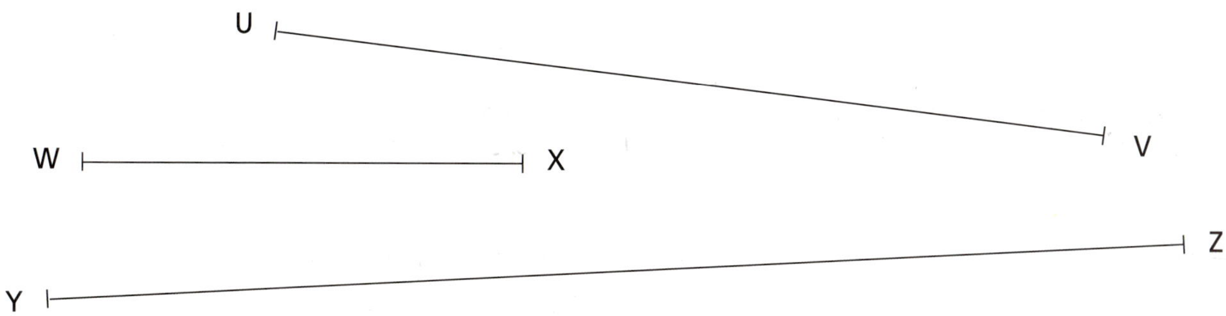

J'ai appris

Quand on mesure une même longueur en pouces, puis en cm, puis en mm,
c'est normal de trouver un plus grand nombre de cm que de pouces,
c'est normal de trouver un plus grand nombre de mm que de cm.

Sur une même longueur, il y a plus de cm que de pouces, il y a plus de mm que de cm.

4 *Qu'est-ce qui est le plus long ?...* Réponds sur ton cahier en utilisant les signes >, < et =.
Si tu n'es pas sûr(e), tu peux utiliser tes règles ou tracer des traits des longueurs correspondantes.

3 pouces ... 7 cm	1 pouce ... 10 mm	9 cm ... 90 mm
4 pouces ... 4 cm	7 cm ... 65 mm	13 cm ... 150 mm

5 À chaque fois, une seule mesure est possible. Laquelle ?

a) Une coccinelle

5 mm
5 cm
5 pouces

b) Une frite

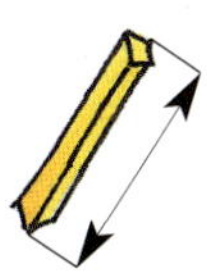

75 mm
75 cm
75 pouces

c) Un livre

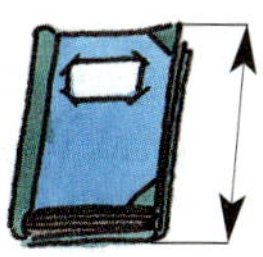

30 mm
30 cm
30 pouces

d) Un pied d'adulte

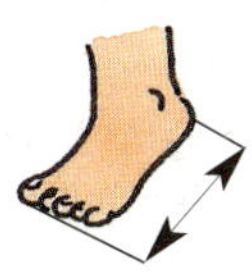

12 mm
12 cm
12 pouces

Je deviens performant

A Jeu du nombre mystérieux

1 230	1 270	1 320	1 330	1 510
1 530	1 570	1 580	1 610	1 710

2 837 – 1 257	948 + 26 + 256	800 + 710
1 029 + 301	7 528 – 5 818	902 + 418
1 200 + 410	1 570 – 40	1 310 – 40

❷ à ❺ Le nombre qui exprime la mesure d'une longueur dépend de l'unité employée. Pour avoir l'intuition d'une longueur, il faut tenir compte à la fois du nombre qui exprime la mesure et de l'unité.

SÉQUENCE 4

Groupements de 10 et de 100 : le mm, le cm, le dm

Calculs proposés oralement

1. Table de multiplication par 5 et par 3 (les trois activités décrites p. 8).
2. Soustractions simples ($a - b$ avec $a < 20$) : comparaison des différentes stratégies (voir p. 8).

Je découvre

1 Mathilde et M. Millimètre ont tracé des lignes graduées en millimètres. Prends ton double décimètre et réponds.

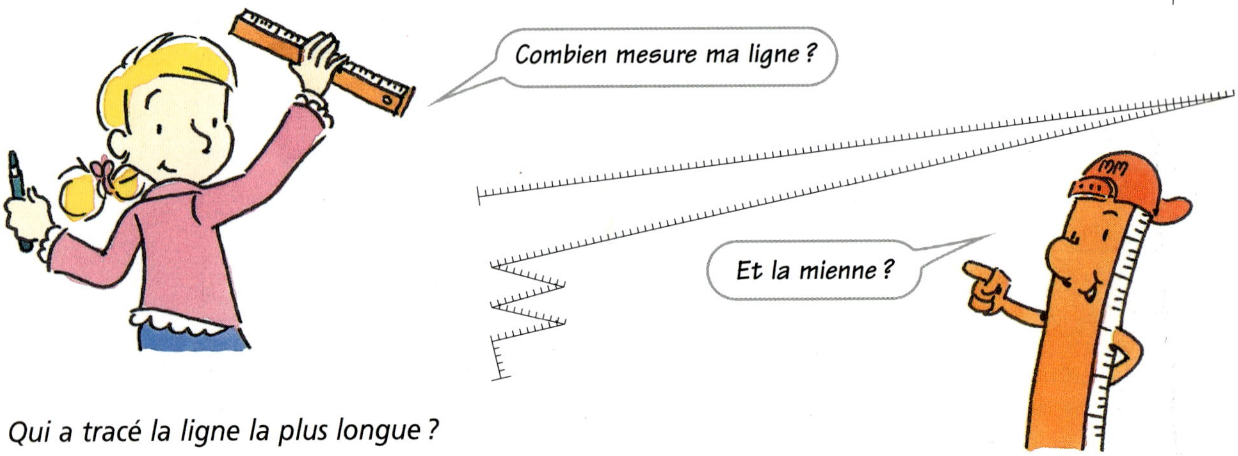

Qui a tracé la ligne la plus longue ?

Je me rappelle

Pour tracer une ligne brisée de 245 mm, M. Millimètre trace :
- 2 grands segments de 100 mm, il les appelle des **décimètres (dm)**,
- 4 moyens segments de 10 mm, il les appelle des **centimètres (cm)**, et
- 1 petit segment de 5 mm.

C'est facile de connaître la longueur d'une ligne tracée par M. Millimètre.

2 Quelle est la longueur de ces lignes tracées comme M. Millimètre ?

a

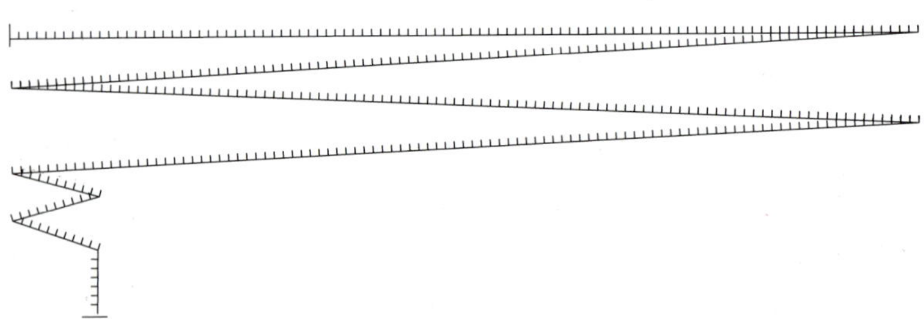

b

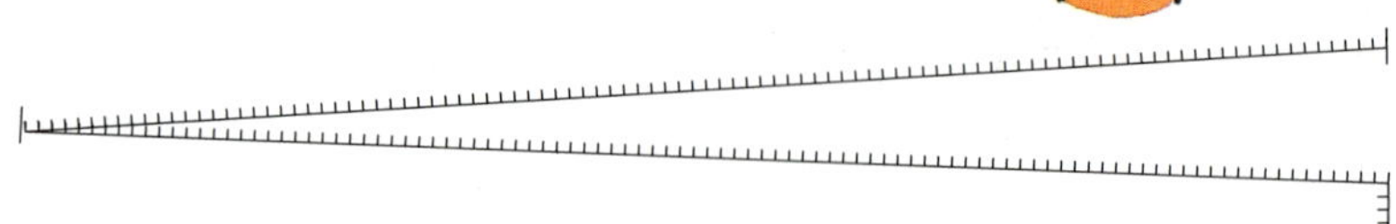

c

1 à 5 M. Millimètre est un personnage qui, pour tracer des lignes ayant une longueur donnée en mm, utilise le groupement de 10 (1 cm) et de 100 (1 dm). Pour désigner le cm et le dm, on utilisera en alternance les locutions « groupe de dix mm » et « groupe de cent mm » ou les expressions « dizaine de mm »

(d)

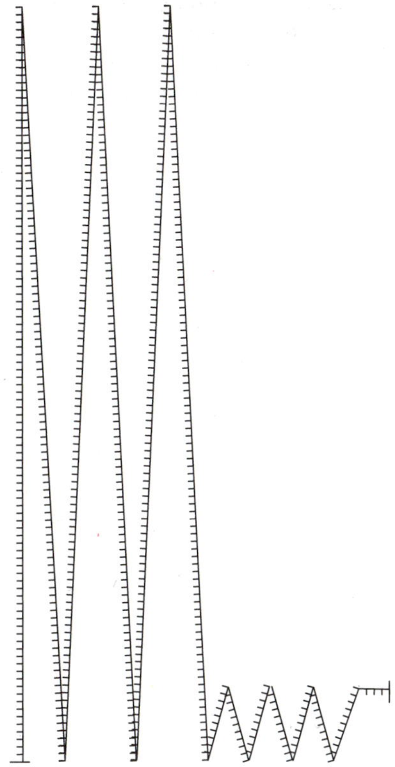

(e)

3

Trace des lignes brisées comme M. Millimètre (sans les graduer).

127 mm   302 mm   14 cm   4 dm   30 cm

4

Compare les longueurs. Réponds avec les signes >, < ou =.
Si tu n'es pas sûr(e), trace les lignes comme M. Millimètre.

189 mm … 9 dm   3 dm 5 cm … 350 mm   14 cm … 124 mm

2 dm 6 mm … 206 mm   18 cm … 20 mm   130 mm … 13 cm

5

À chaque fois, une seule mesure est possible. Laquelle ?

a) Une punaise

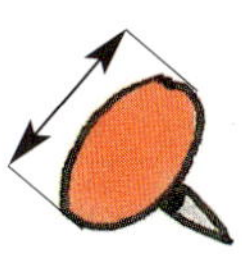

8 mm
8 cm
8 dm

b) Un haricot

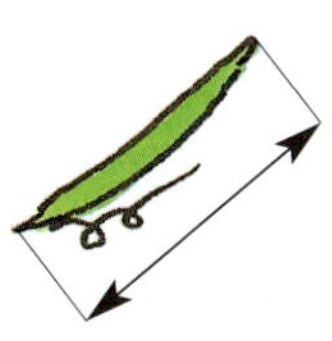

8 mm
8 cm
8 dm

c) Une assiette

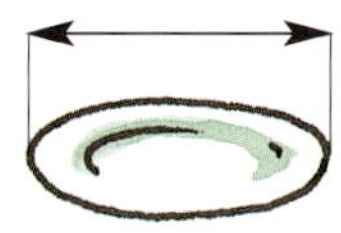

3 mm
3 cm
3 dm

d) Un cartable

30 mm
30 cm
30 dm

e) Un CD

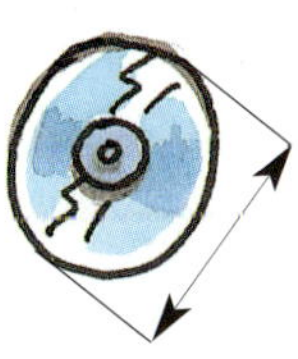

12 mm
12 cm
12 dm

f) Un stylo

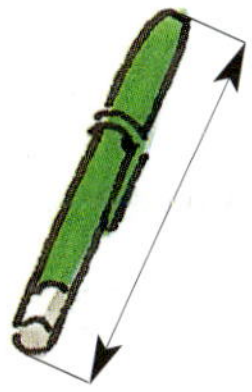

130 mm
130 cm
130 dm

g) Un parapluie

9 mm
9 cm
9 dm

h) Une chaise

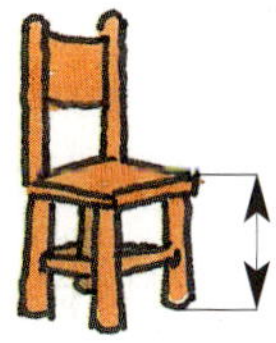

6 mm
6 cm
6 dm

i) Une baguette de pain

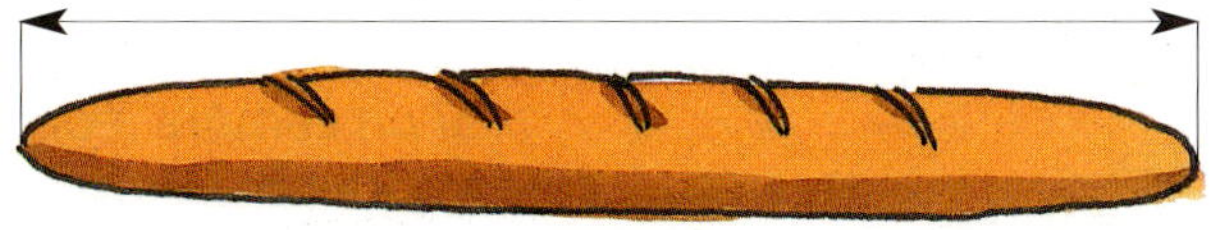

8 mm
8 cm
8 dm

et « centaine de mm » ou encore les locutions « fois dix mm » et « fois cent mm ». Ce contexte d'apprentissage de la numération sera utilisé en parallèle avec celui où l'on se sert d'un matériel formé de cubes, barres et plaques (voir sq n° 6 et n°s 12-13).

La multiplication

Calculs proposés oralement

1. Table de multiplication par 5 et par 4 (les trois activités décrites p. 8).
2. Additions du type 30 + 40, 80 + 50, etc. (somme ≤ 200). Voir p. 9.

Je découvre

1 Observe la situation et les calculs de Mathieu et Mathilde.

Voici 50 paquets de 4 stylos.

Dans chaque paquet, il y a un stylo noir, un stylo bleu, un stylo vert et un stylo rouge.

Combien y a-t-il de stylos en tout ?

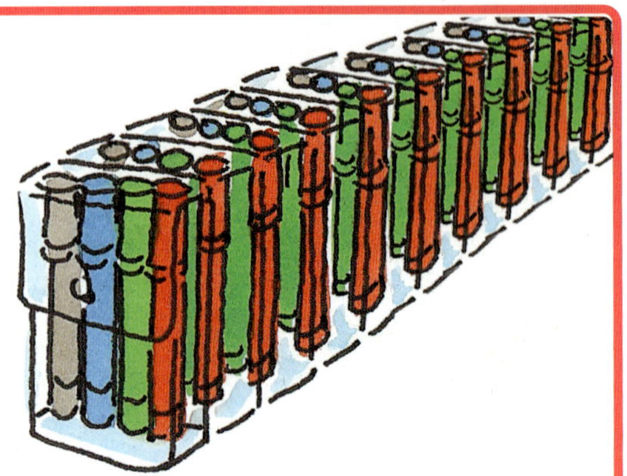

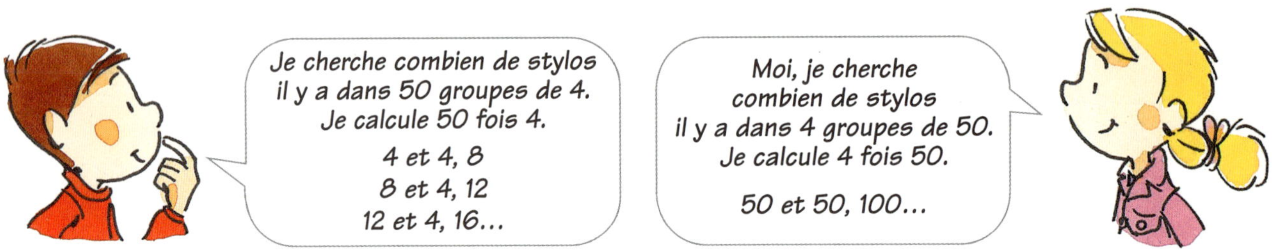

a *Quels sont les 4 groupes de 50 auxquels pense Mathilde ?*
b *S'ils ne se trompent pas dans leurs calculs, Mathieu et Mathilde trouveront-ils le même résultat ?*
c *Quel est le calcul le plus facile ?*
d *Et s'il y avait 100 paquets de 3 stylos bleus, combien cela ferait-il de stylos ?*

Je me rappelle

Comment lire et calculer une multiplication :

13 × 2 se lit « 13 multiplié par 2 » mais se calcule facilement sous la forme 2 fois 13.

7 × 100 se lit « 7 multiplié par 100 » et se calcule facilement sous la forme 7 fois 100.

L'emploi des mots « multiplié » et « fois » :

- j'utilise le mot **multiplié** pour lire l'opération (c'est une multiplication, pas une autre opération),
- j'utilise le mot **fois** pour dire comment je la calcule ou pour réciter les tables.

2 Calcule.

3 × 10	100 × 9	4 × 20	302 × 2	2 × 14	4 × 50
50 × 2	3 × 200	2 × 25	1 × 300	0 × 9	10 ×12

3 **Problèmes**

1 ▶ *Quel est le prix de 50 objets à 3 € l'objet ?*

2 ▶ *Combien d'œufs y a-t-il dans 10 boîtes de 6 œufs ?*

3 ▶ *Treize paires de chaussures, combien cela fait-il de chaussures ?*

4 ▶ Un filet d'oranges pèse 3 kg.
Combien pèsent 100 filets de 3 kg d'oranges ?

5 ▶ Sur un parking, il y a 25 voitures.
Si on compte leurs roues, quel nombre doit-on trouver ?

❶ à ❸ L'usage du mot « groupe » aide à faire le lien entre multiplication et numération. Les mots « groupe » et « fois » relèvent du langage quotidien. Mais ils peuvent être utilisés pour décrire la façon dont on calcule *a* x *b*. En effet, selon les valeurs numériques, le calcul le plus facile est tantôt celui de « *a* groupes de *b* »

Je deviens performant

A Trace des lignes brisées comme M. Millimètre (sans les graduer).

30 mm   230 mm   32 cm   2 dm   405 mm

B Recopie ce tableau, puis complète-le.

Segments	Longueur
[AF]	....
[......]	85 mm
[DE]	....
[......]	105 mm
[BC]	....
[EF]	....

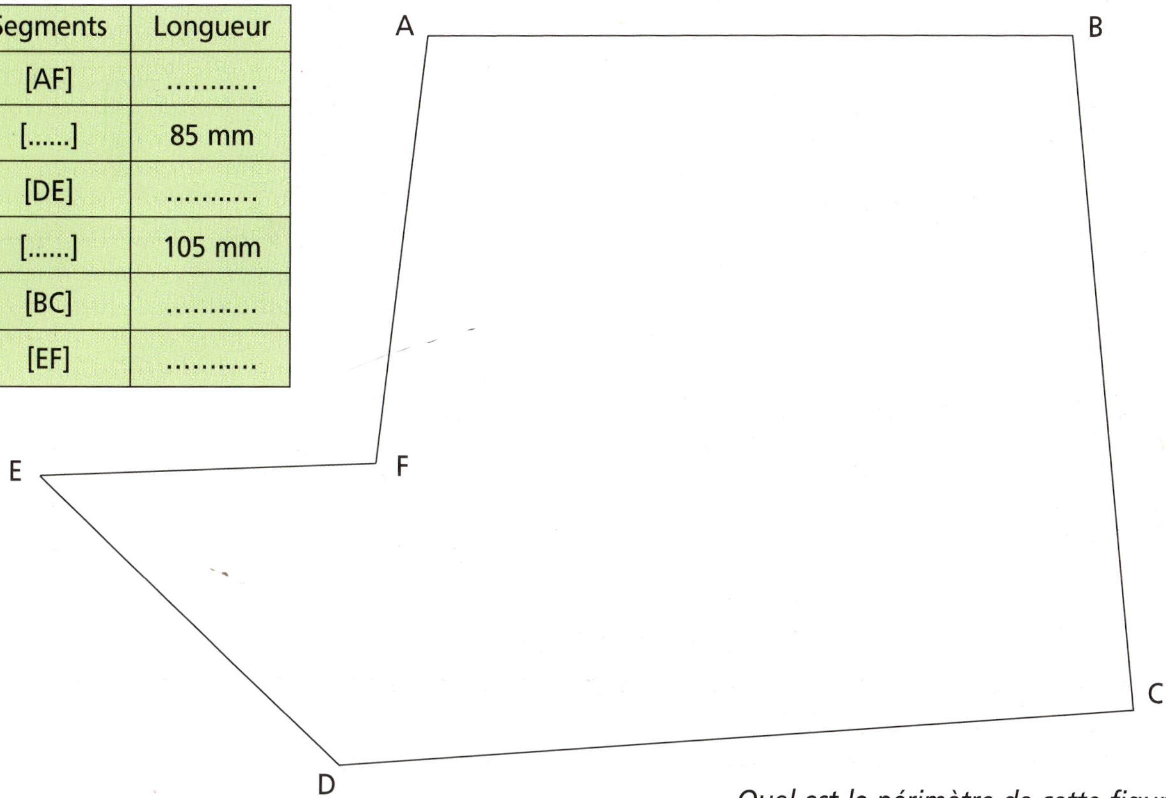

Quel est le périmètre de cette figure ?

C À chaque fois, une seule mesure est possible. Laquelle ?

a) Une allumette

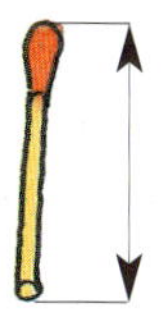

5 mm
5 cm
5 dm

b) Une éponge

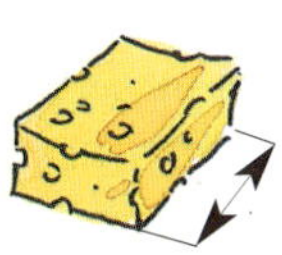

1 mm
1 cm
1 dm

c) Une banane

15 mm
15 cm
15 dm

d) Un verre

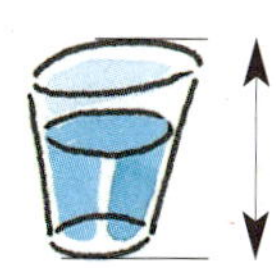

8 mm
8 cm
8 dm

e) Un petit pois

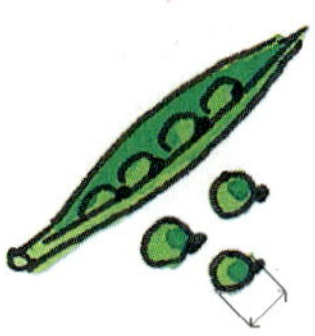

6 mm
6 cm
6 dm

f) Un escargot

7 mm
7 cm
7 dm

g) un téléphone mobile

11 mm
11 cm
11 dm

h) Un pied d'adulte

30 mm
30 cm
30 dm

i) Une ceinture

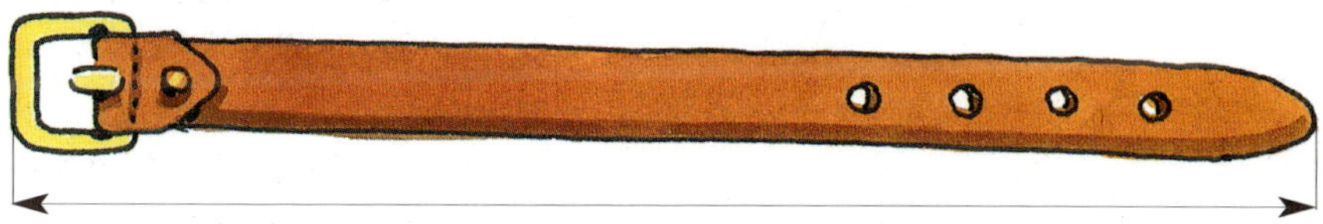

9 mm
9 cm
9 dm

D **Fichier d'activités page 1**

(« *a* fois *b* »), tantôt celui de « *b* groupes de *a* » (« *b* fois *a* »). En revanche, le mot « multiplié » sert à désigner l'opération arithmétique et *a x b* se lit toujours « *a* multiplié par *b* ». Voir le livre du maître pour l'usage différent du mot « fois » dans l'apprentissage des tables de multiplication et la résolution de problèmes (activité 3).

SÉQUENCE 6

Dizaines, centaines, milliers : un matériel de numération

Calculs proposés par écrit au tableau

Rappel de l'utilisation des parenthèses :
On propose par exemple :
(3 + 2) x 4 puis 3 + (2 x 4),
5 x (6 – 2) puis (5 x 6) – 2, etc.

Je découvre

1 Observe comment Monsieur Cubus organise ses cubes.

2

10 x 10 = 100

3

100 x 10 = 1000
10 x 100 = 1000

Combien y a-t-il de barres-dizaines dans un bloc-millier ?

❶ à ❺ Ce matériel aide à se représenter des quantités telles que 24 dizaines (ou 24 groupes de 10, ou 24 fois 10) ou encore 18 centaines (ou 18 groupes de 100, ou 18 fois 100)… quand le nombre de groupements (24 et 18 dans les exemples précédents) est supérieur à 10. Par exemple : 24 groupes de 10, c'est 24 barres-dizaines,

4 Il est facile de dessiner le matériel de Monsieur Cubus en utilisant les symboles suivants :

unité : □ *groupe de 10 :* ▯ *groupe de 100 :* □ *groupe de 1 000 :*

Combien y a-t-il d'unités dans 5 … *6* ▯ *9* □ *?*

Pour écrire ce nombre en chiffres, il ne faut pas oublier qu'il y a 0 centaines. C'est…

Fichier d'activités page 1

5 *Combien y a-t-il d'unités dans…*
16 groupes de 10 ?

Avec 16 ▯*, j'obtiens… 1* □ *6* ▯
C'est 160.

16 x 10 = 160

Et dans…
23 groupes de 100 ?

Avec 23 □*, j'obtiens… 2* … *3* □
C'est 2 300.

23 x 100 = 2 300

Fichier d'activités page 2

Je me rappelle

17 dizaines (ou 17 groupes de 10) c'est 170 unités.	17 x 10 = 170
64 dizaines (ou 64 groupes de 10) c'est 640 unités.	64 x 10 = 640
21 centaines (ou 21 groupes de 100) c'est 2 100 unités.	21 x 100 = 2 100
87 centaines (ou 87 groupes de 100) c'est 8 700 unités.	87 x 100 = 8 700

6 Calcule.

16 × 10	100 × 23	2 001 × 3	10 × 47	2 × 35	56 × 100
91 × 100	4 × 30	3 × 25	0 × 100	51 × 10	5 × 102

7 **Problèmes**

1 ▶ Un camion transporte 63 bidons de 10 litres de lait.
Combien transporte-t-il de litres de lait ?

2 ▶ *Combien y a-t-il de feuilles de papier dans 52 paquets de 100 feuilles ?*

3 ▶ Un libraire a commandé 10 cartons de 75 cahiers.
Combien de cahiers a-t-il commandé ?

4 ▶ Une salle de spectacle contient 100 rangées de 87 places assises.
Combien y a-t-il de places assises ?

Je deviens performant

A **Jeu du nombre mystérieux**

0	1	10	20	23
24	30	40	42	50

5 × (8 – 2)	(2 + 6) × 3	18 – (9 × 2)
9 – (4 × 2)	7 + (7 × 5)	25 – (5 × 3)
(6 × 10) – (8 × 5)	80 – 30	3 + (4 × 5)

c'est-à-dire 10 barres-dizaines (1 plaque-centaine), encore 10 barres-dizaines (1 autre plaque-centaine) et 4 barres-dizaines (40), c'est donc 240. Quand le nombre de dizaines (ou de centaines) est supérieur à 30, un tel raisonnement est pénible et il convient de généraliser en élaborant ce qu'on appelle la « règle des zéros ».

SÉQUENCE 7

ARP Atelier de résolution de problèmes

1. Dictée de nombres
Avec zéro(s) intercalé(s) : 3 407, 5 089, 7 002, etc.

2. Problèmes énoncés oralement
« Combien dans *n* groupes de 10 (ou 100) ? » ou
« Combien dans 10 (100) groupes de *n* ? » (voir p. 9).

1

Problème : Une école achète 3 dictionnaires identiques. En tout elle paie 22,50 €.
Quel est le prix de chaque dictionnaire?

Voici les solutions de Sébastien, Mélanie et Cécile.

Sébastien

5 € 5 € 5 € → 15 €
C'est plus de 5 €
6 € 6 € 6 € → 18 €
C'est plus de 6 €
7 € 7 € 7 € → 21 €
C'est plus de 7 €

7,50 € 7,50 € 7,50 € → 22,50 €

Un dictionnaire vaut 7,50 €.

Mélanie

$$\begin{array}{r} 22,50 \\ \times \quad 3 \\ \hline 67,50 \end{array}$$

Le prix est : 67,50 €

Cécile

J'essaie 5 €
5 x 3 = 15 C'est plus cher
J'essaie 7 €
7 x 3 = 21 C'est plus cher
J'essaie 8 €
8 x 3 = 24 C'est moins cher
J'essaie 7,50 €
7,50 x 3 = 22,50

Le prix de chaque dictionnaire est de 7,50 €.

Quelle(s) solution(s) conviennent ? Pourquoi la ou les autres ne conviennent-elles pas ?

2

Problèmes

Résous ces problèmes (tu peux faire un schéma, écrire une égalité ou expliquer ta solution).

1 ▶ Un autocar part avec 24 passagers :
- Au 1er arrêt, 10 passagers descendent.
- Au 2e arrêt, 7 passagers descendent et 2 montent.
- Au 3e arrêt, 9 passagers descendent et 24 montent.

Combien y a-t-il de passagers dans cet autocar après le 3e arrêt ?

2 ▶ Anne et Rémi commencent chacun une collection de pierres.
Anne a 8 pierres.
Elle en a 3 de plus que Rémi.

Combien Rémi a-t-il de pierres dans sa collection ?

3 ▶ Une école doit acheter 4 CD-Rom.
Chaque CD-Rom vaut 19,50 €.

Combien paiera-t-elle ?

4 ▶ Un paquet de 5 sucettes vaut 0,60 €.

Combien vaut une de ces sucettes ?

5 ▶ *Range ces quatre enfants du plus petit au plus grand :*

Pierre est plus petit que Sophie.
Sophie est plus grande que Julie.
Julie est plus grande que Pierre.
Thomas est plus petit que Pierre.

6 ▶ Construction géométrique

1°) Trace un segment d'extrémités A et B qui mesure 13 cm.
2°) Place le point I, milieu de [AB].
3°) Place un point C qui n'est pas aligné avec A et B.
4°) Trace [IC].

❶ Évaluer 3 résolutions d'un même problème. L'explication des erreurs est difficile. Elle peut être traitée collectivement, par ex. : *« Cette solution conviendrait si le problème était..., mais ce n'est pas le problème posé ».*

❷ Résolution de problèmes variés. La taille des nombres est faible pour que l'usage d'un schéma reste possible.

ARP Atelier de résolution de problèmes

Calculs proposés oralement
Soustractions simples (*a* – *b* avec *a* < 20) : confrontation des différentes stratégies (voir p. 8).
On inclura des cas « impossibles » comme 7 – 9.

1

Le 1er septembre 2005, un directeur d'école a réalisé ce graphique des dates de naissance des CM :

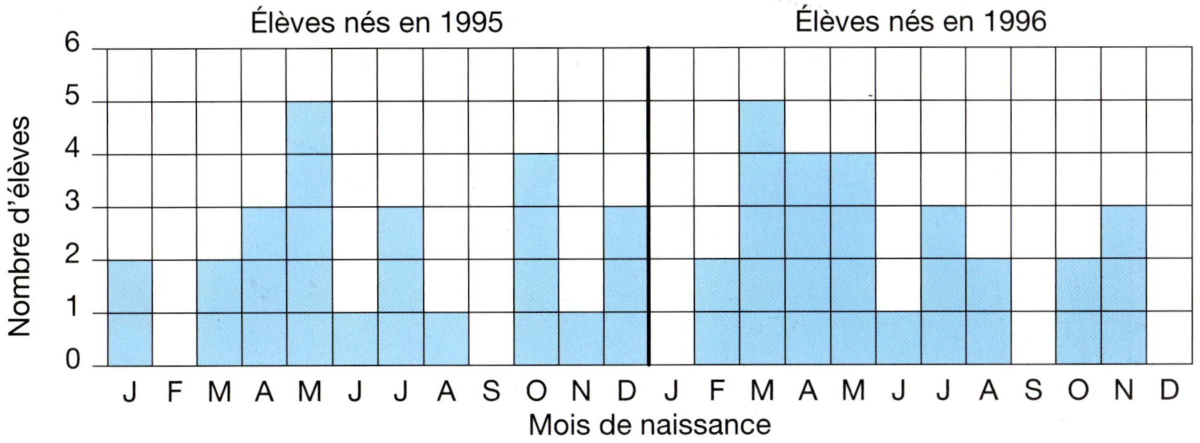

Réponds aux questions suivantes :

- a *Combien d'élèves sont nés au mois de juillet en 1995 ?*
- b *Quel est le mois de l'année 1995 où il y a eu le plus de naissances ?*
- c *Quel est le mois de l'année 1996 où il y a eu le plus de naissances ?*
- d *Combien d'élèves sont nés en 1995 ?*
- e *Combien d'élèves sont nés en 1996 ?*
- f *Combien y a-t-il d'élèves en tout dans les CM de cette école ?*
- g *Quel est le mois pendant lequel on ne fêtera aucun anniversaire dans les classes de CM ?*
- h *Combien fêtera-t-on d'anniversaires dans ces classes au mois de mars ?*
- i *Quel est le mois où l'on fêtera le plus d'anniversaires ?*

2

Problèmes

1 ▶ Un enfant doit prendre un comprimé d'un médicament le matin, un autre le midi et un autre le soir pendant 8 jours.
Ce médicament est vendu par boîtes de 10 comprimés.

Combien de boîtes de comprimés lui faut-il pour ce traitement ?

2 ▶ Avec 32 €, Mourad achète 8 classeurs identiques.

Combien coûte chacun de ces classeurs ?

3 ▶ Alexis arrive à l'école avec 26 billes.
À la récréation du matin, il en perd 10.
À midi, il en gagne 12. À la récréation de l'après-midi, il en reperd 9.

S'il compte ses billes en rentrant chez lui, quel nombre trouvera-t-il ?

4 ▶ *Range ces quatre enfants du plus jeune au plus âgé :*

Anna est plus âgée que Caroline.
Frédéric est plus jeune qu'Anna.
Tristan est plus âgé que Caroline et plus jeune que Frédéric.

❶ Rechercher dans un document les informations pertinentes pour résoudre un problème : lecture d'histogrammes.

❷ Résolution de problèmes variés. La taille des nombres est faible pour que l'usage d'un schéma reste possible.

SÉQUENCE 9

Groupement de 1 000 : le mètre

Calculs proposés oralement

1. Table de multiplication par 3 et par 4 (les trois activités décrites p. 8).
2. Dictée de nombres (*idem* sq n° 7).

Je découvre

1 Quand M. Millimètre a 10 dm, il forme un ressort de 1 m.

Es-tu plus grand(e) que cette ligne brisée ?

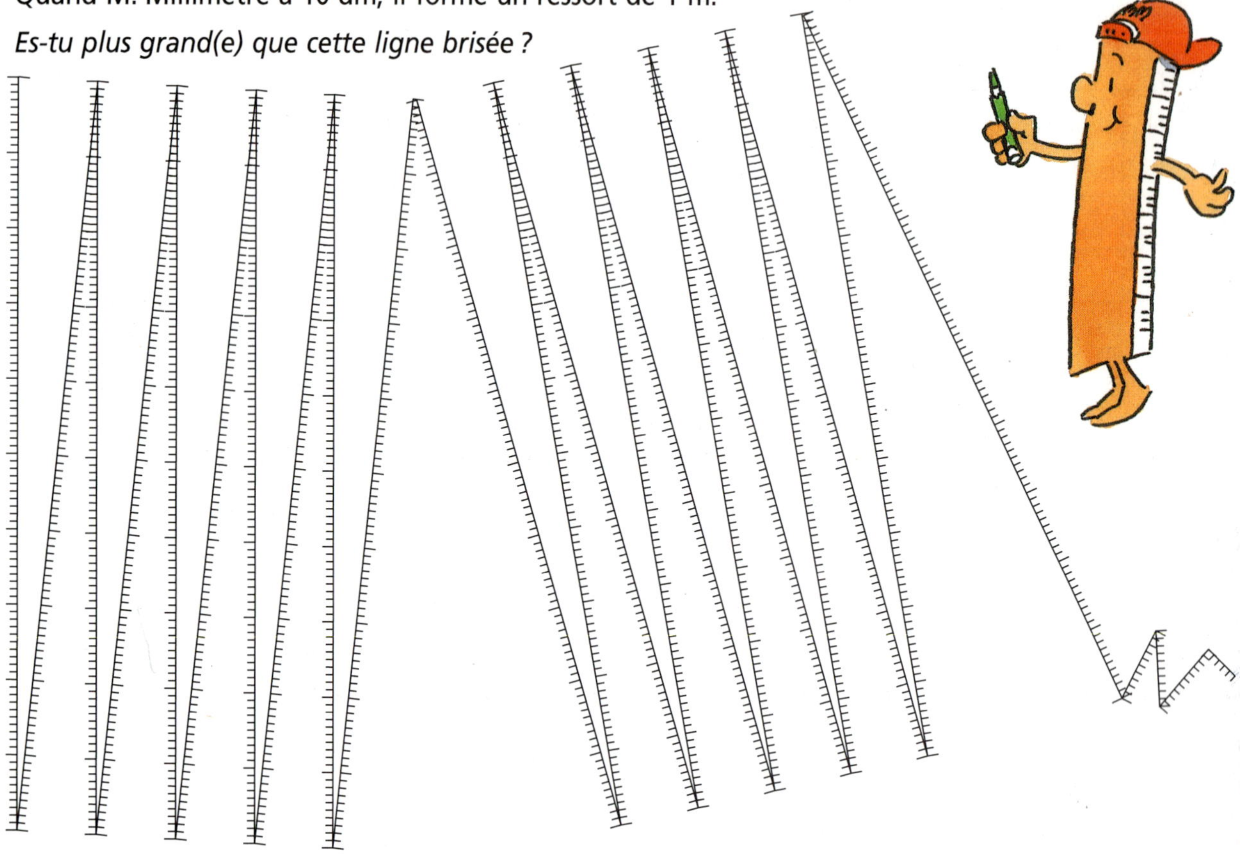

Combien la ligne brisée de M. Millimètre contient-elle de mm ?

2 Trace des lignes brisées comme M. Millimètre (sans les graduer).

1 003 mm — 2 109 mm — 13 dm — 160 cm

3 Compare les longueurs. Réponds avec les signes >, < ou =. Si tu n'es pas sûr(e), trace…

1 490 mm … 15 dm	2 dm 1 cm … 2 100 mm	160 cm … 1 260 mm
3 m 5 mm … 3 005 mm	9 dm … 200 mm	170 cm … 17 dm

4 À chaque fois, une seule mesure est possible. Laquelle ?

a) Une épée

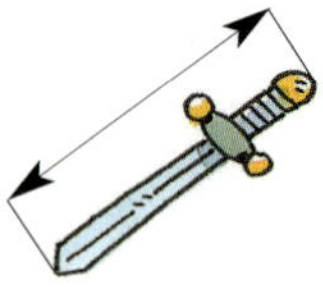

90 mm
90 cm
90 dm
90 m

b) Un lion

18 mm
18 cm
18 dm
18 m

c) Une porte

2 mm
2 cm
2 dm
2 m

d) Une voiture

5 mm
5 cm
5 dm
5 m

Je deviens performant

A **Fichier d'activités page 2**

❶ à ❹ Les comparaisons entre mm, cm, dm et m visent à manier les relations entre les divers groupements de la numération dans un contexte où les élèves peuvent s'appuyer sur l'intuition de ces unités de longueur. *Il ne s'agit donc pas d'apprendre des règles de conversion.*

SÉQUENCE 10

La notion de multiple d'un nombre

Calculs proposés oralement

1. Doubles du type : 2 fois 35, 2 fois 65, etc. (S ≤ 200) ainsi que quelques cas sans retenue.
2. Doubles du type : 2 fois 37, 2 fois 68 (voir p. 9).

Je découvre

1 Dans son portefeuille, M. Martin n'a que des billets de 20 €.

Peut-il avoir 90 € ?

C'est impossible.
Continue mes calculs sur ton cahier !

20 + 20 = 20 x 2
= 40

20 + 20 + 20 = 20 x 3
= 60

Peut-il avoir 140 € ?

Bien sûr, on peut avoir 140 €
rien qu'avec des billets de 20 € !
Sais-tu combien il en faut ?

Je me rappelle

170 n'est pas un multiple de 20
parce que c'est plus que 8 fois 20 et moins que 9 fois 20.

180 **est un multiple de** 20 car c'est **9 fois 20 exactement.**

2 *Multiple de 5 ou non ?*

15 32 50 35 41 55

Observe les deux premiers cas et continue.

15 : oui, car 15 = 5 x 3 *32 : non*

Multiple de 10 ou non ?

30 35 80 50 41

Multiple de 50 ou non ?

200 150 260 350 300

Je deviens performant

A Recopie ce tableau puis complète-le.

Segments	Longueur
[BC]	....
[.....]	105 mm
[AC]	....

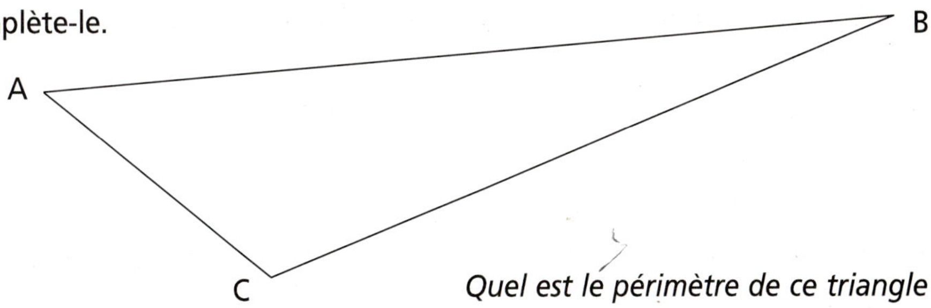

Quel est le périmètre de ce triangle ?

B **Jeu du nombre mystérieux**

(7 x 6) – 9	7 + 8 + 9	4 x (24 – 16)
(3 x 8) + 7	(9 x 3) + 2	(25 – 18) x 4
47 – 22	(6 x 6) – 9	(8 + 7) x 2

24 25 26 27 28

29 30 31 32 33

C Une seule mesure est possible pour la longueur totale de ce TGV. Laquelle ?

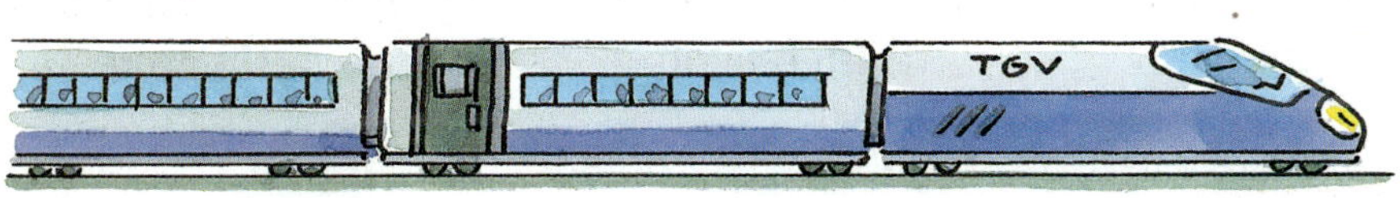

250 mm
250 cm
250 dm
250 m

D **Fichier d'activités page 2**

1 et **2** Un multiple de *b* est un nombre qui peut s'exprimer comme *q fois b exactement*. On prépare la division *(a = bq + r)*, mais le reste n'est pas calculé. Pour chercher les multiples de 20, les élèves peuvent évidemment calculer par ajouts successifs (20, 40, 60,...), mais ils peuvent aussi s'appuyer sur le résultat-repère : 5 fois 20, 100 ; 7 fois 20, c'est donc 100 plus 40.

SÉQUENCE 11

Calcul mental : *Le compte est bon*

Calculs proposés oralement

1. *Multiple de 5 ou non ?* *Multiple de 50 ou non ?* (voir p. 9)
2. Additions du type 32 + 40, 87 + 50, etc. pour S ≤ 200 (voir p. 9).

Je découvre

1 Le compte est bon

Règle du jeu : Il faut faire des calculs avec les quatre nombres donnés dans le rectangle pour trouver le nombre du dessus. À toi de chercher quels sont ces calculs. Quand tu as trouvé, tu peux dire : « *Le compte est bon !* ».

Attention : Les quatre nombres ne peuvent servir qu'une fois et tous doivent être utilisés.

Mélanie, Sébastien et Cécile font le même « *Compte est bon* ». Un seul enfant peut encore réussir. Lequel ?

Mélanie	Sébastien	Cécile
89	89	89
~~4~~ 5 ~~9~~ ~~10~~	~~4~~ ~~5~~ ~~9~~ ~~10~~	4 5 ~~9~~ ~~10~~
4 + 9 = 13	5 x 9 = 45	9 x 10 = 90
13 x 10 = 130	4 x 10 = 40	

Mélanie

Sébastien

Cécile

Essaie de trouver les autres « *Compte est bon* ».

68	73	190	160
2 5 9 10	1 2 4 9	3 4 7 50	3 6 7 10

Je deviens performant

A

Multiple de 10 ou non ?

20	60	92	110
125	140	168	180

Multiple de 100 ou non ?

200	370	500	900
920	1 000	1 200	1 900

B

À chaque fois, une seule mesure est possible. Laquelle ?

a) Un chat

40 mm
40 cm
40 dm
40 m

b) Une armoire

200 mm
200 cm
200 dm
200 m

c) Un camion

12 mm
12 cm
12 dm
12 m

d) Un arbre

15 mm
15 cm
15 dm
15 m

❶ Les enfants apprennent à calculer pour approcher un nombre et à gérer les écarts entre leur résultat et le nombre visé. Cette situation ludique est aussi un moyen de mobiliser et d'entraîner les connaissances en calcul mental.

C Quelle est la longueur de cette ligne brisée tracée comme M. Millimètre ?
Exprime cette longueur en mm, puis en cm.

D Même activité.

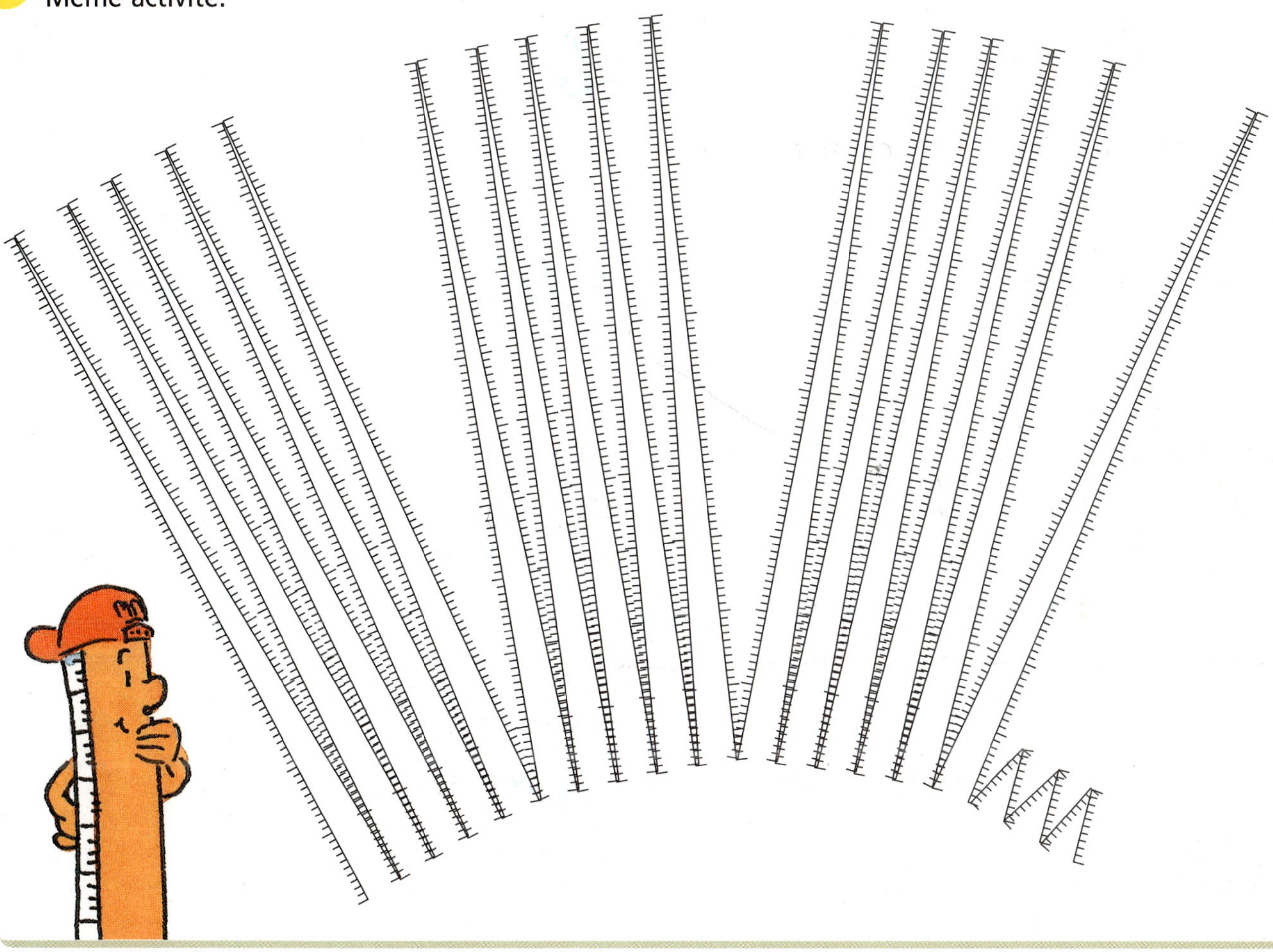

Numération décimale : 430 = 43 x 10 ; 2 700 = 27 x 100

Je découvre

1 Vérifie que M. Cubus a 438 cubes-unités.
M. Cubus et Mathilde ne sont pas d'accord sur le nombre de barres-dizaines. Qui se trompe ?

Mathieu a compris ce que veut dire M. Cubus. Et toi ? Quelle égalité Mathieu écrirait-il ?

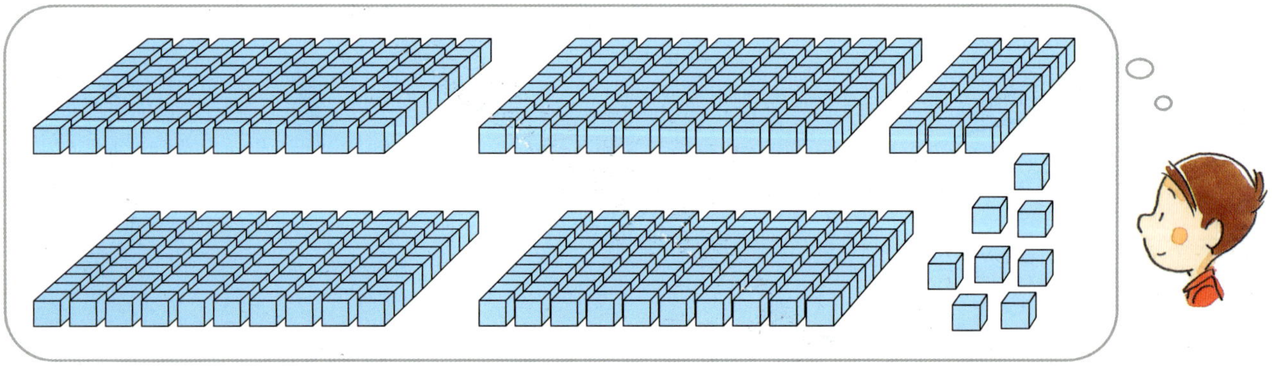

2 Pour ce nombre de cubes, imagine-les comme Mathieu et écris les deux égalités.

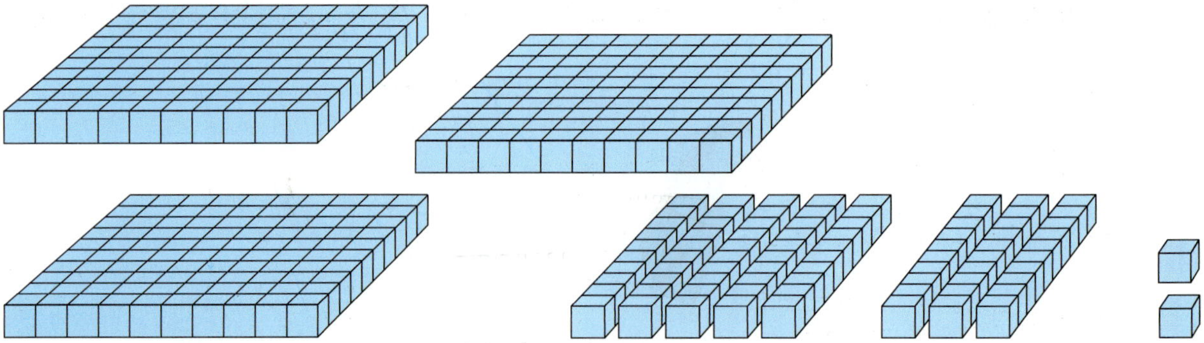

3 **Fichier d'activités page 3**

❶ à ❻ Il est facile de savoir que 438 = (4 x 100) + (3 x 10) + 8 parce qu'on entend « 4 cents » lorsqu'on dit ce nombre. On met l'accent ici sur l'autre décomposition : 438, c'est 43 groupes de 10 et encore 8. Cela est fait, page de gauche, avec le matériel de M. Cubus et, page de droite, avec les lignes brisées de M. Millimètre.

3 650 = 365 x 10 ; etc.

Calculs proposés oralement (sq n° 12 et sq n° 13)

1. Table de multiplication par 6 (les trois activités décrites p. 8).
2. *Multiple de 5 (20, 50) ou non ?*

4 Vérifie que la ligne brisée tracée par M. Millimètre mesure 973 mm.
M. Millimètre et Mathilde ne sont pas d'accord sur le nombre de cm. Qui se trompe ?

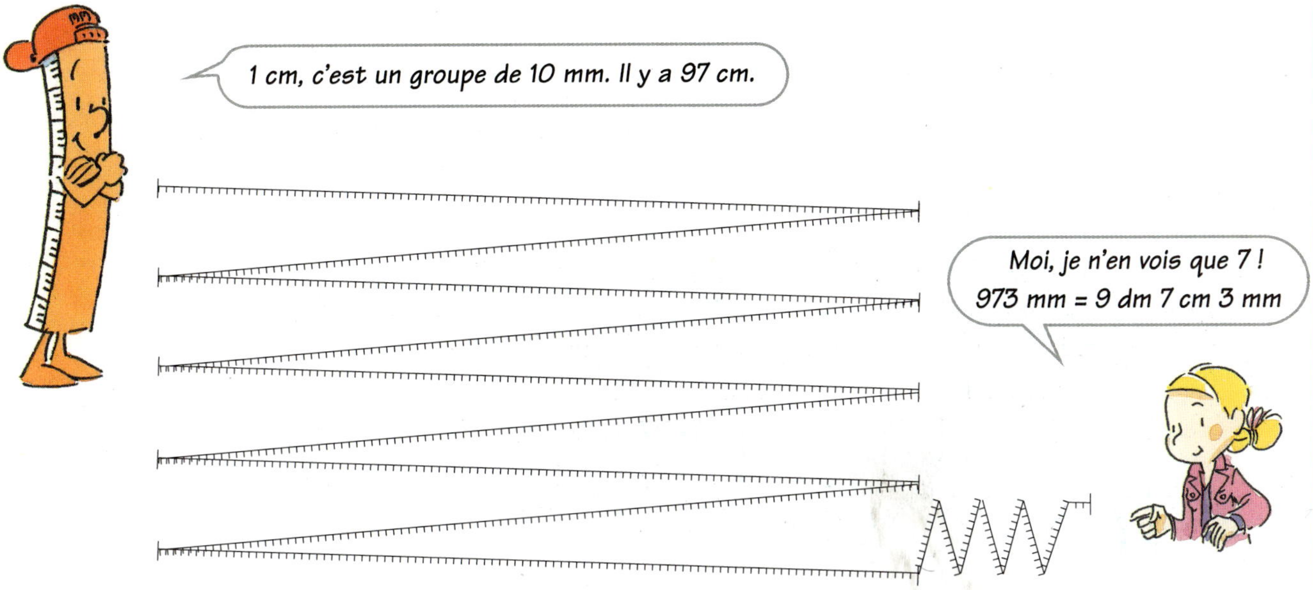

Mathieu a compris ce que veut dire M. Millimètre. Et toi ? Quelle égalité Mathieu écrirait-il ?

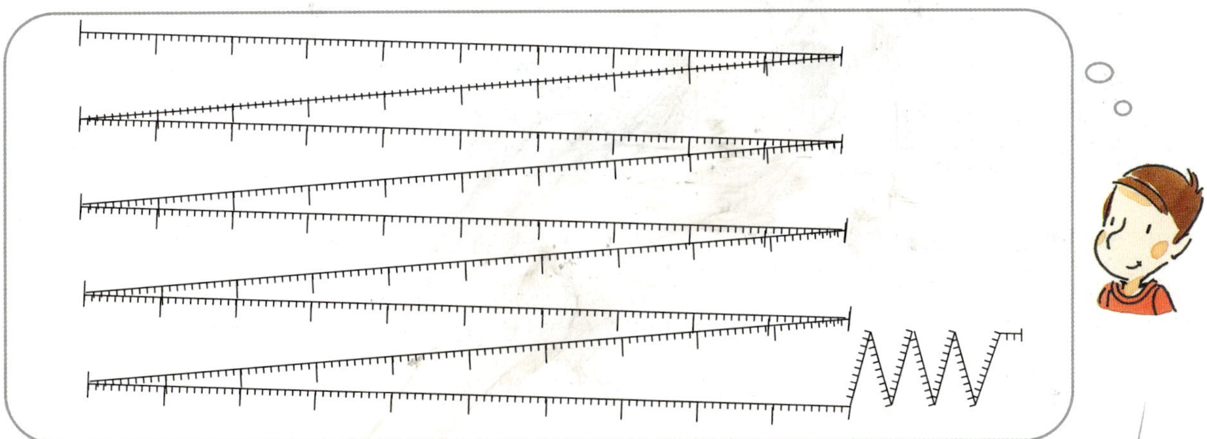

5 Pour cette autre ligne tracée comme M. Millimètre, imagine tous les cm et écris les deux égalités.

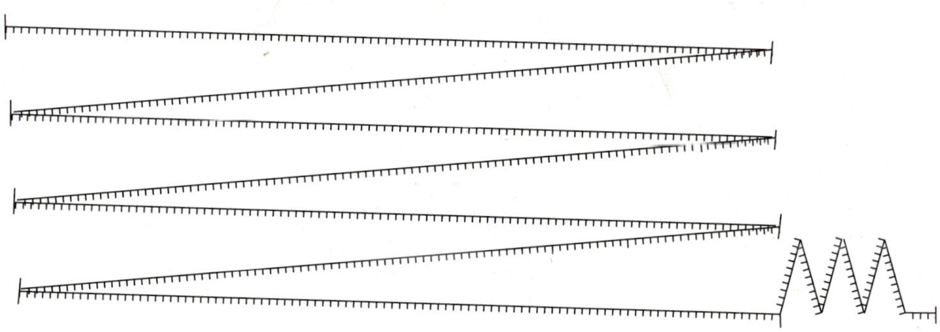

6 **Fichier d'activités page 3**

7 Vérifie que M. Cubus a 2 451 cubes unités. Qui a raison ?
Imagine les groupements auxquels pensent M. Cubus et Mathieu. Écris les égalités correspondantes.

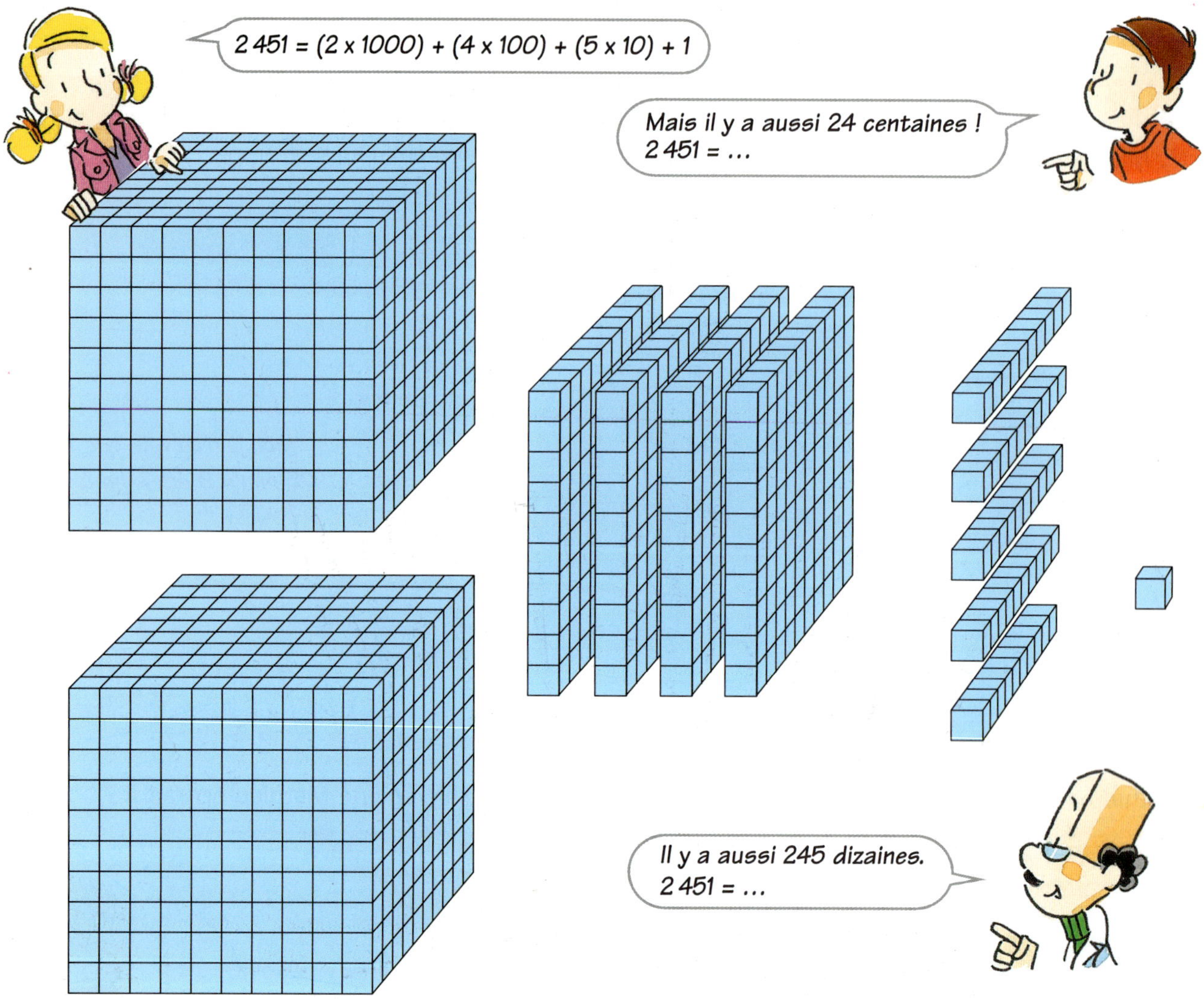

8 **Fichier d'activités page 3**

J'ai appris
320, c'est 3 groupes de 100 et 2 groupes de 10, c'est 3 centaines et 2 dizaines.
320, c'est aussi 32 groupes de 10 ou 32 dizaines **320 = 32 x 10**

11 Calcule.

10 x 23	3 x 500	10 x 37	90 x 100
62 x 10	13 x 100	6 x 250	100 x 58
50 x 6	8 x 25	28 x 100	208 x 10

12 *Multiple de 10 ou non ?*

130	400	1 000
275	501	1 990
2 280	930	1 530

Multiple de 100 ou non ?

500	2 700	3 499
1 080	1 800	6 800
1 200	2 000	8 000

7 à 10 On met l'accent sur la décomposition qui privilégie cent : 2 451, c'est 24 groupes de 100, 50 et encore 1, et sur celle qui privilégie dix : 2 451, c'est 245 groupes de 10 et encore 1. Cela est fait, page de gauche, avec le matériel de M. Cubus et, page de droite, avec les lignes brisées de M. Millimètre.

9 Vérifie que la ligne de M. Millimètre mesure 3 292 mm. Qui a raison ?
Imagine les groupements auxquels pensent M. Millimètre et Mathieu.

10 **Fichier d'activités page 3**

4 800, c'est 4 groupes de 1 000 et 8 groupes de 100, c'est 4 milliers et 8 centaines.

4 800, c'est aussi 48 groupes de 100 ou 48 centaines	**4 800 = 48 x 100**
4 800, c'est aussi 480 groupes de 10 ou 480 dizaines	**4 800 = 480 x 10**

13 Problèmes

1 ▶ Un supermarché reçoit
57 cartons de 10 assiettes.
Combien y a-t-il d'assiettes en tout ?

2 ▶ Une postière a reçu 3 700 timbres
en feuilles de 100 timbres.
Combien de feuilles de 100 timbres a-t-elle reçues ?

3 ▶ Si on range 285 œufs
dans des boîtes de 10 œufs…
Combien de boîtes peut-on remplir ?

4 ▶ Un fleuriste a commandé
24 lots de 100 tulipes.
Combien de tulipes a-t-il commandées ?

SÉQUENCE 14

Compléments à 100 et à 1 000

Calculs proposés oralement

1. *Multiple de 10 ou non ?*
   Multiple de 100 ou non ?
2. Table de multiplication par 6 (*idem* sq n° 12).

Je découvre

1 *Mathilde et Mathieu cherchent des compléments à 100.*

Ils font les mêmes calculs, mais ils ne les présentent pas de la même manière.

76 + ... = 100

76 + $\overset{24}{\ldots}$ = 100

47 $\xrightarrow{\ \ldots\ }$ 100

47 $\xrightarrow{53}$ 100

2 *Mathilde et Mathieu cherchent les compléments à 1 000.*

670 + ... = 1 000

670 + $\overset{330}{\ldots}$ = 1 000

360 $\xrightarrow{\ \ldots\ }$ 1 000

360 $\xrightarrow{640}$ 1 000

3 Présente tes calculs comme Mathilde.

60 + ... = 100	930 + ... = 1 000
86 + ... = 100	38 + ... = 100
52 + ... = 100	170 + ... = 1 000
300 + ... = 1 000	19 + ... = 100
350 + ... = 1 000	590 + ... = 1 000

Présente tes calculs comme Mathieu.

30 →	100	260 →	1 000
55 →	100	66 →	100
200 →	1 000	86 →	100
410 →	1 000	740 →	1 000
29 →	100	830 →	1 000

Je deviens performant

A **Jeu du nombre mystérieux**

100 x 30	21 x 100	10 x 201
250 x 10	10 x 207	26 x 100
10 x 215	273 x 10	100 x 27

2 010	2 060	2 070	2 100	2 150
2 500	2 600	2 700	2 730	3 000

B **Fichier d'activités page 4**

1 à 3 Dans la recherche de 63 + ... = 100, la réponse 47 est souvent proposée. La stratégie enseignée ici consiste à voir d'abord que 40 (obtenu à partir du 6 de 63) serait trop grand et que la réponse est donc 37. Même remarque pour les compléments à 1 000. La notation avec la flèche, qui se lit « pour aller à... », facilitera le réinvestissement de cette stratégie pour des calculs du type 102 – 87, qui peut se calculer : 87 $\xrightarrow{13}$ 100 $\xrightarrow{2}$ 102.

SÉQUENCE 15

Droites et points

Calculs proposés oralement

1. Table de multiplication par 7 (trois activités décrites p. 8).
2. Compléments à 100 et à 1 000.

Je découvre

1 En géométrie, la droite passant par les points A et B se note (AB).
Elle comprend le point A, le point B et tous les points alignés avec A et B.

- *Peux-tu imaginer un point de (AB) situé sur l'autre page du livre ? Montre-le approximativement.*
- *Peux-tu imaginer un point de (AB) situé plus loin dans ta salle de classe ? ... plus loin, au-delà de ton école ? ... au-delà de la Terre ?*

J'ai appris

(AB) comprend : 1°) le point A et le point B,
2°) tous les points à l'intérieur de [AB],
3°) tous les points alignés avec A et B et situés à l'extérieur de [AB].

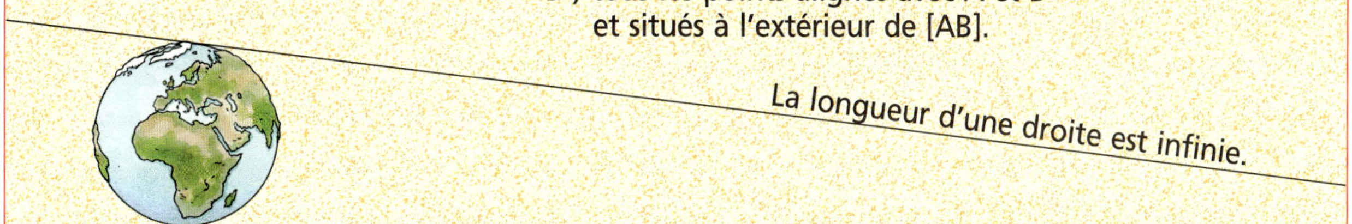

En géométrie, pour nous aider à imaginer la droite passant par A et B, on trace toujours un trait plus long que celui qui relie les points A et B. Mais ce trait est forcément beaucoup moins long que (AB) !

2 Fichier d'activités page 4

Je deviens performant

A Recopie et complète.

47 + ... = 100 280 + ... = 1 000 81 ⟶ 100 33 ⟶ 100
73 + ... = 100 940 + ... = 1 000 490 ⟶ 1 000 670 ⟶ 1 000

B *Multiple de 10 ou non ?*

250	605	1 550
469	870	1 900
520	1 260	2 160

Multiple de 100 ou non ?

900	2 510	5 480
1 000	3 700	6 100
1 250	5 000	7 800

C Le compte est bon

68	79	307	600
4 5 7 8	3 5 7 20	5 6 7 10	3 4 5 10

D Fichier d'activités page 4

❶ et ❷ Concevoir la droite qui passe par les points A et B, qu'on note (AB), comme l'ensemble infini des points qui sont alignés avec A et B. Introduction des conventions de notation et de représentation.

ARP Atelier de résolution de problèmes

Calculs proposés oralement

1. Table de multiplication par 7 (*idem* sq n° 15).
2. Additions du type 532 + 40, 187 + 50, etc. (voir p. 9).

1

Problème : Frédéric et Jasmina font chacun une collection de boîtes d'allumettes du monde entier. Frédéric a 113 boîtes d'allumettes et Jasmina en a 345.

Combien de boîtes d'allumettes Jasmina a-t-elle de plus que Frédéric ?

Voici les solutions de Sébastien, Cécile et Mélanie.

Sébastien :

$$\begin{array}{r} 113 \\ +\ 345 \\ \hline 458 \end{array}$$

Jasmina a 458 boîtes d'allumettes de plus que Frédéric.

Sébastien

Cécile :

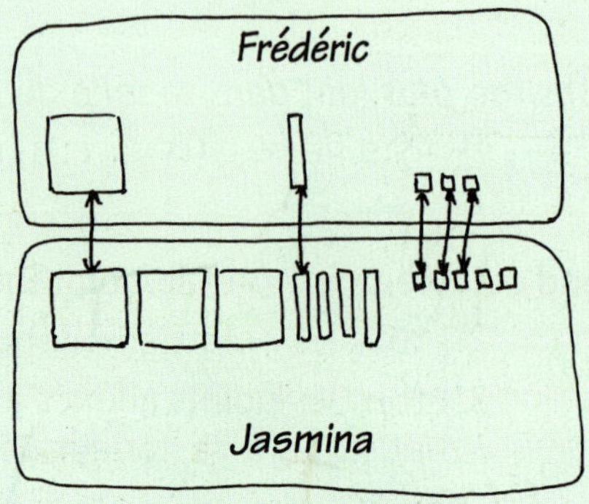

Jasmina a 232 boîtes d'allumettes de plus que Frédéric

Cécile

Mélanie :

$$\begin{array}{r} 345 \\ -\ 113 \\ \hline 232 \end{array}$$

Jasmina a 232 boîtes d'allumettes de plus que Frédéric

Mélanie

Quelle(s) solution(s) conviennent ? Pourquoi la ou les autres ne conviennent-elles pas ?

2

Problèmes

1 ▶ Véronique a planté un sapin qui mesure 1 m et 3 dm.
Catherine en a planté un autre qui mesure 12 dm et 4 cm.
Qui a planté le sapin le plus grand ?

2 ▶ Un marchand de fruits et légumes a acheté 10 plateaux de 24 melons.
Mais il doit retirer 7 melons qui ne sont pas assez beaux.
Combien de melons peut-il servir à ses clients ?

3 ▶ Dans une école, il y a 168 filles et 143 garçons.
Combien y a-t-il de filles de plus que de garçons dans cette école ?

4 ▶ Aïcha a 57 images dans sa collection.
Son petit frère n'a que 8 images.
Combien lui en faut-il pour en avoir autant qu'Aïcha ?

5 ▶ Dans une boîte, Julien n'a mis que des billets de 5 € et de 10 €.
En tout, il a 6 billets qui font 50 €.
Combien de billets de 5 € et combien de billets de 10 € a-t-il dans sa boîte ?

6 ▶ **Construction géométrique**

1°) Trace un segment d'extrémités A et B qui mesure 1 dm.

2°) Sur [AB], place un point I à 3 cm de A.

3°) Place un point C qui n'est pas aligné avec [AB].

4°) Trace (CI) et [BC].

❶ Évaluer 3 résolutions d'un même problème. L'explication des erreurs est une tâche difficile. Elle peut être traitée collectivement, par ex. : « *Cette solution conviendrait si le problème était..., mais ce n'est pas le problème posé.* »

❷ Résolution de problèmes variés.

SÉQUENCE 17

ARP Atelier de résolution de problèmes

Calculs proposés oralement
1. Table de multiplication par 7 (*idem* sq n° 15).
2. Compléments à 100 et à 1 000.

1

Trois enfants, Marc, Irène et Louis, voudraient aller au zoo ensemble. Ils ont vidé leur tirelire. Que peuvent-ils faire ? Justifie tes réponses.

2

Problèmes

1 ▶ 4 objets identiques sont pesés ensemble. En tout ils pèsent 92 g.

Combien pèse chacun de ces objets ?

2 ▶ *Range ces quatre enfants du plus petit au plus grand :*

Annick mesure 1 m et 37 cm.
Benjamin est plus petit que Denis.
Denis mesure 13 dm exactement.
Cynthia mesure 4 cm de plus que Denis.

3 ▶ Dans un théâtre, il y a 100 places. Pour une soirée, le guichet a déjà vendu 47 places à 10 € et 9 places à 20 €.

Combien de places peut-il encore vendre ?

4 ▶ Une fusée Ariane décolle à 21 h 59 de Kourou. Elle met un satellite sur orbite 38 min plus tard.

Quelle heure est-il alors ?

❶ À partir de données diverses insérées dans une image, les élèves sont amenés à énoncer eux-mêmes des problèmes et leur solution en explorant plusieurs hypothèses.

❷ Résolution de problèmes variés.

SÉQUENCE 18

Droites et segments parallèles

Calculs proposés oralement

1. Table de multiplication par 8 (trois activités décrites p. 8).

2. Compléments à 100 et à 1 000.

Je découvre

1 Ces deux droites ont la même direction. On dit qu'elles sont **parallèles**. *Se croisent-elles quelque part ?*

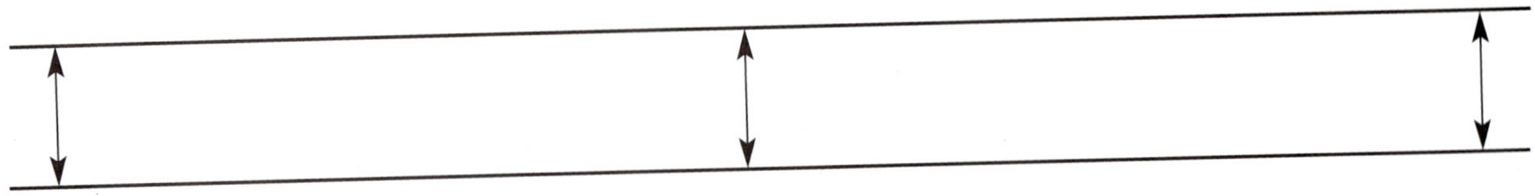

Si on mesure l'écartement de ces droites où il y a des flèches et même plus loin, qu'observera-t-on ?

Quelles sont les droites qui semblent parallèles ?

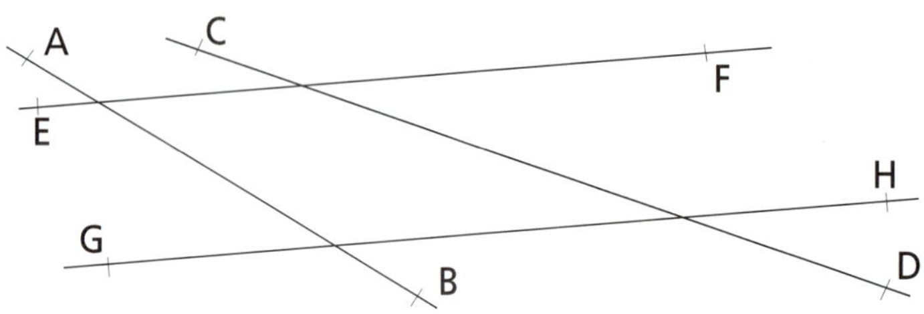

Même activité.

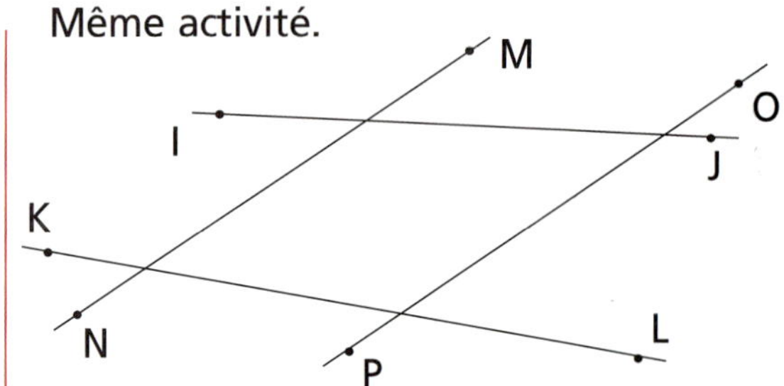

Mathilde et Mathieu disposent d'un réseau de lignes parallèles tracées sur un calque.

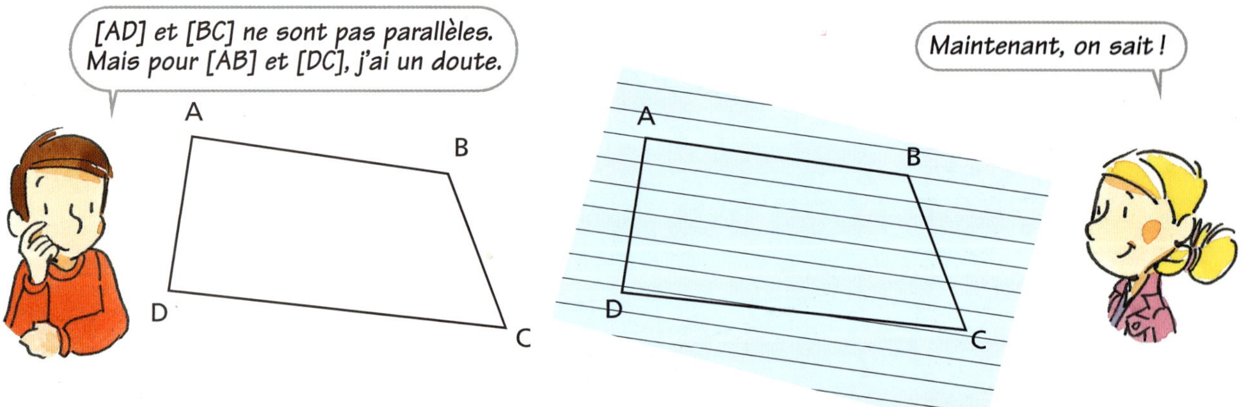

J'ai appris

Quand j'amène (AB) à coïncider avec l'une des droites de mon réseau de droites parallèles, si (CD) coupe une droite du réseau, (AB) et (CD) ne sont pas parallèles.

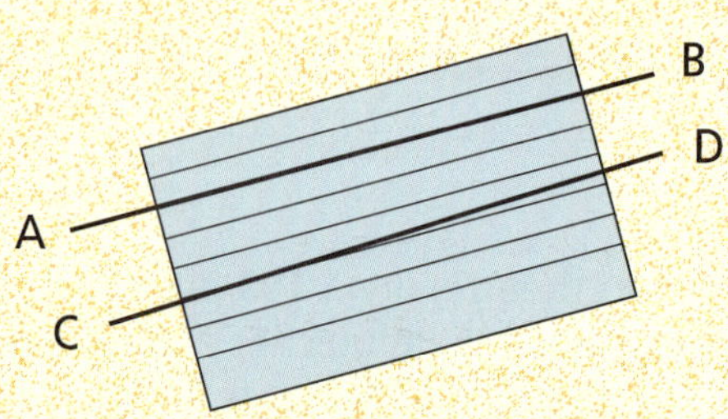

(AB) et (CD) n'ont pas la même direction.
On peut écrire :
(AB) et (CD) ne sont pas parallèles
ou aussi :
(AB) n'est pas parallèle à (CD)

(EF) et (GH) semblent avoir la même direction.
On peut écrire :
(EF) et (GH) semblent parallèles
ou aussi :
(EF) semble parallèle à (GH)

❶ Le parallélisme de deux droites ne peut pas être affirmé à partir de la simple observation des traits qui les représentent (on ne peut pas affirmer l'absence d'un point d'intersection très loin). D'où la formulation : (AB) et (CD) *semblent* parallèles. L'outil utilisé est le réseau de parallèles dessiné sur le calque qu'on trouve dans

2 Dans chacune de ces figures, quels sont les côtés qui semblent parallèles ?

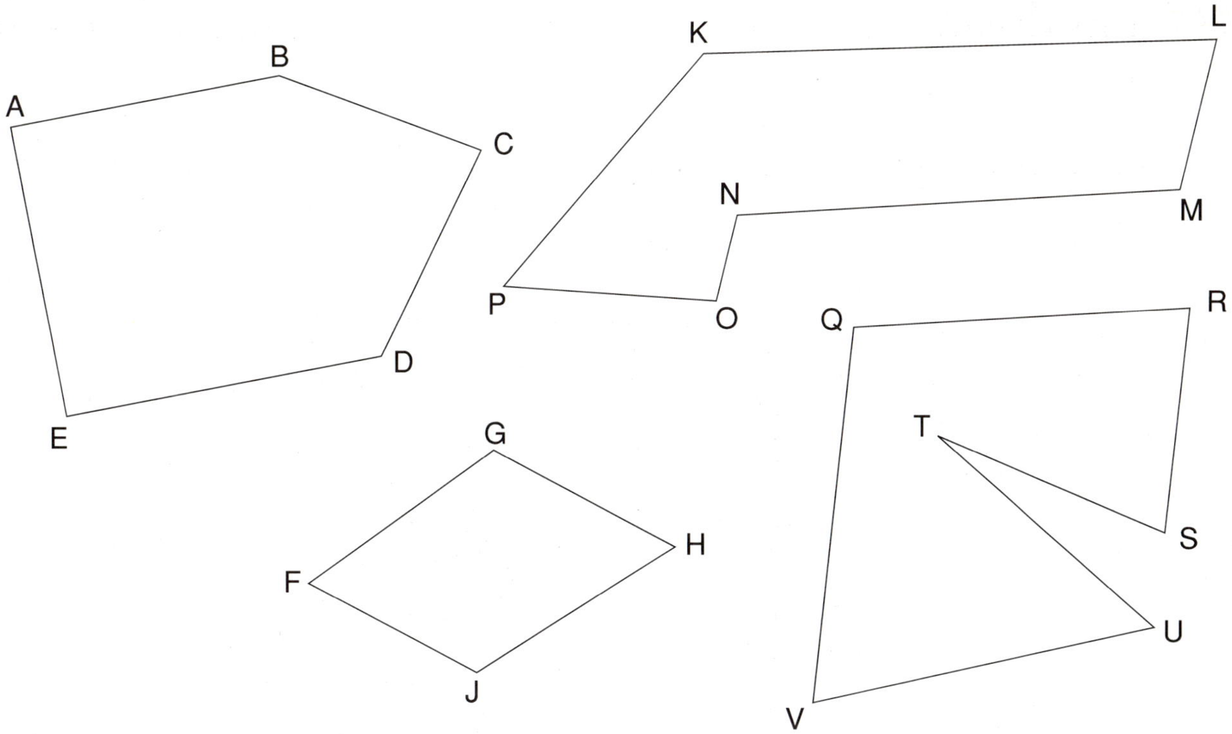

Je deviens performant

A Recopie puis complète le tableau ci-dessous.

Segments	Longueur
[...]	1 dm
[...]	7 cm
[ED]	....
[...]	6 cm
[EF]	....
[...]	....

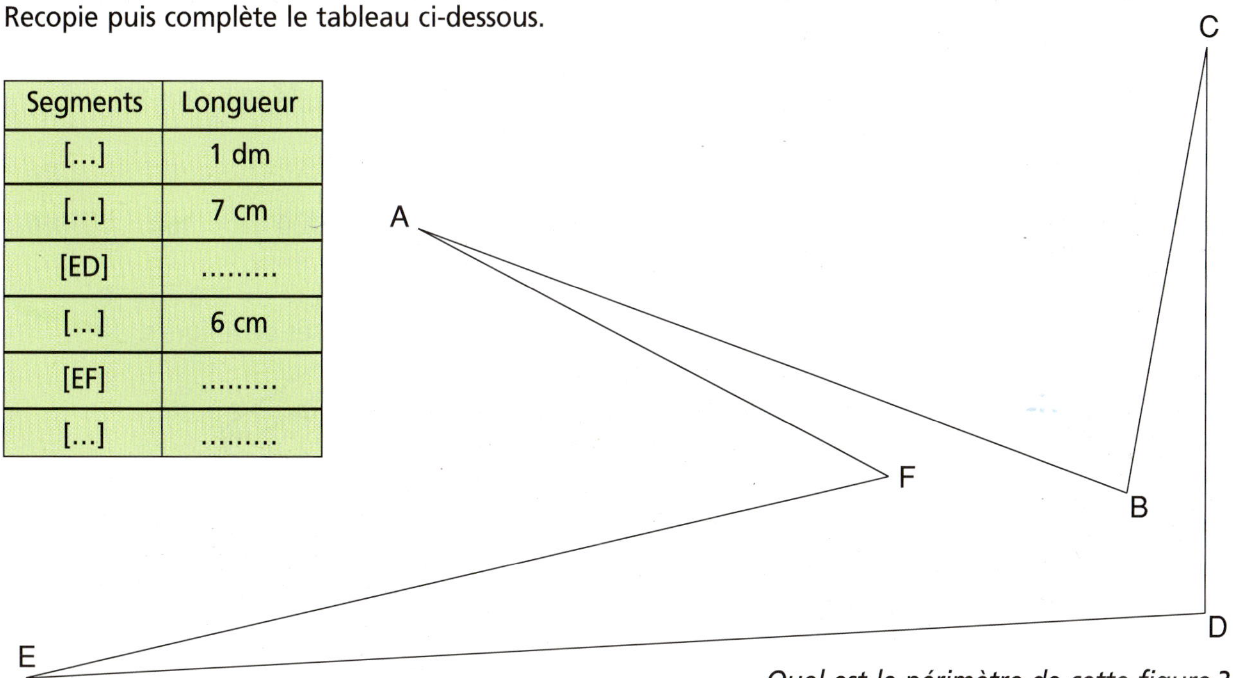

Quel est le périmètre de cette figure ?

B *Multiple de 10 ou non ?*

205	1 020	2 990
550	1 204	3 050
890	2 400	5 920

Multiple de 100 ou non ?

700	2 590	5 870
1 300	3 050	6 700
1 880	5 500	8 800

C **Fichier d'activités page 4**

le fichier d'activités. Dans le « J'ai appris », les élèves doivent comprendre que les droites (EF) et (GH) sont susceptibles d'être parallèles bien que (GH) ne coïncide avec aucune droite du réseau. Les autres difficultés sont : 1) les deux modes d'expression rappelés dans le « J'ai appris », 2) l'extension de la notion aux segments.

SÉQUENCE
19

Multiples de 25 et 250

Calculs proposés oralement
1. Table de multiplication par 8 (*idem* sq n° 18).
2. Doubles du type : 2 fois 37, 2 fois 68 (voir p. 9).

Je découvre

1 *Mathilde et Mathieu calculent 6 fois 25.* Continue le calcul de Mathilde et observe celui de Mathieu.

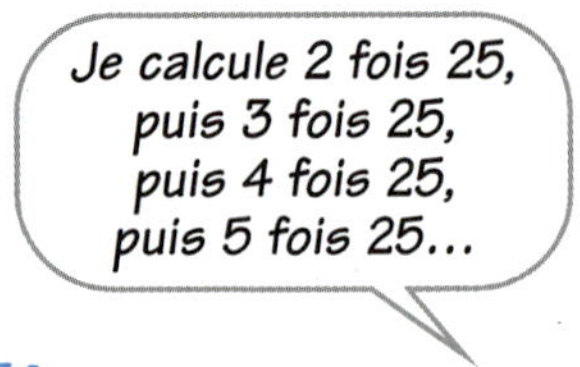

25 + 25 = 50
25 + 25 + 25 = ...
25 + 25 + 25 + 25 = ...
25 + 25 + 25 + 25 + 25 = ...

J'ai appris

Pour connaître les multiples de 25, c'est facile. Il suffit de savoir que :

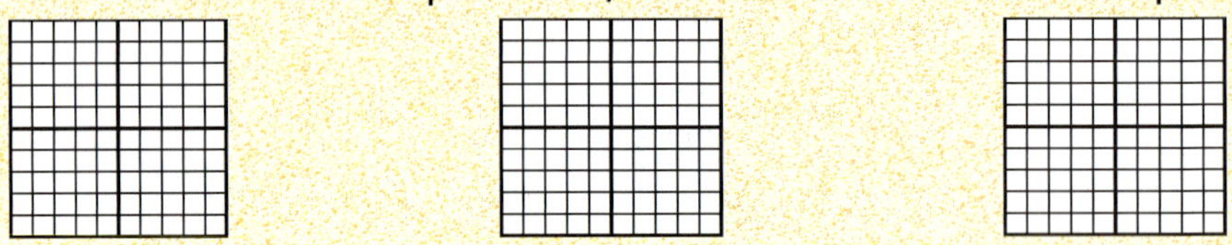

1 fois 25, c'est 25	5 fois 25, c'est 125	9 fois 25, c'est 225
2 fois 25, c'est 50	6 fois 25, c'est 150	***10 fois 25, c'est 250***
3 fois 25, c'est 75	7 fois 25, c'est 175	11 fois 25, c'est 275
4 fois 25, c'est 100	***8 fois 25, c'est 200***	***12 fois 25, c'est 300***

2 *Multiple de 25 ou non ?*

70   135   100   75   150   205   125   200   160   300

3 Pour chercher combien il y a de feuilles de classeur en tout, Mathilde compte de 250 en 250.
Termine cette suite de nombres en calculant comme Mathilde, en 3 colonnes de 4 lignes.

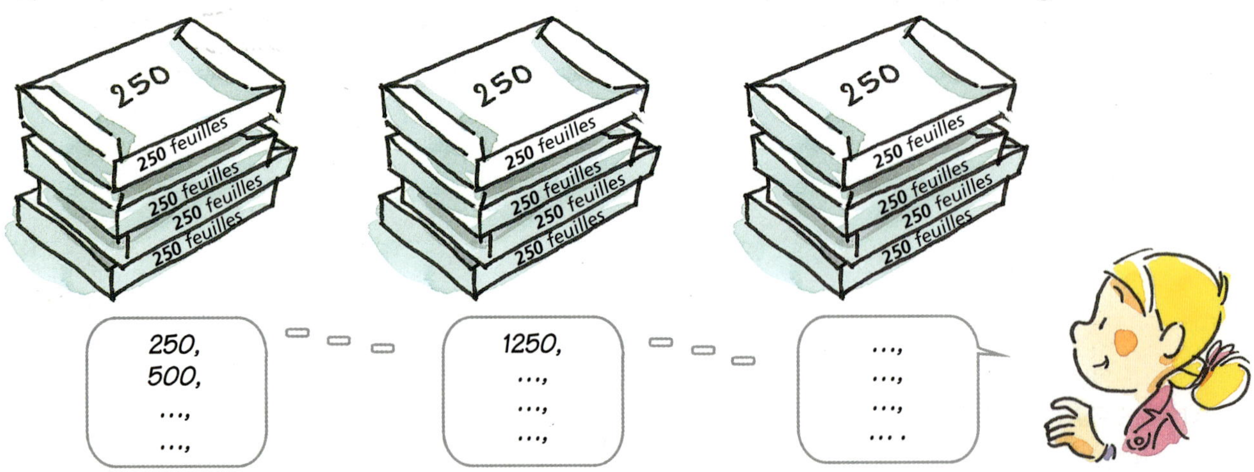

Observe les nombres que tu as écrits sur la 1re ligne, sur la 2e, sur la 3e… *Que remarques-tu ?*

4 *Multiple de 250 ou non ?*

500   1 150   950   1 000   1 250   2 500   750   1 850   2 000   1 500

1 à **4** Dans l'apprentissage de la division, nous faisons jouer un rôle important aux multiples de 25 et de 250 (voir sq nos 36 et 45). Pour connaître les multiples de 25, les élèves peuvent s'appuyer sur les résultats-repères 4 fois 25, 100, 8 fois 25, 200, etc., et pour ceux de 250, sur les repères 4 fois 250, 1000, 8 fois 250, 2000, etc. Pour cela, ils utilisent un damier de 100 cases partagé en 4 quarts de 25 cases.

SÉQUENCE 20

Vers la multiplication en colonnes

Calculs proposés oralement

1. *Multiple de 25 ou non ?*
   Multiple de 250 ou non ?
2. Table de multiplication par 8 (*idem* sq n° 18).

Je découvre

1 **1 245 x 3 = ……**

Monsieur Cubus calcule 3 fois 1 245. Combien cela lui fera-t-il de cubes ?

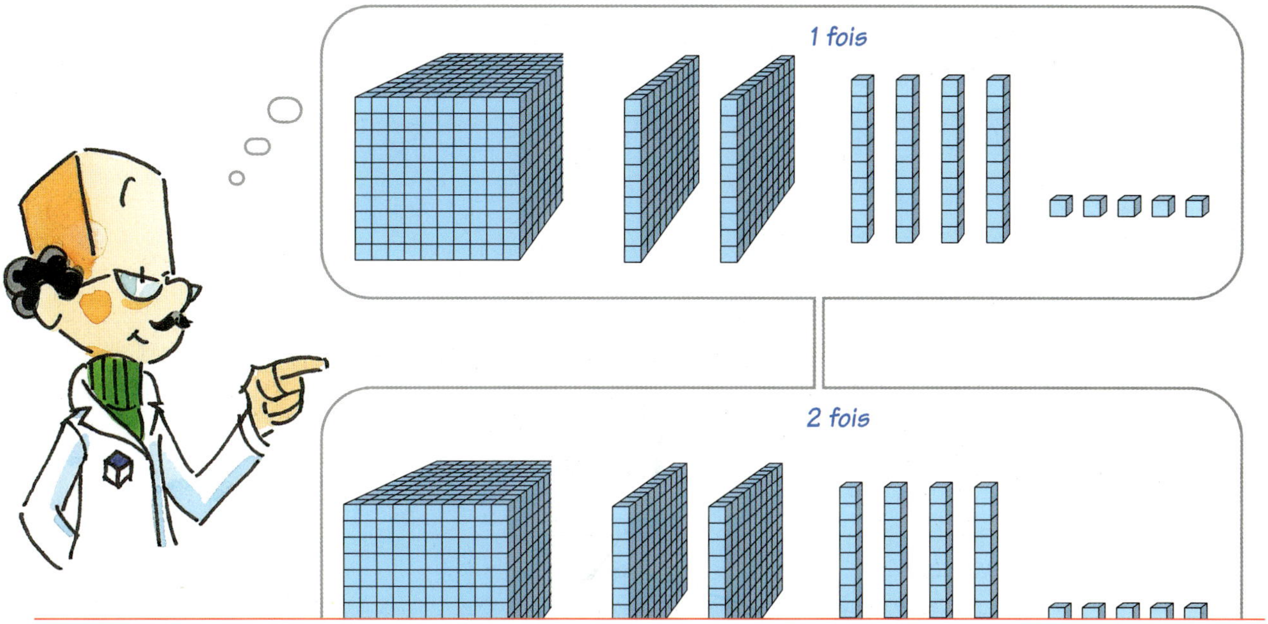

Sur ton cahier, fais un schéma de ce qu'obtiendra Monsieur Cubus quand il aura réorganisé tous ses cubes.

2 **2 497 x 3 = ……**

Sur ton cahier, termine les calculs de Mathilde et Mathieu.

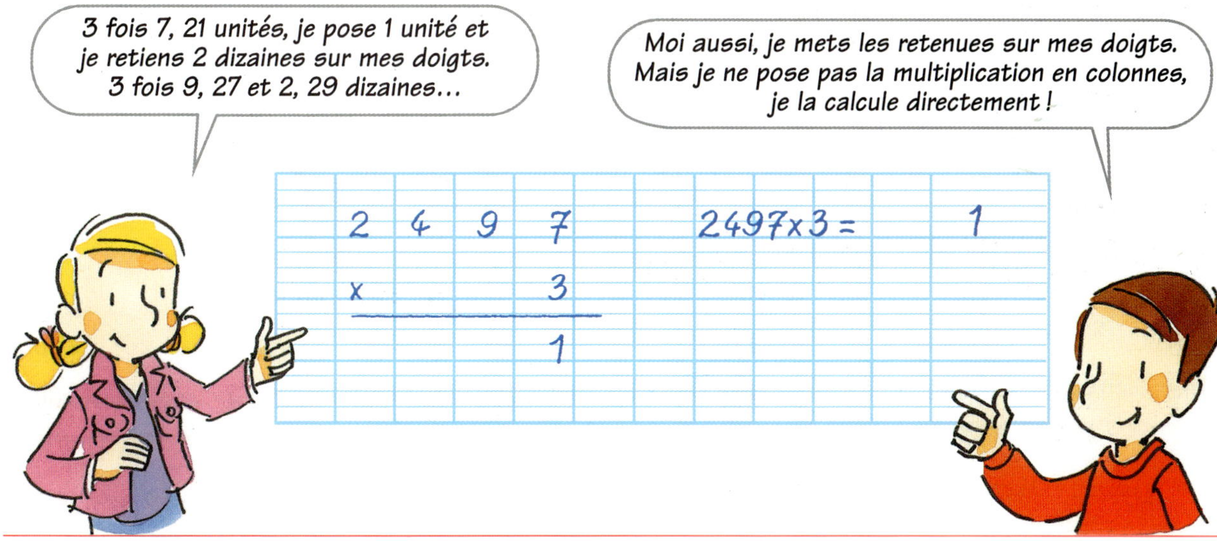

Calcule ces multiplications, tantôt en ligne tantôt en colonnes.

1 283 x 5	1 176 x 4	1 689 x 4	975 x 8	698 x 8
4 098 x 2	3 079 x 4	1 186 x 7	679 x 6	1 207 x 7

❶ Le matériel de M. Cubus n'impose pas de commencer par les unités comme dans la multiplication écrite.

❷ L'écriture des retenues pose problème dans le cas de la multiplication par un nombre de deux chiffres ou plus : plusieurs retenues doivent être écrites au même endroit. On prévient cette difficulté, dès cette séquence, en incitant les élèves à marquer les retenues sur leurs doigts. On encourage aussi le calcul en ligne.

Les polygones

Calculs proposés oralement

1. Table de multiplication par 9 (les trois activités décrites p. 8).
2. *Multiples de 25 et de 250.*

Je découvre

1 Dans la série 1, toutes les figures sont des polygones.
Dans la série 2, il n'y a aucun polygone.
À l'aide de ces informations, trouve une définition des polygones et écris-la sur ton cahier.

Série 1

Série 2

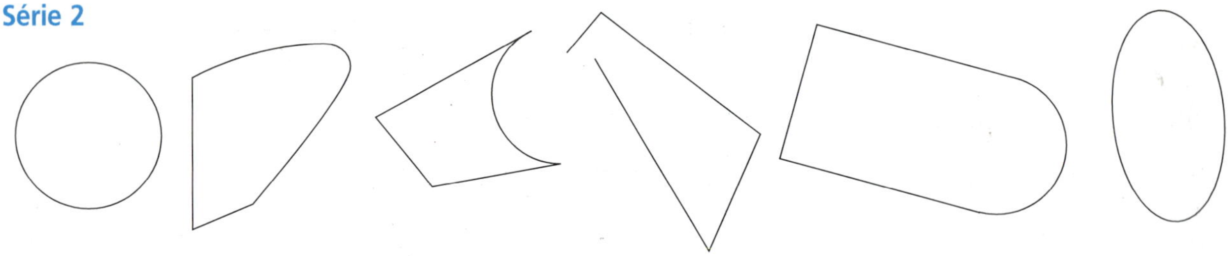

2 ### Jeu du portrait

Voici des figures géométriques. Une ou plusieurs correspondent au portrait ci-dessous. Lesquelles ?
Utilise ton réseau de droites parallèles et ton double décimètre.

- *C'est un polygone.*
- *Un de ses côtés mesure 35 mm.*
- *Deux de ses côtés semblent parallèles.*

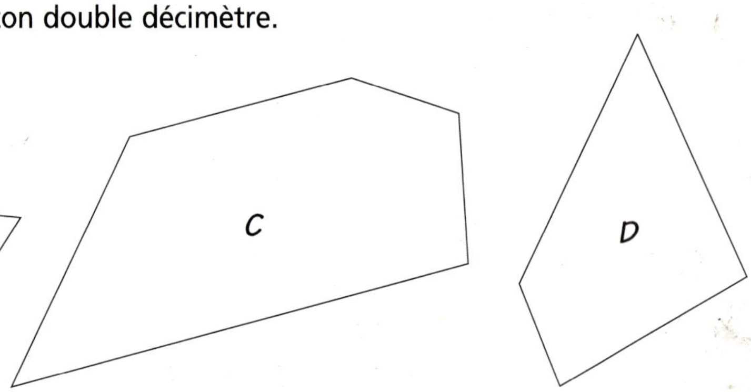

Je deviens performant

A *Multiple de 25 ou non ?*

120	225	275
175	270	325

Multiple de 250 ou non ?

750	1 750	2 800
1 200	2 250	3 000

B ### Jeu du nombre mystérieux

6 496	6 685	6 936	7 105	7 496
7 585	8 000	8 032	8 172	8 680

908 x 9	867 x 8	7 017 + 983
5 x 1 421	9 349 – 1 853	727 + 7 953
955 x 7	9 307 – 1 722	3 249 + 4 783

❶ et ❷ À partir d'une série d'exemples de polygones et d'une série de contre-exemples, concevoir les polygones comme des figures fermées dont tous les côtés sont des segments.

SÉQUENCE 22

Calcul réfléchi de soustractions

Calculs proposés oralement

1. Table de multiplication par 9 (les trois activités décrites p. 8).
2. *Multiples de 3 et de 4 (voir p. 9).*

Je découvre

1 Pour apprendre à calculer des soustractions, tu vas utiliser des files de cases comme celle-ci.

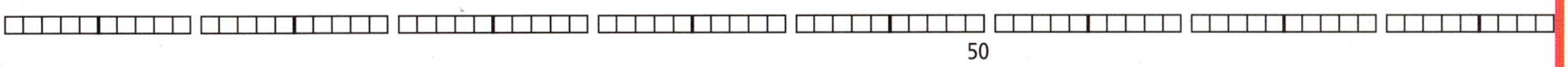

Saurais-tu montrer les 32 premières cases de cette file ? Et les 48 premières ? Et les 63 premières ?

2 Pour calculer 63 – 26 avec une telle file, il y a deux méthodes. Observe.

▶ Première méthode : par retraits successifs.

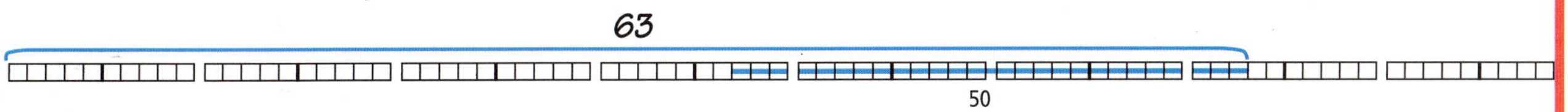

▶ Deuxième méthode : par compléments successifs.

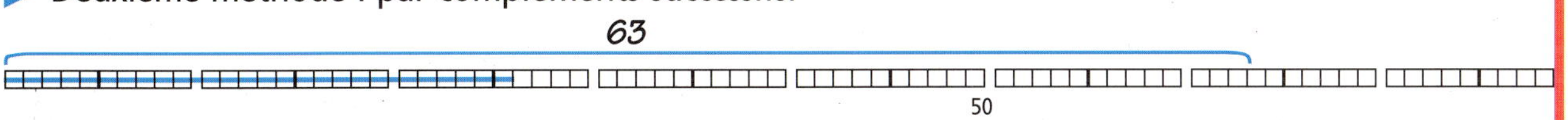

▶ Avec certains nombres, on connaît la différence directement, en un seul calcul, par l'une ou l'autre méthode. Exemple avec 100 – 49 :

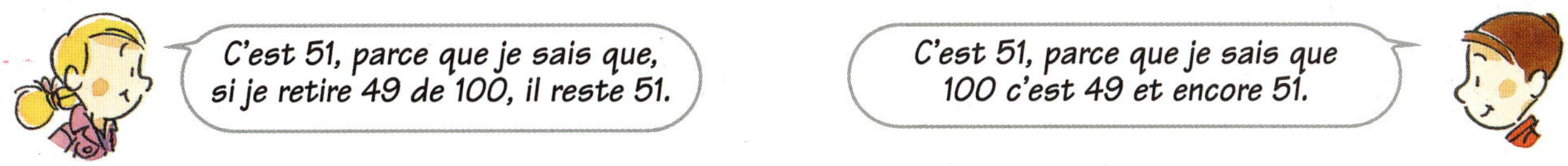

3 **Fichier d'activités page 5**

> ***J'ai appris*** Je peux calculer la différence entre deux nombres :
> • en reculant (par retraits successifs), • en avançant (par compléments successifs).
> Le plus souvent, un des deux calculs est plus facile que l'autre.

Je deviens performant

A **Le compte est bon**

191	234	95	175
3 5 9 25	4 5 9 25	3 5 7 20	3 4 5 30

B *Multiple de 25 ou non ?*

25	75	200
40	95	250
50	165	350

Multiple de 250 ou non ?

1 100	1 800	2 500
1 250	2 250	2 750
1 500	2 400	3 000

❶ à ❸ Le calcul réfléchi d'une soustraction peut se faire par retraits ou par compléments successifs. L'usage d'une file de cases, structurée par groupes de 10 et où figure le repère 50, permet de comprendre l'équivalence des 2 stratégies : il est normal que barrer les premières ou les dernières cases conduise au même résultat.

SÉQUENCE 23

Multiplier par 20, 30, 40...
Multiplier par 200, 300, 400...

Calculs proposés oralement

1. Soustractions « en avançant » ou « en reculant » (voir p. 9).
2. *Multiples de 3 et de 4* (voir p. 9).

Je découvre

1 Mathilde et Mathieu calculent 38 x 10, 38 x 20, 38 x 30.

38 x 10

Facile ! 10 fois 38, 380 !

38 x 20

Facile ! 20 fois 38, c'est 10 fois 38, 380 et encore 10 fois 38, 380. En tout 760.

Vérifie que tu obtiens le même résultat en commençant par calculer 38 x 2.

38 x 30

30 fois 38, c'est 10 fois 38, 380 encore 10 fois 38, 380 et encore 10 fois 38, 380 En tout ...

Vérifie que tu obtiens le même résultat en commençant par calculer 38 x 3.

Et si tu devais calculer 38 x 40, 38 x 50 ? Et si tu devais calculer 47 x 20, 53 x 60, 29 x 80 ?

2 Calcule les multiplications suivantes :

23 x 100   23 x 200   23 x 300   23 x 400

J'ai appris

Pour multiplier un nombre par 20, 30, 40, 50, 60, ...
je le multiplie par 2, 3, 4, 5, 6, ... puis je multiplie le résultat par 10.

Pour multiplier un nombre par 200, 300, 400, 500, 600, ...
je le multiplie par 2, 3, 4, 5, 6, ... puis je multiplie le résultat par 100.

Calcule (tu peux calculer en colonnes les multiplications par 3, par 4, par 5).

18 x 300   46 x 200   21 x 400   13 x 500

3 **Jeu du nombre mystérieux**

1 950	2 480	2 520	2 680	2 800
3 400	3 700	3 900	5 800	7 000

13 x 300	84 x 30	200 x 14
68 x 50	8 x 725	39 x 50
40 x 62	14 x 500	740 x 5

Je deviens performant

A À chaque fois, une seule mesure est possible. Laquelle ?

a) Un ski

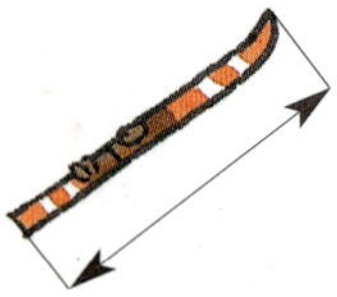

17 mm
17 cm
17 dm
17 m

b) Un but de football

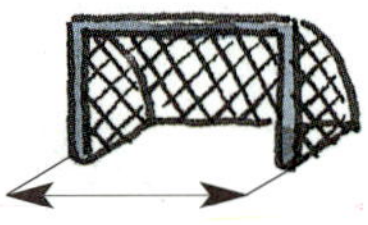

73 mm
73 cm
73 dm
73 m

c) Un but de rugby

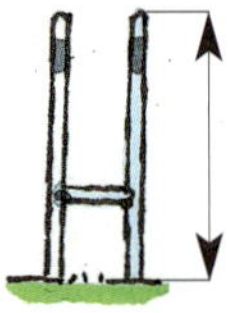

600 mm
600 cm
600 dm
600 m

d) Une piscine

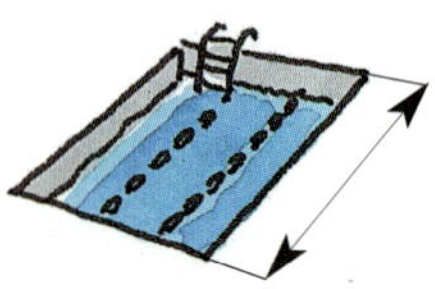

25 mm
25 cm
25 dm
25 m

❶ à ❸ 46 x 30, c'est 10 fois 46 (460) plus 10 fois 46 (460) et encore 10 fois 46 (460). C'est donc 3 fois 460. Le résultat s'obtient en calculant d'abord 46 x 3 et en multipliant le résultat par 10. On comprend l'équivalence de ces deux procédures en comparant le calcul en colonnes de 460 x 3 et de 46 x 3.

SÉQUENCE **24**

Vers la division : combien de fois l dans L ?

Calculs proposés oralement

1. Multiplications par 20 (du type 20 x 37), par 30, 40 et 50 (du type 30 x 8, 7 x 40).
2. Soustractions « en avançant » ou « en reculant » (voir p. 9).

Je découvre

1 **Fichier d'activités page 6**

J'ai appris

Quand je cherche combien de fois une petite longueur est contenue dans une autre, je peux utiliser une bande de papier ou un compas. Je reporte autant de fois que possible la petite longueur dans la grande.

Par exemple, ici, ℓ est contenu 3 fois dans L et il reste cette longueur-là : |———|

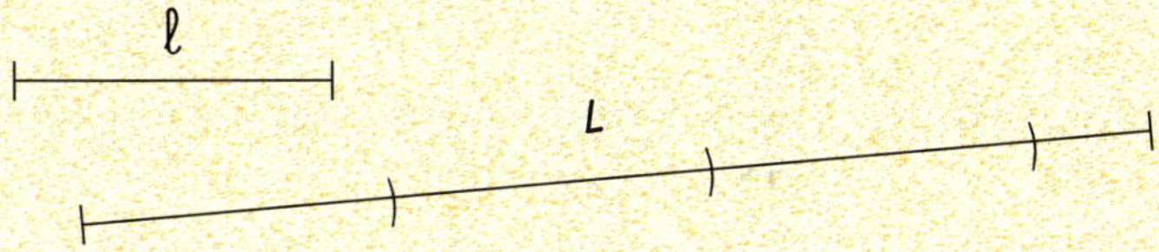

Je peux écrire :
$L = (\ell \times 3) + r$
et r = |———|

Je deviens performant

A *En avançant ou en reculant ?* Calcule ces soustractions sans les poser en colonnes.

103 – 7 106 – 97 310 – 23 210 – 194 121 – 48

B **Jeu du nombre mystérieux**

8 400 8 423 8 500 8 536 8 600

8 680 8 685 8 694 8 700 8 883

8 x 1 067	28 x 300	1 085 x 8
20 x 435	1 269 x 7	100 x 86
850 x 10	965 x 9	1 449 x 6

C **Jeu du portrait**

Une ou plusieurs figures correspondent à ce portrait :

- *C'est un polygone.*
- *Il a 5 côtés (c'est un pentagone).*
- *Deux de ses côtés semblent parallèles.*

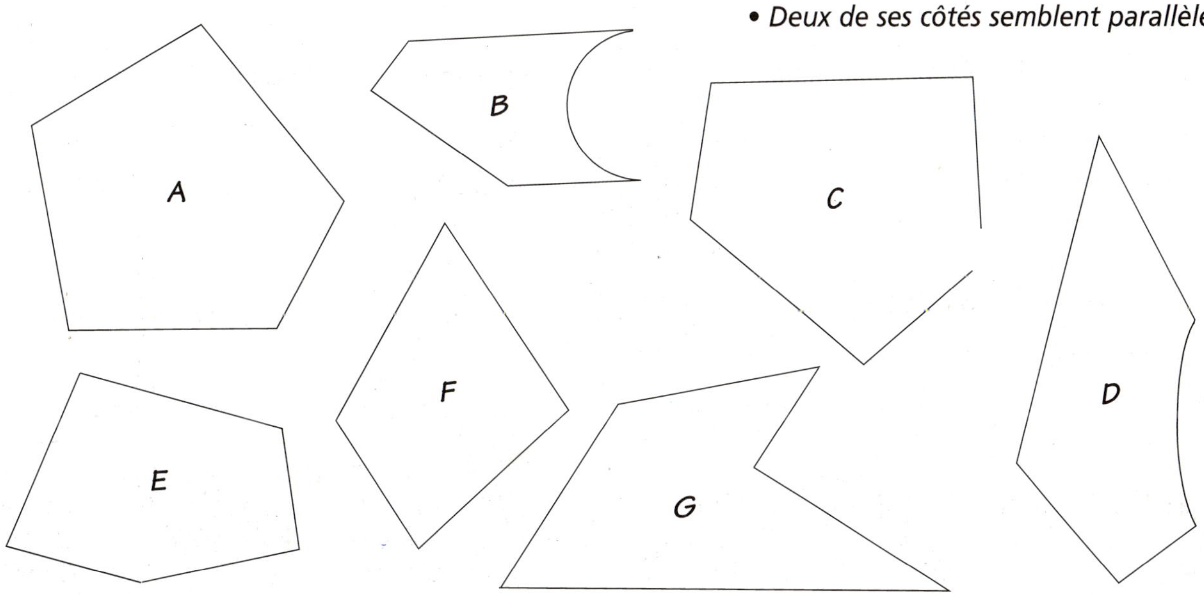

1 Cette activité géométrique prépare l'introduction de la division : dans les 2 cas il s'agit de savoir combien de fois une grandeur est contenue dans une autre et de chercher le reste. Les élèves acquièrent ainsi un modèle d'action qui est celui de la division. On introduit des notations que les enfants retrouveront dans la division.

SÉQUENCE 25

ARP Atelier de résolution de problèmes

Calculs proposés oralement

1. Soustractions « en avançant » ou « en reculant » (voir p. 9).
2. Table de 6 et multiplication par 60 (voir p. 10).

1

Problème : *Combien de morceaux de 18 cm peut-on découper dans une ficelle de 1 m ?*

Voici les solutions de Mélanie, Cécile et Sébastien.

100 – 18 = 82 1 morceau
82 – 18 = 64 2 morceaux
64 – 18 = 46 3 morceaux
46 – 18 = 28 4 morceaux
28 – 18 = 10 5 morceaux

On fait 5 morceaux.
Il reste 10 cm de ficelle.

Mélanie

18 + 18 + 18 = 54
3 morceaux

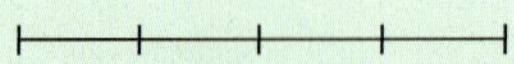

18 + 18 + 18 + 18 = 72
4 morceaux

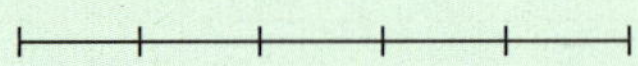

18 + 18 + 18 + 18 + 18 = 90
5 morceaux

On peut découper 5 morceaux.
Il restera 10 cm de ficelle.

Cécile

18 x 7 = 126
c'est plus qu'un mètre
18 x 4 = 72
c'est moins d'un mètre
18 x 6 = 108
c'est un peu trop
18 x 5 = 90
100 – 90 = 10

On peut découper 5 morceaux.

Il reste 10 cm de ficelle.

Sébastien

Quelle(s) solution(s) conviennent ? Pourquoi la ou les autres ne conviennent-elles pas ?

2

Problèmes

1 ▶ Un marchand de cycles a vendu pendant la semaine :
– 2 motos à 3 642 € la moto ;
– un scooter à 1 599 € ;
– 7 casques à 158 € pièce.
« Cette semaine, j'ai vendu pour près de 10 000 € de marchandises », se dit-il.

A-t-il raison ?
Justifie ta réponse.

2 ▶ *Combien de sachets de 23 bulbes de tulipes peut-on préparer avec 196 bulbes ?*

3 ▶ Dans son portefeuille, Mme Briant n'a que des billets de 10 € et de 5 €. En tout, elle a 15 billets qui font 115 €.

Combien de billets de 10 € et combien de billets de 5 € a-t-elle ?

4 ▶ *Combien de bulbes de jacinthes y a-t-il dans 100 sachets de 25 bulbes ?*

5 ▶ **Construction géométrique**

1°) Trace un triangle ABC avec AB = 12 cm.

2°)
- *Place le point I, milieu de [AB].*
- *Place le point J, milieu de [BC].*
- *Place le point K, milieu de [CA].*

3°) Trace le triangle IJK.

4°) Si tes tracés sont exacts, vérifie que :
- *[IJ] parallèle à [AC] ;*
- *[IK] parallèle à [BC] ;*
- *[KJ] parallèle à [AB].*

5°) Si tes tracés sont exacts, tu obtiens :
- *la longueur IJ est la moitié de AC ;*
- *la longueur IK est la moitié de BC ;*
- *la longueur KJ est la moitié de AB.*

❶ Évaluer trois résolutions d'un même problème. Ici, les trois résolutions sont équivalentes.

❷ Résolution de problèmes variés.

SÉQUENCE 26

ARP Atelier de résolution de problèmes

Calculs proposés oralement

1. Soustractions « en avançant » ou « en reculant » (voir p. 9).
2. Table de 7 et multiplication par 70 (voir p. 10).

1

On peut visiter Paris en naviguant sur la Seine.
Sur le bateau *Belle Seine*, la promenade touristique coûte 17 €.

Pour éviter de calculer trop souvent,
le caissier a commencé à écrire une liste des prix pour les billets d'embarquement.

Recopie et complète cette liste. Puis réponds aux questions.

Nombre de billets	Prix
1	17 €
2	34 €
3	51 €
4	68 €
5	85 €
6	……
7	……
8	……
9	……
10	……

1. Un groupe de touristes anglais achète 10 billets.
Une famille achète 4 billets.
Un club de personnes âgées achète 14 billets.
Quel est le prix à payer dans ces trois cas ?

2. Des touristes japonais achètent 20 billets.
Un groupe d'amis achète 6 billets.
Une classe de CM1 achète 26 billets.
Quel est le prix à payer dans ces trois cas ?

3. *Quel est le prix de 18 billets ?*
4. *Quel est le prix de 23 billets ?*
5. *Quel est le prix de 37 billets?*

2

Problèmes

1 ▶ Une fermière range 58 œufs dans des boîtes.
Dans chaque boîte, elle met 6 œufs.
Combien de boîtes remplira-t-elle ?
Restera-t-il des œufs ?

2 ▶ Un catalogue propose des chaises à 43 € l'unité.
Quel est le prix de 10 de ces chaises ?
Quel est le prix de 21 de ces chaises ?

3 ▶ Le côté d'un carré mesure 96 cm.
Quel est le périmètre de ce carré ?

4 ▶ Un pâtissier a fabriqué des chocolats.
Il les range dans des sachets en mettant 7 chocolats par sachet.
Il remplit exactement 65 sachets.
Combien de chocolats a-t-il fabriqués ?

5 ▶ Dans une ville, il y a 2 écoles.
Il y a 267 enfants dans la première.
La deuxième est plus grande, elle reçoit 50 enfants de plus que la première.
Combien d'écoliers y a-t-il dans cette ville ?

❶ Approche de la proportionnalité : le prix de 16 billets est la somme du prix de 10 billets et du prix de 6 billets. ❷ Résolution de problèmes variés.

SÉQUENCE
27

Cercle, rayon et diamètre

Calculs proposés oralement

1. *Multiples de 10 ou non ?*
Idem avec 25, 50, 100 et 250.

2. Table de 8 et multiplication par 80 (voir p. 10).

Je découvre

1 Le point O est le centre du cercle ci-contre.
[OA] est un rayon de ce cercle.

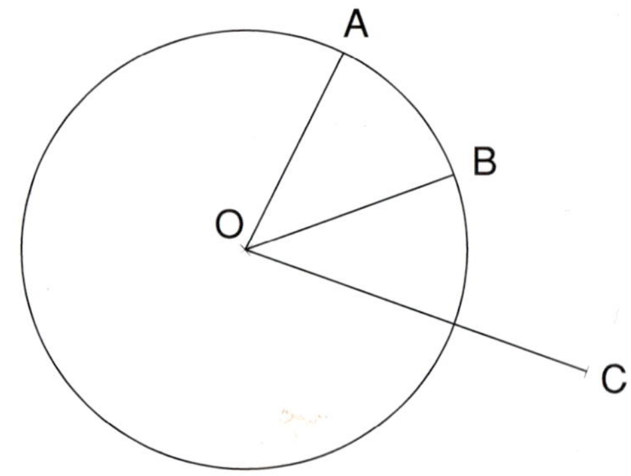

a *Quelle est sa longueur ?*

b *Un autre rayon de ce cercle est-il tracé ?*
Quelle est sa longueur ?

c *Pourquoi [OC] n'est-il pas un rayon de ce cercle ?*

d *Combien de rayons ce cercle a-t-il ?*

2 **Fichier d'activités page 7**

J'ai appris

Si des points A, B, D, E, ... sont sur un cercle de centre O,
[OA], [OB], [OD], [OE], sont **des rayons** de ce cercle et ont tous la même longueur.
Cette longueur s'appelle **le rayon** du cercle de centre O.

De même, un cercle a une infinité de diamètres.
La longueur de ces diamètres est le double du rayon.

Cette longueur s'appelle le **diamètre** du cercle.

3 Sur une feuille blanche, réalise la construction ci-dessous.

1. *Trace un cercle de centre A et de rayon 5 cm.*
2. *Place un point B sur ce cercle.*
3. *Trace (AB).*
4. *Sur [AB], place un point C à 4 cm de A.*
5. *Trace un cercle de centre C et de rayon 4 cm.*

Je deviens performant

A *Multiple de 25 ou non ?*

55	150	225	275
85	185	250	325

Multiple de 250 ou non ?

400	1 350	2 050	3 000
1 000	1 750	2 750	3 250

B **Jeu du nombre mystérieux**

92	100	120	160	175
480	539	609	639	742

8 x 60	106 x 7	3 x 4 x 10
46 x 2	87 x 7	25 x 7
25 x 4	9 x 71	4 x 5 x 8

C **Le compte est bon**

204	127	170	741
5 8 9 25	3 4 7 10	5 6 10 20	2 3 7 250

1 à **3** Notions de cercle, rayon et diamètre. Comparaison des expressions « un rayon » et « le rayon », « un diamètre » et « le diamètre ».

SÉQUENCE 28

Catégorisation de problèmes : la somme, la différence

Calculs proposés oralement

1. Soustractions « en avançant » ou « en reculant » (voir p. 9).
2. Table de 9 et multiplication par 90 (voir p. 10).

Je découvre

1 Vérifie que Mathieu a 83 timbres et que Mathilde en a 50.
Calcule la somme de ces deux nombres puis leur différence.

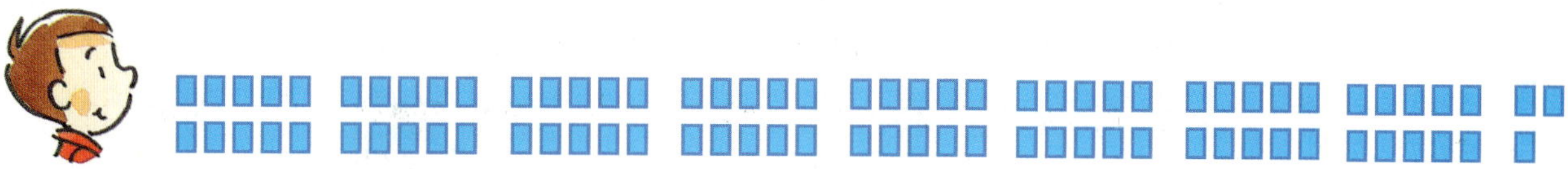

Résous ces problèmes.

a *Combien de timbres Mathilde et Mathieu ont-ils ensemble ?*

b *Combien de timbres Mathilde a-t-elle de moins que Mathieu ?*

c *Combien de timbres aura Mathilde si Mathieu lui donne tous ses timbres ?*

d *Combien de timbres Mathieu a-t-il de plus que Mathilde ?*

e *Mathilde et Mathieu mettent leurs timbres dans un seul album. Combien contient-il de timbres ?*

f *Combien de timbres faut-il donner à Mathilde pour qu'elle en ait autant que Mathieu ?*

J'ai appris

Quand je connais deux nombres (de billes, de timbres, de mm, de g, etc.), je peux chercher leur **somme** (je calcule une **addition**) ou leur **différence** (je calcule une **soustraction**).

La différence,
c'est ce qui reste quand on retire le petit nombre du grand nombre.
C'est aussi ce qu'il faut ajouter au petit nombre pour obtenir le grand nombre.

Il y a plusieurs façons de parler de la différence ou de la somme de deux nombres.

2 a Calcule la somme puis la différence des nombres 48 et 61.

b Voici le début d'un problème :

Safya a 48 € d'économies. Son frère Kamel a 61 €.

1°) Écris plusieurs questions auxquelles on répond en donnant la somme comme solution.

2°) Écris plusieurs questions auxquelles on répond en donnant la différence comme solution.

Je deviens performant

A Calcule.

103 x 10 = …	250 x 8 = …	248 x 40 = …	187 x 30 = …
459 x 20 = …	78 x 50 = …	12 x 250 = …	366 x 20 = …

B **Fichier d'activités page 7**

❶ et ❷ La différence, c'est « ce qui dépasse » lorsqu'on imagine la petite quantité dans la grande. C'est donc ce que la grande a de plus ou encore ce que la petite a de moins. C'est aussi ce qui reste de la grande quantité lorsqu'on lui retire la petite. C'est enfin ce qu'il faut ajouter à la petite pour qu'elle soit égale à la grande.

SÉQUENCE **29**

Lecture de l'heure : « 9 heures moins 10 min »

Calculs proposés oralement

Je pense à un nombre, je lui ajoute 38 et j'obtiens 42. Quel est ce nombre ?

Je pense à un nombre, je lui retire 25 et j'obtiens 32. Quel est ce nombre ? (voir p. 10).

Je découvre

1 *Il est 9 h 23. La fusée Ariane partira à 10 h exactement. Dans combien de minutes partira-t-elle ?*

a Observe comment Mathilde résout ce problème.

Je calcule : 23 pour aller à 60.
Avec 40, ça ferait plus de 60…
C'est moins de 40, c'est …

b Écris l'heure indiquée et donne le nombre de min qui vont s'écouler jusqu'à l'heure suivante.

A 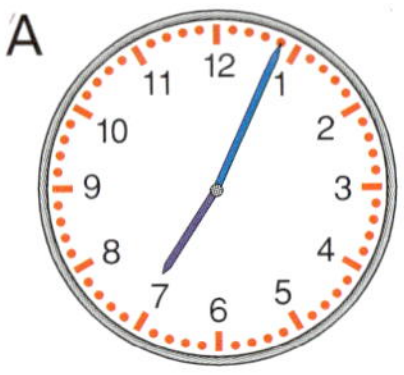 B 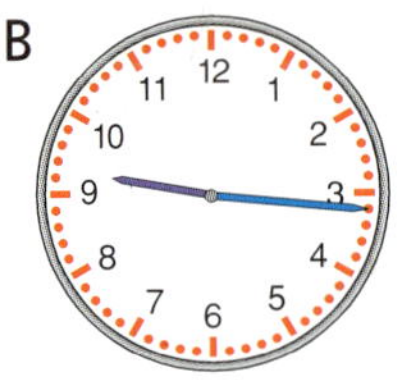 C 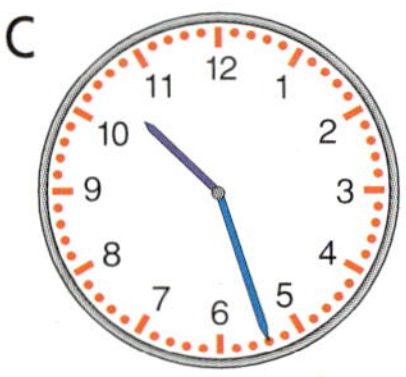 D 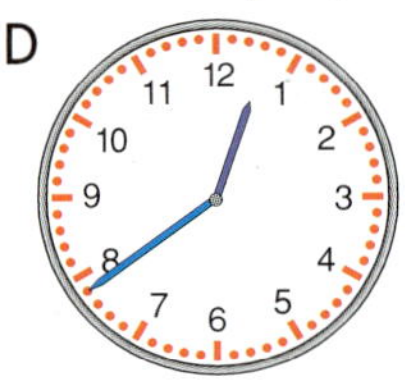 E 

2 *Qui a raison ?*

Il est 8 h 35

Dans 25 minutes il sera 9 h.
Il est 9 h moins 25.

3 Écris l'heure indiquée des deux façons.

F 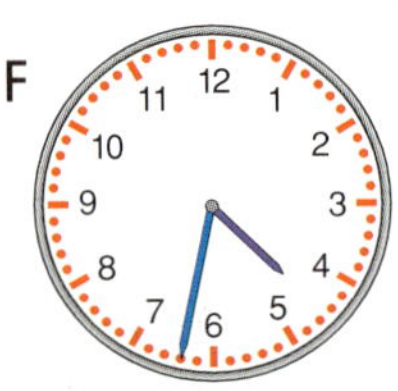 G 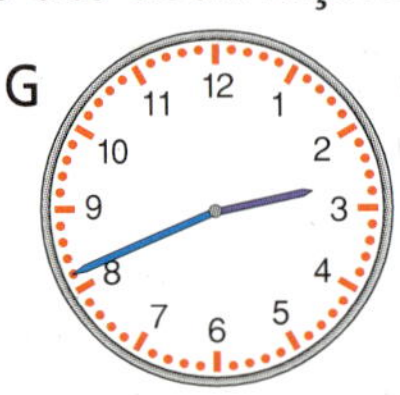 H 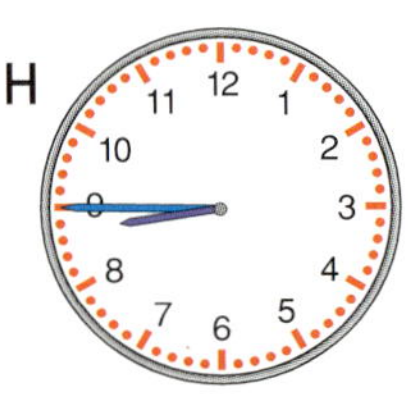 J 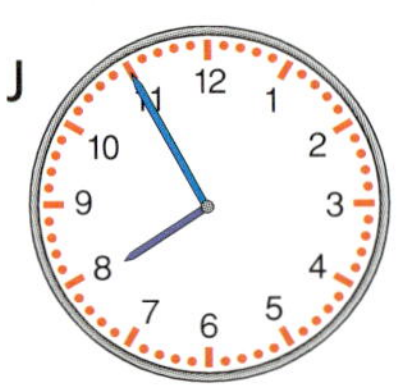 K 

J'ai appris Quand on cherche combien de minutes il y a avant d'atteindre l'heure suivante, c'est facile à calculer : il suffit de bien connaître les compléments à 60.

Entre 7 h 35 et 8 h, il y a 25 minutes. C'est pourquoi on peut dire qu'il est « 8 h moins 25 ».
On pourrait dire « 20 h moins 10 », « 5 h moins 30, 31, 32… ». Mais cela ne se dit jamais.

Je deviens performant

A **Construction géométrique :**

1°) Trace un cercle de centre O et de rayon 3 cm.
2°) Trace un diamètre AB de ce cercle.
3°) Trace un cercle de centre A et de rayon 2 cm.
4°) Appelle C et D les points où les deux cercles se coupent.
5°) Trace [OD], [OC] et (DC).

B **Fichier d'activités page 8**

❶ à ❸ Une erreur fréquente consiste à lire 8 h 50 quand il est 7 h 50. À ce moment, en effet, la petite aiguille est presque sur 8 h et la grande indique 50 minutes. L'usage de l'expression « *a* heures moins *b* minutes » impose d'être attentif à la position précise de la petite aiguille : il n'est pas encore 8 h, il est 8 h moins… 10 minutes.

SÉQUENCE
30 Invariance de la différence par translation

Calculs proposés oralement

1. *Je pense à un nombre… (idem* sq n° 29).
2. *Multiples de 10 ou non ?*
   Idem avec 25, 50, 100 et 250.

Je découvre

1 **Fichier d'activités page 8**

J'ai appris

La différence entre 130 et 134 est de 4.
Cette différence ne change pas si on ajoute une même quantité à ces 2 nombres.

Elle ne change pas si l'on ajoute 10 unités à l'un et 1 dizaine à l'autre.
Elle ne change pas si l'on ajoute 10 dizaines à l'un et 1 centaine à l'autre, etc.

Je deviens performant

A Écris l'heure indiquée.
Fais-le de deux façons différentes, quand ces deux façons de s'exprimer sont habituelles.

A
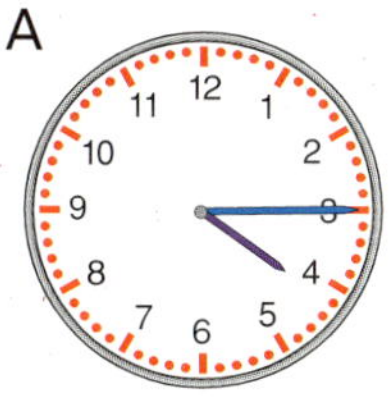
B
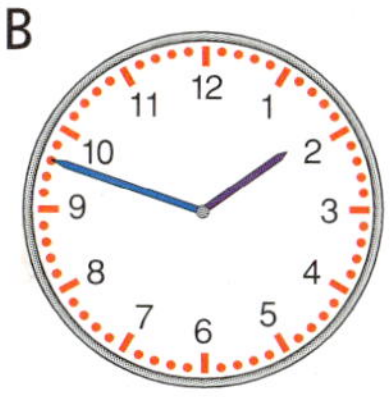
C
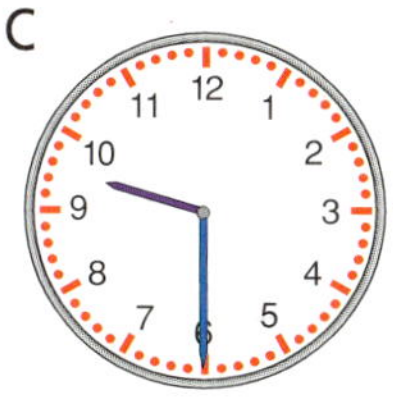
D
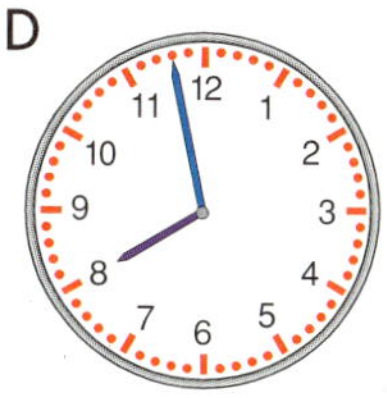
E
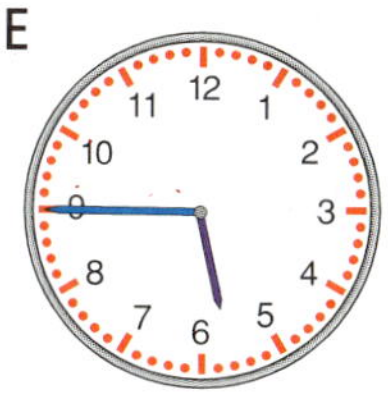

B **Jeu du nombre mystérieux**

7 080	7 200	7 254	7 280	7 380
7 500	7 650	7 800	7 850	7 880

30 x 250	600 x 12	90 x 85
806 x 9	182 x 40	40 x 177
90 x 82	300 x 26	157 x 50

C **Jeu du portrait**

- *C'est un polygone.*
- *Il a 6 côtés (c'est un hexagone).*
- *Deux de ses côtés semblent parallèles.*
- *L'un de ses côtés mesure 2 cm.*

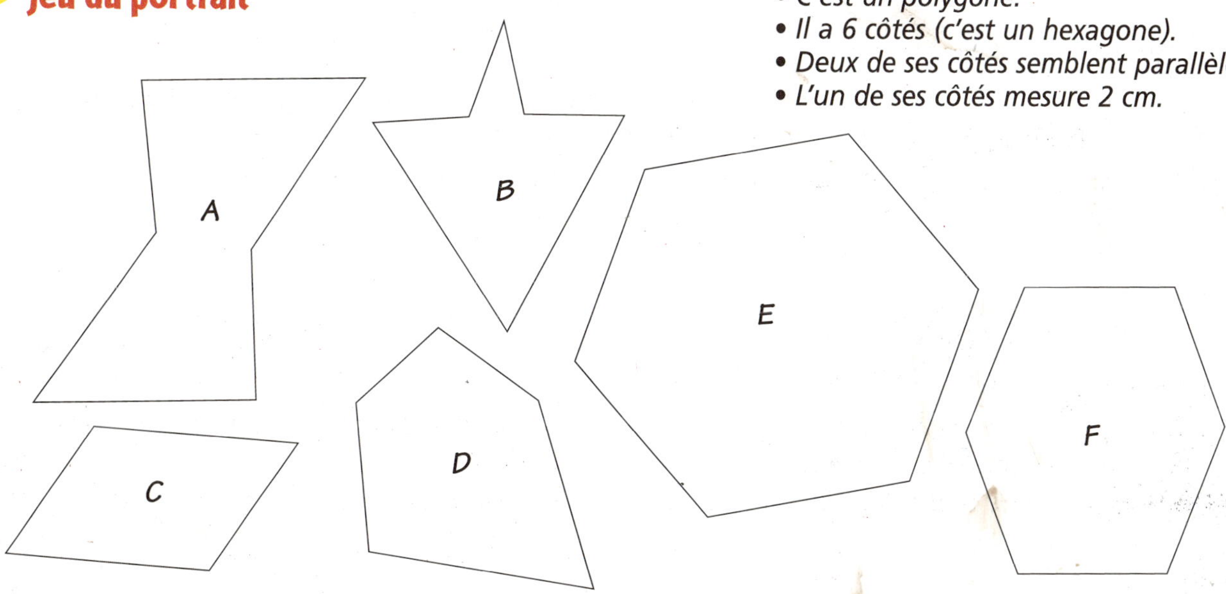

❶ Vers la technique traditionnelle de la soustraction en colonnes dans le cas de la retenue (voir sq n° 31) : comprendre que l'ajout de 10 unités à l'un des deux nombres et d'une dizaine à l'autre conserve la différence de ces deux nombres. Même raisonnement avec 10 dizaines et 1 centaine, 10 centaines et 1 millier…

SÉQUENCE 31

Technique(s) de la soustraction en colonnes

Calculs proposés oralement

1. Soustractions $a - b$ avec $a < 20$. On inclura des cas impossibles comme 7 – 9, 0 – 4, etc.
2. Additions du type 370 + 67 (voir p. 10).

Je découvre

1 Calcule 865 – 628 et 948 – 576 en colonnes comme tu sais le faire.

2 Mathilde et Mathieu ont commencé à calculer 865 – 628 en colonnes. Observe.

	8	6	5
–	6	2	8

	8	6	15
–	6	2 (+1)	8
			7

Termine le calcul de Mathilde et Mathieu. As-tu fait ce calcul comme eux ?
Sinon, peux-tu expliquer pourquoi les deux méthodes conduisent au même résultat ?

3 Mathilde et Mathieu ont commencé à calculer 948 – 576 en colonnes. Observe.

	9	4	8
–	5	7	6
			2

	9	14	8
–	5 (+1)	7	6
			2

Termine le calcul de Mathilde et Mathieu. As-tu fait ce calcul comme eux ?
Sinon, peux-tu expliquer pourquoi les deux méthodes conduisent au même résultat ?

4 Mathilde a calculé la soustraction 843 – 478 en colonnes. Mathieu vérifie son calcul.

	8	14	13
–	4 (+1)	7 (+1)	8
	3	6	5

	4	7	8
+	3	6	5

Calcule 5 382 – 2 749 et fais la preuve.

1 à 6 De nombreux élèves, en CM1, ne connaissent que la technique où l'on dégroupe une dizaine, une centaine ou un millier (technique dite « naturelle »). Celle qui est enseignée ici (technique dite « traditionnelle »), s'automatise plus facilement et engendre moins d'erreurs. Pour calculer 948 – 576, les deux techniques

5 Calcule. Ne pose ces soustractions en colonnes que si c'est nécessaire.

9 467 – 6 983	247 – 48	5 768 – 2 000
1 000 – 370	2 862 – 1 943	946 – 735

6 Problèmes

1 ▶ Les 23 étapes d'un Tour de France font 4 508 km. Après 14 étapes, les coureurs ont parcouru 2 779 km.

Quelle distance doivent-ils encore parcourir ?

2 ▶ Dans sa collection de timbres, M. Petit a 1 857 timbres. 742 sont des timbres étrangers. Les autres sont français.

Combien de timbres français a-t-il ?

3 ▶ Un boulanger a fabriqué 675 baguettes. À 18 h, il en a déjà vendu 509.

Combien de baguettes lui reste-t-il à vendre ?

Je deviens performant

A Recopie ce tableau puis complète-le.

Segments	Longueur
[...]	1 dm
[...]	6 cm
[BC]	....
[....]	69 mm
[DE]	....
[EF]	....

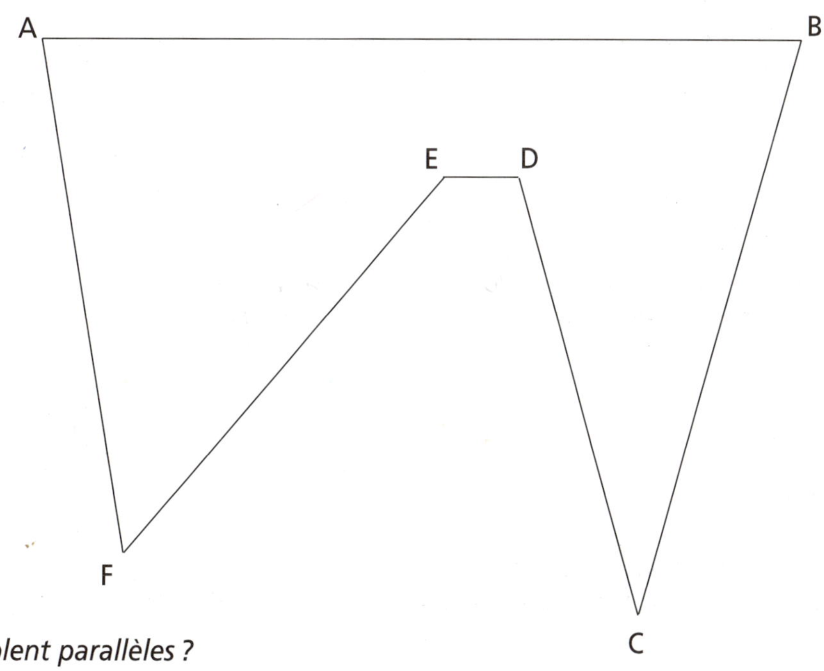

Quels sont les côtés qui semblent parallèles ?

B Écris l'heure indiquée.
Fais-le de deux façons différentes, quand ces deux façons de s'exprimer sont habituelles.

A B C D E

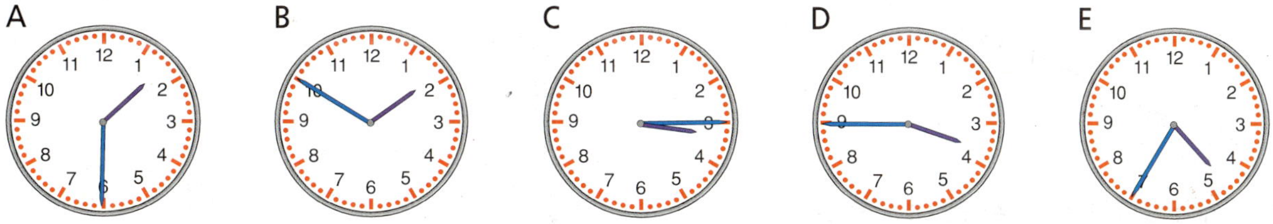

conduisent à déterminer le chiffre des dizaines en calculant 14 – 7. Pour le chiffre des centaines, on calcule (9 – 1) – 5 avec l'une et 9 – (5 +1) avec l'autre ; c'est bien sûr équivalent. Les enfants apprennent également à faire la preuve de la soustraction, ce qui les aide à mieux comprendre le lien entre addition et soustraction.

SÉQUENCE **32**

ARP Atelier de résolution de problèmes

Calculs proposés par écrit au tableau

Multiplications par 11 et par 12 du type 32 x 11, 27 x 12 (voir p. 10).

1

Problème : Il est 7 h 34 min. *Quelle heure sera-t-il dans 46 min ?*

Voici les solutions de Cécile, Mélanie et Sébastien.

Cécile

1
7 h 3 4 min
+ 4 6 min
7 h 8 0 min

Il sera 7 h 80.

Mélanie

1
7 h 3 4
+ 4 6
7 h 8 0

80 – 60 = 20

Il sera 8 h 20.

Sébastien

34 —26→ 60

Dans 26 min il sera 8 h.

Je n'ai ajouté que 26 min.

Il faut encore ajouter 20 min.

Dans 46 min, il sera 8 h 20 min.

Quelle(s) solution(s) conviennent ? Pourquoi la ou les autres ne conviennent-elles pas ?

2

Problèmes

1 ▶ Un groupe de 17 personnes veut faire un séjour d'une semaine en Tunisie. Ce séjour coûte 400 € par personne.
Combien devront-elles payer en tout ?

2 ▶ Dans un avion, il y a 42 places. Pour un trajet Paris-Stockholm, on a déjà vendu 27 places à 200 € et 8 places à 300 €.
Combien de places reste-t-il à vendre ?

3 ▶ Une classe de CM1 va visionner un documentaire enregistré sur une cassette. Ce documentaire dure 39 min et le visionnement commence à 13 h 26.
À quelle heure se terminera-t-il ?

4 ▶ Le périmètre d'un carré est de 108 cm.
Quelle est la longueur d'un côté ?

5 ▶ Au rugby, on peut marquer des points de trois manières :
- l'essai qui rapporte 5 points,
- l'essai transformé qui rapporte 7 points,
- le drop ou la pénalité qui rapportent 3 points.

Trouve plusieurs façons de marquer un total de 21 points.

❶ Évaluer 3 résolutions d'un même problème. L'explication des erreurs est une tâche difficile. Elle peut être traitée collectivement, par ex. : *« Cette solution conviendrait si le problème était…, mais ce n'est pas le problème posé. »*

❷ Résolution de problèmes variés.

ARP Atelier de résolution de problèmes

Calculs proposés par écrit au tableau

Multiplications par 11 et par 12 du type 32 x 11, 27 x 12 (voir p. 10).

1

La figure ci-dessous a été construite en suivant l'une de ces trois fiches. Laquelle ? Pourquoi, en suivant les consignes des deux autres fiches, on n'obtient pas cette figure ?

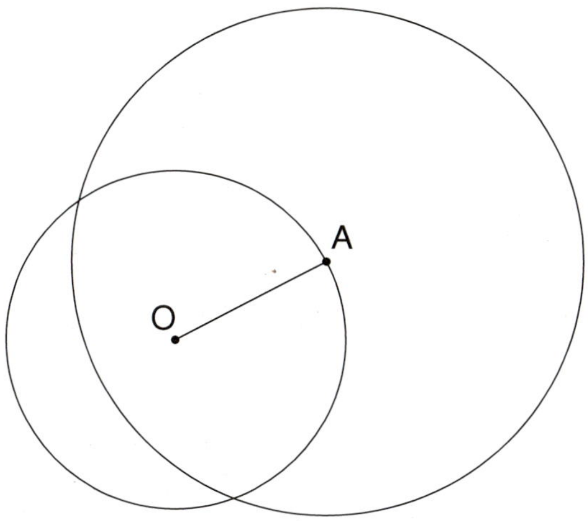

Fiche 1

1. Trace [OA] = 20 mm.
2. Trace un cercle de centre A et de rayon 30 mm.
3. Trace un cercle de centre O et de rayon 40 mm.

Fiche 2

1. Trace un cercle de centre O et de rayon 20 mm.
2. Place un point A sur ce cercle.
3. Trace [OA].
4. Trace un cercle de centre A et de rayon 30 mm.

Fiche 3

1. Trace un cercle de centre O et de rayon 20 mm.
2. Place un point A à l'intérieur de ce cercle.
3. Trace [OA].
4. Trace un cercle de centre A et de rayon 30 mm.

2

Problèmes

1 ▶ Monsieur Edmond veut couvrir son toit.
Il lui faut 2 632 tuiles.
Il s'en est déjà fait livrer 1 875.

Combien de tuiles lui manque-t-il ?

2 ▶ Dans un ascenseur, il est écrit :
« Maximum : 5 personnes ou 400 kg ».
- M. Leroy pèse 111 kg,
- M. Lopez pèse 89 kg,
- M. Martin pèse 92 kg,
- Mme Dufaux pèse 58 kg,
- Mme Bonté pèse 73 kg.

Ces personnes peuvent-elles monter ensemble dans cet ascenseur ?

3 ▶ Un restaurateur achète 47 caisses de 12 bouteilles d'eau minérale.

Combien achète-t-il de bouteilles en tout ?

4 ▶ Construction géométrique

1°) Trace le cercle de centre A et de rayon 4 cm.

2°) Place un point B à l'intérieur de ce cercle.

3°) Trace le cercle de centre B et de rayon 30 mm.

4°) Ce cercle coupe le cercle de centre A en deux points. Appelle-les C et D.

5°) Trace [AC] et [AD].

❶ L'analyse des fiches incorrectes est difficile. Pour chaque fiche, on peut faire construire la figure étape par étape en se demandant **avant** chaque étape si le tracé qui va être exécuté est celui de la figure de référence. Une simple comparaison **après** le tracé est moins intéressante d'un point de vue pédagogique.

SÉQUENCES
34/35

Bilan terminal de la 1re période

1 Calcule.

5 408 + 796	43 x 20	1 058 x 6	213 – 185
6 537 + 400	87 x 30	250 x 7	208 – 16
2 495 + 428 + 3 083	24 x 300	600 x 14	120 – 34
643 + 50	60 x 127	25 x 9	103 – 68

2 Compare les longueurs. Réponds avec les signes >, < ou =.

17 cm … 170 mm — 2 m … 19 dm — 209 mm … 2 dm 9 mm — 57 cm … 5 dm 7 cm

29 cm … 3 dm — 3 540 mm … 35 m — 31 dm … 3 m 2 cm — 6 m … 610 mm

3 **Construction géométrique**

Sur une feuille blanche, réalise cette construction.

1. *Trace un cercle de centre O et de rayon 40 mm.*
2. *Trace une droite qui passe par O.*
3. *Cette droite coupe le cercle en deux points. Appelle-les A et B.*
4. *Trace le cercle de centre A et de rayon 25 mm.*
5. *Ce cercle coupe le cercle de centre O en deux points. Appelle-les C et D.*
6. *Trace [CD] et le polygone ADBC.*

4

Problèmes

1 ▶ *Combien y a-t-il de roses dans 156 bouquets de 20 roses ?*

2 ▶ Dans un jeu, Hugo a déjà 1 362 points. Léa n'a que 785 points.
Combien Léa doit-elle gagner de points pour en avoir autant que Hugo ?

3 ▶ *Combien de bouquets de 20 tulipes peut-on faire avec 163 tulipes ?*

4 ▶ Cinq autocars de même longueur sont garés pare-chocs contre pare-chocs.
Tous ensemble, ils occupent une longueur de 65 m.
Quelle est la longueur d'un autocar ?

5 *Multiple de 25 ou non ?*

60	100	215	250
75	175	225	300

Multiple de 3 ou non ?

7	15	21	30
13	19	27	33

Multiple de 10 ou non ?

90	510	1 001	5 089
230	800	4 000	5 090

Multiple de 250 ou non ?

250	750	1 250	2 550
500	1 050	1 750	2 750

6 C'est le matin. Écris l'heure indiquée.
Fais-le de deux façons différentes, quand ces deux façons de s'exprimer sont habituelles.

A B C D

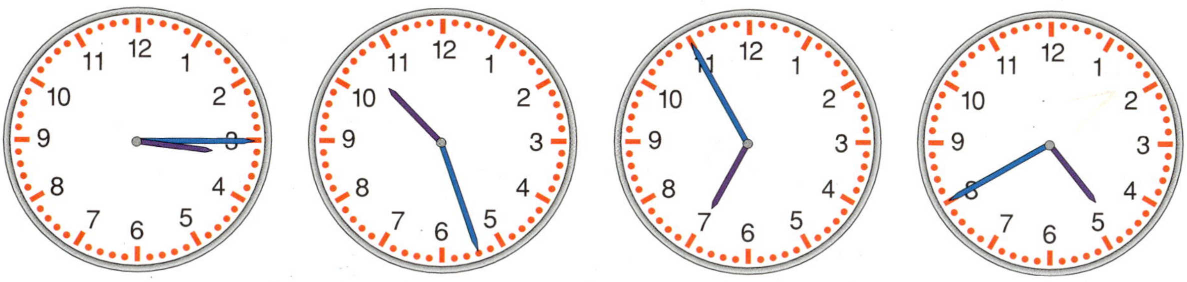

7 Recopie ce tableau puis complète-le.

Segments	Longueur
[AB]	....
[EF]	....
[BC]	....
[....]	5 cm
[DE]	....
[...]	45 mm

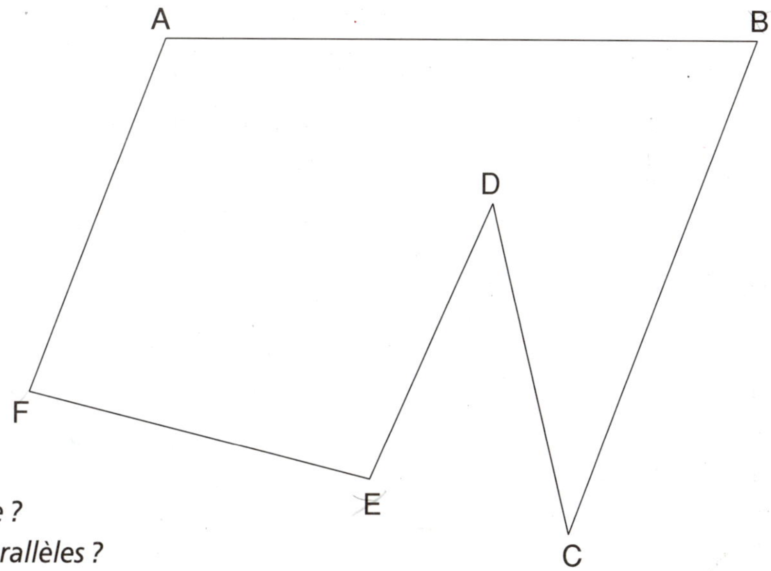

Quel est le périmètre de cette figure ?
Quels sont les côtés qui semblent parallèles ?

8

Problèmes

1 ▶ *64 équipes de 11 joueurs de football, combien est-ce de joueurs ?*

2 ▶ Dans un collège, il y a 1 009 élèves.
480 de ces élèves sont des garçons.

Combien de filles y a-t-il dans ce collège ?

3 ▶ Pour un concert prévu dans 3 mois, une salle de spectacles peut vendre 1 000 places exactement.
Elle en a déjà vendu 85 à 20 € la place.

Combien de places peut-elle encore vendre ?

Deuxième période

Arithmétique : les nombres > 10 000 ; la division : quotition et partition ; calcul mental de la division et technique écrite, multiplication en colonnes.

Géométrie et mesure : quadrilatères, angles, symétrie ; unités de masse, capacités et longueurs ; conversions.

Je découvre

1 Fichier d'activités page 9

2 Pour savoir combien de fois la longueur ℓ est contenue dans la longueur L, Mathilde et Mathieu ont calculé la division de 171 par 25 (**171 : 25 ?**).

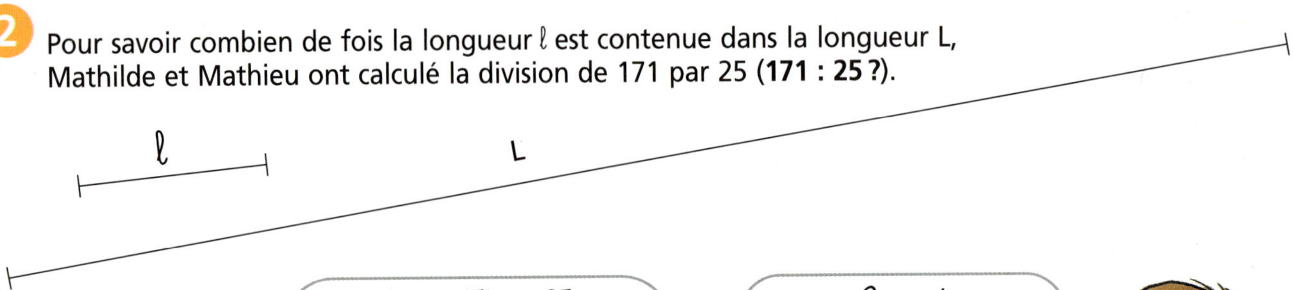

171 : 25 ? → **q = 6**, **r = 21** **car 171 = (25 x 6) + 21**

J'ai appris

Diviser 171 par 25 (171 : 25 ?) c'est chercher **deux nombres** :

– combien de fois il y a 25 dans 171, ce nombre s'appelle le **quotient (q)** ;

– le **reste (r)**.

171 : 25 ? → q = 6 (*c'est le nombre de fois*), r = 21 (*c'est le reste*) car 171 = (25 x 6) + 21

Attention :

Dans une division par 25, le reste est obligatoirement inférieur à 25.

Dans une division par 50, le reste est obligatoirement inférieur à 50.

Dans une division par 100, le reste est obligatoirement inférieur à 100, etc.

3 Calcule ces divisions.

79 : 25 ?	68 : 10 ?	226 : 250 ?	19 : 6 ?
185 : 25 ?	129 : 10 ?	1 064 : 250 ?	28 : 6 ?
275 : 25 ?	240 : 10 ?	1 507 : 250 ?	2 : 6 ?
318 : 25 ?	294 : 10 ?	1 999 : 250 ?	34 : 6 ?

4 **Problèmes**

1 ▶ *Combien de bouquets de 25 fleurs peut-on former avec 208 fleurs ? Restera-t-il des fleurs ?*

2 ▶ *Combien de paquets de 5 brioches peut-on former avec 31 brioches ?*

3 ▶ 342 sportifs parisiens veulent aller à Rome par autocar pour une compétition. Chaque autocar ne peut transporter que 50 personnes.

Combien d'autocars faut-il ?

1 à 4 La division est introduite dans une situation de quotition (combien de groupes de *b* dans *a* ? Ou encore : en *a combien de* fois *b* ?). La division-partition (combien obtient-on de parts si on partage *a* en *b* parties égales ?) est abordée sq n° 45. Le point de départ est le problème géométrique abordé sq n° 24, qu'il faut, ici, résoudre numériquement. Une différence de 1 ou 2 mm entre le calcul et la mesure dans l'activité 1 (sur le fichier d'activités) reste normale.

36. La division-quotition (1)
37. Les quadrilatères

1. **Calculs proposés par écrit (sq n°s 36 et 37)**
Multiplications par 11 et 12 (*idem* sq n° 32).
2. **Calculs proposés oralement (sq n°s 36 et 37)**
Soustractions (*idem* sq n° 23).

Je découvre

1 Dans la série 1, toutes les figures sont des quadrilatères. Dans la série 2, il n'y a aucun quadrilatère. À l'aide de ces informations, trouve une définition des quadrilatères et écris-la sur ton cahier.

Série 1

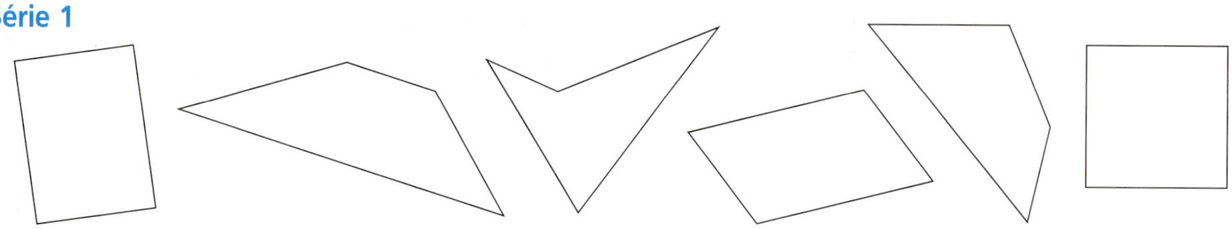

Série 2

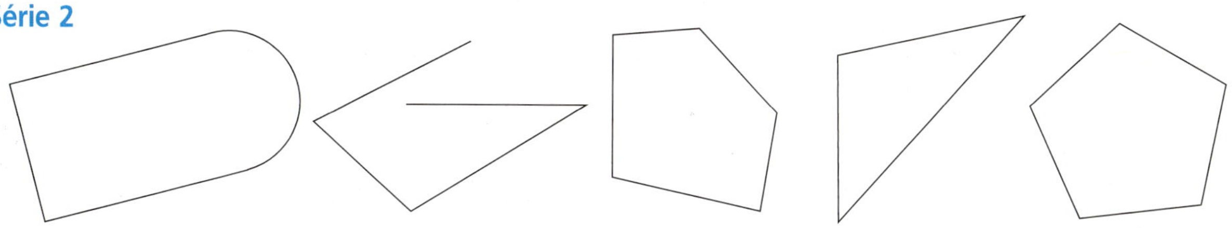

Combien de sommets un quadrilatère a-t-il ?

2 **Jeu du portrait**

- *C'est un quadrilatère.*
- *Il n'a pas de côtés parallèles.*
- *Un de ses côtés mesure 3 cm.*

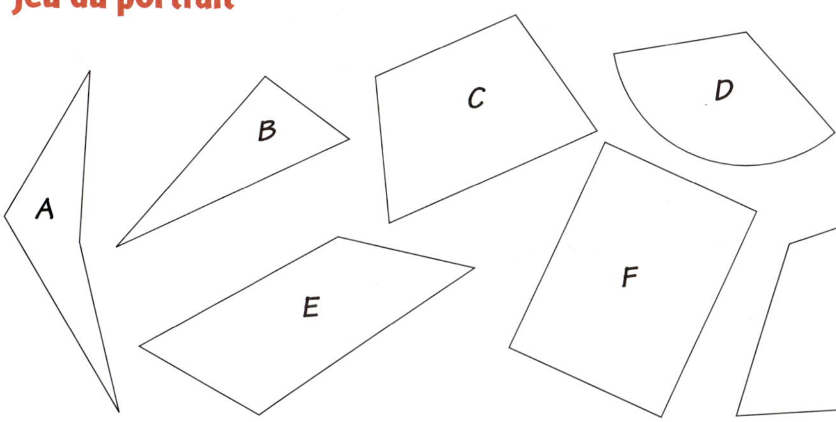

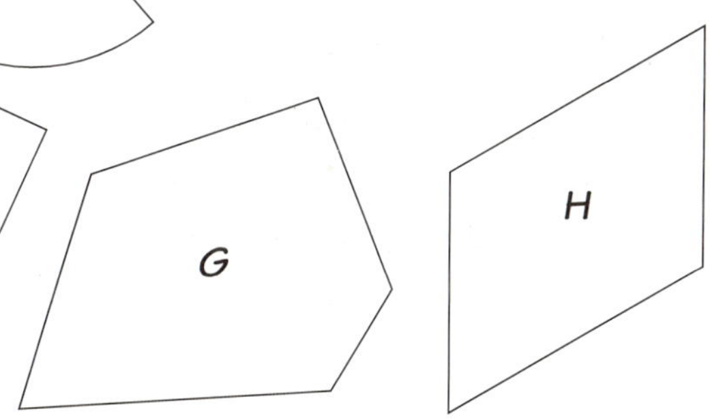

Je deviens performant

A Calcule ces divisions.

148 : 25 ?	203 : 50 ?	1 789 : 100 ?	25 : 7 ?
29 : 25 ?	99 : 50 ?	193 : 100 ?	6 : 7 ?
175 : 25 ?	507 : 50 ?	10 : 100 ?	15 : 7 ?
260 : 25 ?	325 : 50 ?	9 900 : 100 ?	35 : 7 ?

B **Jeu du nombre mystérieux**

5 283 — 5 856 — 5 898 — 6 083 — 6 288 — 6 939 — 7 039

976 x 6	7 832 – 793
8 x 786	8 306 – 2 408
869 x 7	9 881 – 2 942

1 et **2** Définir les quadrilatères à partir d'une série d'exemples et de contre-exemples.

SÉQUENCE **38**

Multiplication par un nombre de deux chiffres

1. **Calculs proposés oralement**
   Divisions par 25, 10 et 5 (voir p. 10).
2. **Calculs proposés par écrit**
   Multiplications par 11 et 12 (*idem* sq n° 32).

Je découvre

1 Pour calculer **28 x 12**, tu as appris à calculer **28 x 10** puis **28 x 2** et à ajouter les deux résultats.

28 x 12 = (28 x 10) + (28 x 2) 28 x 12 = 280 + 56 28 x 12 = ...

2 *Mathieu te rappelle comment on calcule des multiplications en colonnes comme* ***28 x 12*** *:*

```
    2 8
  x 1 2
  -----
    5 6  <── 2 fois 28
  2 8 0  <── 10 fois 28
  -----
  .....
```

C'est pareil qu'en lignes,
mais on commence par les unités.
J'ai indiqué ce que j'ai déjà calculé.
Termine mon calcul.

3 *Tu vas revoir comment calculer directement en colonnes des multiplications comme* ***287 x 34****.*

a *Préparation du calcul.*

J'indique d'abord ce que je vais calculer sur chaque ligne.

```
    2 8 7
  x   3 4
  -------
  .......  <── 4 fois 287
  .......  <── 30 fois 287
  -------
  .......
```

b *Calcul de* ***287 x 4****.*

Je calcule la 1re ligne. C'est facile, on sait déjà le faire.
Vérifie mon calcul.

```
    2 8 7
  x   3 4
  -------
  1 1 4 8  <── 4 fois 287
  .......  <── 30 fois 287
  -------
  .......
```

c *Écriture du zéro sur la deuxième ligne.*

Sur la 2e ligne, ça se termine par zéro.
Sais-tu pourquoi ?
Je commence par écrire ce zéro...

```
    2 8 7
  x   3 4
  -------
  1 1 4 8  <── 4 fois 287
  ......0  <── 30 fois 287
  -------
  .......
```

d *Calcul de* ***287 x 3 dizaines****.*

...puis je calcule 287 x 3 dizaines.
Le zéro qu'on vient d'écrire dit que ce sont des dizaines.
Il reste à calculer 287 x 3. C'est facile !

```
    2 8 7
  x   3 4
  -------
  1 1 4 8  <── 4 fois 287
  8 6 1 0  <── 30 fois 287
  -------
  .......
```

Vérifie et termine le calcul de Mathieu.

1 à 7 Les élèves savent déjà calculer 28 x 12 mentalement ou en ligne. Ils découvrent ici la disposition en colonnes pour calculer ce même produit. Chaque ligne correspond à une étape du calcul qu'ils savent déjà mener ; mais, en colonnes, on ne calcule pas dans le même ordre : on commence par

4 Avant d'effectuer ces multiplications, indique à droite de chaque ligne ce que tu vas calculer.

378 x 21	139 x 42	167 x 55	92 x 53

5 En calculant 92 x 53, Mathieu s'est trompé.
Quelle est son erreur ?

```
    9 2
  × 5 3
  -----
  2 7 6 ←— 3 fois 92
  4 6 0 ←— 50 fois 92
  -----
  7 3 6
```

Mathilde a trouvé un moyen d'éviter cette erreur.

Pour toutes les multiplications, sur la 2e ligne, j'écris un tout petit zéro. Comme ça, je ne le confonds pas avec celui de 5 fois 2.

```
        9 2
  ×     5 3
  ---------
      2 7 6 ←— 3 fois 92
  4 6 0 0   ←— 50 fois 92
  ---------
  4 8 7 6
```

6 Ne calcule en colonnes que si c'est nécessaire. Si tu n'es pas sûr(e), tu peux utiliser des flèches.

26 x 78	409 x 23	10 x 506	3 287 x 3
859 x 10	300 x 32	81 x 20	61 x 190

7 **Problèmes**

1 ▶ Un semi-marathon est une course à pied de 21 km. Un athlète a déjà participé à 158 semi-marathons.
Quelle distance a-t-il ainsi parcourue ?

2 ▶ Un satellite fait, chaque jour, 17 tours de la Terre.
Combien de tours fait-il en un an ?

3 ▶ Une usine va expédier 59 cartons contenant chacun 152 balles de tennis.
Combien est-ce de balles ?

4 ▶ Une salle de concerts a vendu 758 billets à 13 €.
Combien est-ce d'argent ?

Je deviens performant

A **Jeu du portrait**

- *C'est un quadrilatère.*
- *Deux de ses côtés semblent parallèles.*
- *Un de ses côtés mesure 30 mm.*

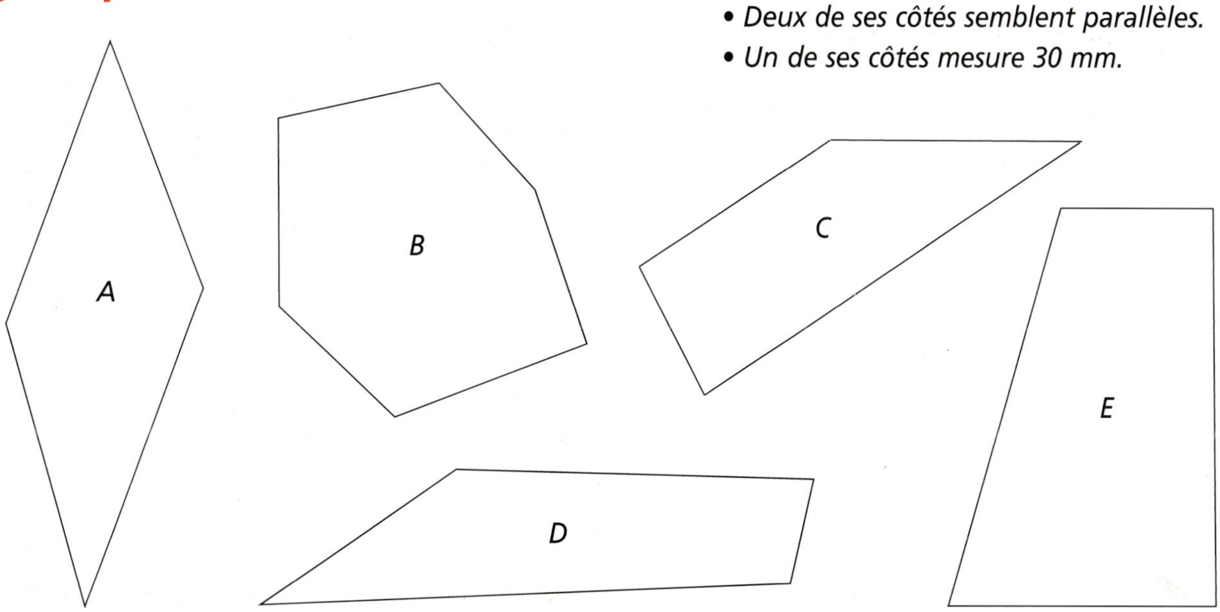

déterminer « 2 fois 28 » et ensuite « 10 fois 28 ». Outre cet ordre différent, il faut se rappeler que, dans le cas de 287 x 34 par exemple, le résultat de 287 x 30 se déduit facilement de celui de 287 x 3. L'usage d'un «petit zéro», dans un premier temps au moins, est préférable à celui d'un point.

SÉQUENCE 39

La multiplication pour effectuer des conversions

Calculs proposés oralement
Divisions par 250, 100 et 50 (voir p. 10).

Je découvre

1 *Ce basketteur mesure exactement 7 pieds anglais.*

a Fabrique ta règle de 1 pied en assemblant les deux demi-règles en carton qui se trouvent dans ton fichier d'activités.

b Fabrique un ruban en papier en assemblant huit bandes obtenues en pliant deux feuilles ordinaires comme ci-dessous :

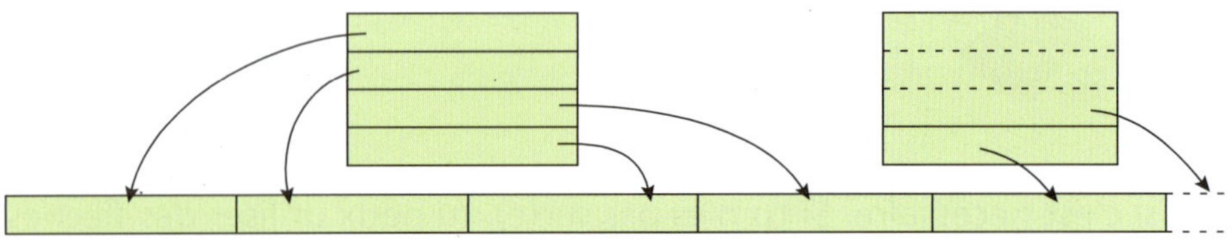

c Trace au milieu une ligne de 7 pieds. C'est la taille du basketteur !
Combien y a-t-il de pouces dans 1 pied ?
Utilise ta règle graduée en pouces.

d Exprime en pouces la taille du basketteur.

2 Exprime ces longueurs en pouces :
- *Un bateau est long de 18 pieds.*
- *Une baguette de pain mesure 2 pieds dans sa longueur.*
- *La tour de Big Ben à Londres est haute de 341 pieds.*

3 Compare les mesures suivantes en utilisant les signes >, < ou =.

4 pieds … 48 pouces 10 pieds … 100 pouces 4 pieds … 80 pouces

4 *Qui a raison ?*

5 Exprime ces durées en secondes :
- *Une récréation dure 15 minutes.*
- *Une conversation téléphonique a duré 7 minutes.*
- *Des athlètes courent le 10 000 mètres en 28 minutes.*

6 Compare les mesures suivantes en utilisant les signes >, < ou =.

6 minutes … 60 secondes 5 minutes … 300 secondes 10 minutes … 1 000 secondes

❶ à ❾ La multiplication est plus facilement reconnue comme pertinente pour les conversions non décimales que décimales parce que les facteurs 12 (pieds → pouces), 60 (min → s), etc., sont différents des facteurs 10, 100, etc., qui régissent aussi l'écriture des nombres (dizaines, centaines…). Pour transformer 9 jours en heures,

7 Le train Transsibérien met 8 jours pour relier Moscou à Vladivostok, sur la côte de l'océan Pacifique.
Combien cela fait-il d'heures ?

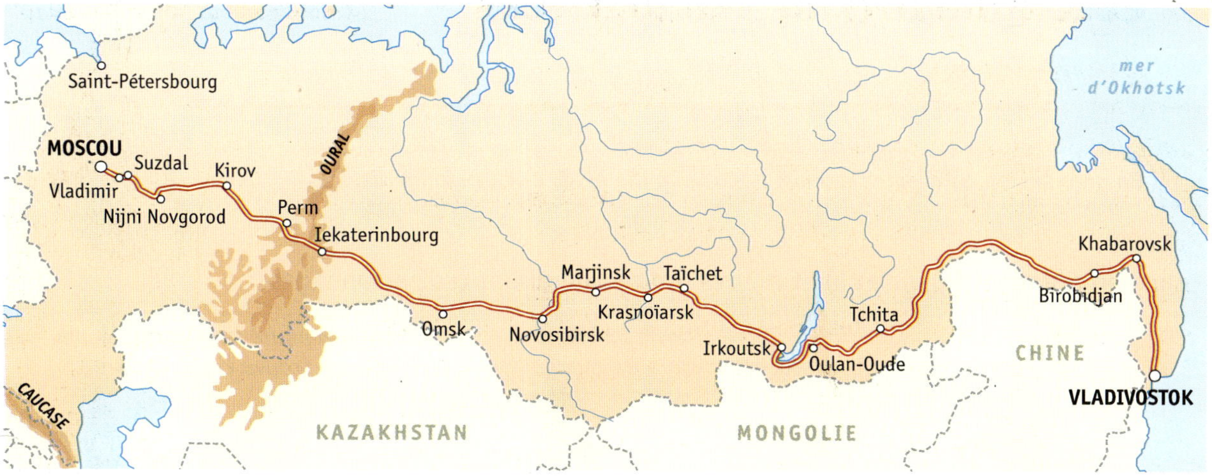

8 Exprime ces durées en heures :

10 jours — 31 jours — 365 jours

9 Compare les durées suivantes en utilisant les signes >, < ou =.

3 jours … 72 heures — 5 jours … 200 heures — 15 jours … 200 heures

J'ai appris

Si une longueur est donnée en pieds et que je veux l'exprimer en pouces, je m'imagine les 12 pouces qu'il y a dans chaque pied.
Il y a plus de pouces, il y en a 12 fois plus, je multiplie par 12.

Si une durée est donnée en minutes et que je veux l'exprimer en secondes, …

Si une durée est donnée en jours et que je veux l'exprimer en heures, …

Je deviens performant

A Calcule ces divisions.

84 : 25 ?	756 : 10 ?	525 : 250 ?	21 : 9 ?
135 : 25 ?	892 : 10 ?	2 160 : 250 ?	40 : 9 ?

B **Jeu du portrait**

- *Ce n'est pas un quadrilatère.*
- *Deux de ses côtés semblent parallèles.*
- *Un de ses côtés mesure 20 mm.*

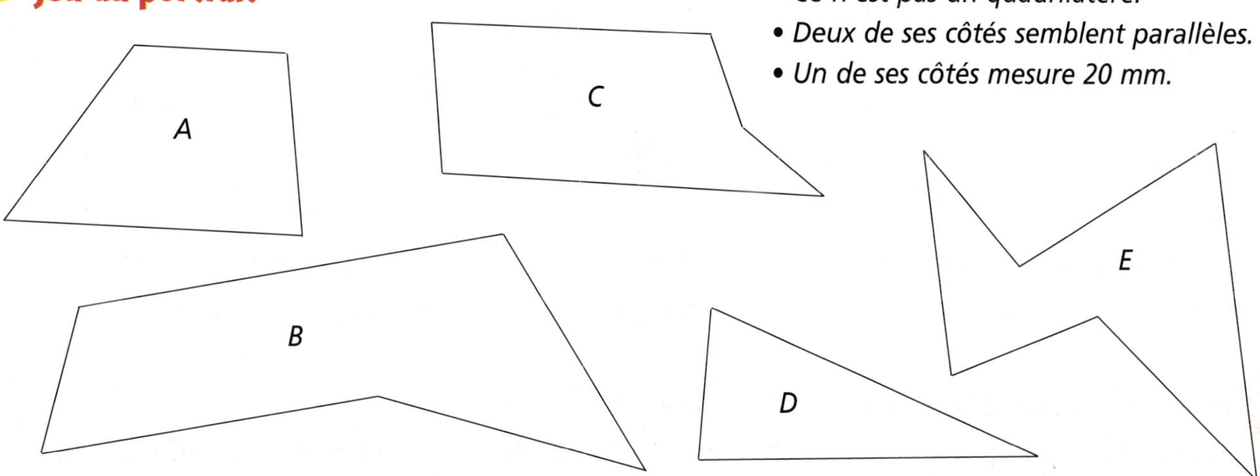

j'imagine les 24 h qu'il y a dans chaque jour. En tout, il y a donc 9 fois 24 h. Il est évidemment plus rapide de se rappeler directement la règle générale (qu'il s'agisse de 9, 13 ou 27 jours, il y a plus d'heures, il y en a 24 fois plus), mais, au CM1, il est important de laisser les élèves qui en ont besoin raisonner sur chaque cas particulier.

SÉQUENCE 40

Unités de masse, capacité et longueur (kilo, hecto, déca)

Calculs proposés oralement

1. Divisions par 25, 10 et 5 (voir p. 10).

2. Soustractions (*idem* sq n° 23).

Je découvre

1

En grec ancien, **kilo** *signifie mille,* **hecto** *signifie cent,* **déca** *signifie dix.*

Exprime en grammes (g), litres (l) et mètres (m) ce que disent ces personnages.

Je pèse 27 kilogrammes !

Et si je pesais 58 kilogrammes ?

Cette citerne contient 43 hectolitres de mazout.

Et si elle ne contenait que 20 hectolitres?

On a mesuré la cour de l'école, on a trouvé 6 décamètres.

C'est moins que le stade qui mesure 13 décamètres !

2

Voici comment on lit ces abréviations-ci :

m → mètre
dam → décamètre
hm → hectomètre
km → kilomètre

Comment lit-on ces abréviations-là ?

g → gramme
dag → ?
hg → ?
kg → ?

l → litre
dal → ?
hl → ?

Il ne faut pas confondre le dm et le dam :
1 dm = 100 mm,
1 m = 1 000 mm et donc
1 dam = 10 000 mm !

3 Exprime les mesures suivantes dans l'unité demandée.

5 dam = ... m	29 hl = ... l	87 cm = ... mm	2 m = ... mm
8 dm = ... mm	124 dag = ... g	35 dal = ... l	13 hg = ... g
7 kg = ... g	27 hm = ... m	10 km = ... m	238 dam = ... m

J'ai appris

- Une longueur est donnée en dam (ou en hm ou en km) ; je veux l'exprimer en m, il y a plus de m, il y en a 10 fois plus (ou 100 fois plus ou 1000 fois plus), je multiplie par 10 (ou par 100 ou par 1000).
- Une longueur est donnée en dm ; je veux l'exprimer en mm,...
- Une masse est donnée en dag (ou en hg ou en kg) ; je veux l'exprimer en g,...
- Une capacité est donnée en dal (ou hl) ; je veux l'exprimer en l,...

Je deviens performant

A Calcule ces divisions.

113 : 25 ?	521 : 10 ?	9 807 : 1 000 ?	20 : 8 ?
201 : 25 ?	600 : 10 ?	1 999 : 1 000 ?	35 : 8 ?

1 à 3 Appropriation des préfixes « déca », « hecto » et « kilo » et conversions décimales dans des cas simples : soit l'un des préfixes précédents donne un accès facile au coefficient multiplicateur, soit il s'agit de convertir des mètres, décimètres ou centimètres en mm (les tableaux de conversions ne seront introduits qu'en fin de CM2).

SÉQUENCE 41

La division-quotition (2) : calcul par estimation

Calculs proposés oralement
1. Divisions par 250, 50 et 100 (voir p. 10).
2. Soustractions (*idem* sq n° 23).

Je découvre

1 *Comment calculer 191 : 37 ? ou « en 191 combien de fois 37 ? ».*

1 fois 37, 37… 2 fois 37…
Ça va être long !

Essayons directement 4 fois 37,
on corrigera si c'est nécessaire.

J'ai fait la multiplication, puis la soustraction.
Le quotient n'est pas 4, mais 5 ! Sais-tu pourquoi ?

```
  3 7          1  9 11
x   4       -  1  4  8
-----          ---------
1 4 8          0  4  3
```

J'ai refait la multiplication,
puis la soustraction.

```
  3 7          1  9 11
x   5       -  1  8  5
-----          ---------
1 8 5          0  0  6
```

191 : 37 ? q = 5 r = 6 car 191 = (37 x 5) + 6

Oui, mais
on aurait pu aussi
retirer 37 de 43.

J'ai appris

Quand je divise un nombre par 6, 10, 25, 50, etc.,
je trouve le quotient directement,
car je connais bien les multiples de 6, 10, 25, 50, etc.
Pour diviser par 37, 43, etc., c'est normal de faire des essais.

2 Calcule.

165 : 42 ? 131 : 56 ? 103 : 28 ? 134 : 27 ? 103 : 21 ? 234 : 45 ?

Je deviens performant

A **Jeu du nombre mystérieux**

7 828 7 853 7 953 7 995 8 105 9 163 9 828

187 x 49	9 051 – 1 098
26 x 378	9 033 – 928
195 x 41	9 942 – 2 089

B **Fichier d'activités page 10**

❶ et ❷ Au CM1, on choisit le plus souvent des cas où le quotient est ≤ 5, ce qui facilite le calcul. C'est seulement au CM2 qu'on abordera de façon systématique le calcul approché qui permet d'estimer le quotient en se ramenant à une division plus simple (par ex., pour 269 : 42 ?, calculer 27 : 4 ?).

ARP Atelier de résolution de problèmes

Calculs proposés oralement
Conversions (pieds → pouces ; min → s ; hl → l ; dm → mm ; etc.) dans des cas faciles (voir p. 10).

1

Problème : Un alpiniste commande 5 cordes à 74 € 65 l'unité.
Quel est le montant total de cette commande ?

Voici les solutions de Sébastien, Mélanie et Cécile.

Sébastien

2 3 2
74,65 €
+ 74,65 €
+ 74,65 €
+ 74,65 €
+ 74,65 €
373,25 €

Le montant total de la commande est de 373,25 €.

Mélanie

Je calcule d'abord les euros :
74
x 5
370

Puis, je calcule les centimes :
65
x 5
325

Le montant de la commande est de 370 € et 325 c.

Cécile

74 € 65 = 7465 c

7465
x 5
37325

37325 c = 373 € 25 c

Le montant total de la commande est de 373,25 €.

Quelle(s) solution(s) conviennent ? Pourquoi la ou les autres ne conviennent-elles pas ?

2

Problèmes

1 ▶ Dans une ville, il y a 9 691 habitants.
1 407 de ces habitants sont des enfants.
Combien d'adultes habitent cette ville ?

2 ▶ M. Berger revient d'un pays tropical et raconte son voyage :
« Pendant 3 jours exactement, il a plu sans arrêt ! », dit-il.
Pendant combien d'heures a-t-il plu ?

3 ▶ Un supermarché a reçu 247 caisses de 36 bouteilles de jus de pomelos.
Combien de bouteilles de jus de pomelos ce supermarché a-t-il reçues ?

4 ▶ Une école de musique achète 7 flûtes à bec à 26,50 € pièce et 13 guitares à 128,75 € la guitare.
Combien dépense-t-elle en tout ?

5 ▶ Un pépiniériste veut replanter 220 jeunes peupliers en formant des rangées de 32.
Combien de rangées peut-il former ?

6 ▶ **Construction géométrique**
1°) Trace un cercle de rayon 6 cm.
2°) Trace deux diamètres de ce cercle.
3°) Appelle A, B, C et D les extrémités de ces diamètres.
4°) Trace le quadrilatère ACBD.
Que remarques-tu ?

❶ Évaluer 3 résolutions d'un même problème. L'explication des erreurs est une tâche difficile. Elle peut être traitée collectivement, par ex. : « *Cette solution conviendrait si le problème était..., mais ce n'est pas le problème posé.* »

❷ Résolution de problèmes variés.

ARP Atelier de résolution de problèmes

Calculs proposés oralement

Conversions (pieds → pouces ; min → s ; hl → l ; dm → mm ; etc.) dans des cas faciles (voir p. 10).

1 Observe cet extrait d'un programme de télévision :

Durée : 24 min

■ 17 h 15
Les animaux d'Afrique :
Les crocodiles du Nil
Durée : 66 min

■ 18 h 21
Le magazine de l'Histoire :
La Révolution française
Durée : 48 min

■ 19 h 09

1°) Vérifie que l'émission « Les animaux d'Afrique » dure 66 min.
2°) Vérifie que l'émission « Le magazine de l'Histoire » dure 48 min.
3°) Madame Villars peut-elle enregistrer ces deux émissions sur sa cassette ?

2

Problèmes

1 ▶ 23 élèves de CP et leur maîtresse vont au musée. Voici les prix des billets d'entrée :

- Enfants de moins de 12 ans : 3,25 €
- 12 à 18 ans : 4 €
- Étudiants : 4,50 €
- Adultes : 5,75 €
- Plus de 60 ans (carte senior) : 5 €

Combien la maîtresse devra-t-elle payer pour visiter ce musée avec sa classe ?

2 ▶ Dans une coopérative laitière, on installe une cuve réfrigérée qui contient 97 hl de lait.

Combien contient-elle de litres de lait ?

3 ▶ M. Fontaine a préparé 2 600 g de compote de pommes. Il veut remplir des pots qui peuvent contenir 250 g de compote.

Combien de pots peut-il remplir ?

4 ▶ Nicolas fait le trajet Paris-Valence avec changement de train à Lyon. Il met 116 min pour aller de Paris à Lyon. À Lyon, le changement dure 15 min. Le trajet Lyon-Valence dure 43 min.

La SNCF avait annoncé que le voyage durerait moins de 3 heures. Est-ce exact ?

5 ▶ Dans un stade, il y a 1 210 places assises. 249 spectateurs sont déjà entrés.

Combien y a-t-il de places libres ?

6 ▶ Pour fabriquer un biscuit chocolaté, un boulanger utilise 25 g de chocolat. On lui commande 320 biscuits.

Quel poids de chocolat lui faut-il pour fabriquer ces 320 biscuits ?

(1) Cette activité peut être l'occasion de comprendre les spécificités d'une addition en colonnes de durées, exprimées en h et min.

SÉQUENCE 44

La division pour effectuer des conversions

Calculs proposés oralement

1. Division par 25, 10, 5 (voir p. 10).
2. Soustractions (*idem* sq n° 23).

Je découvre

1

a Rappelle-toi combien il y a de pouces dans un pied.

Un parapluie mesure 38 pouces.

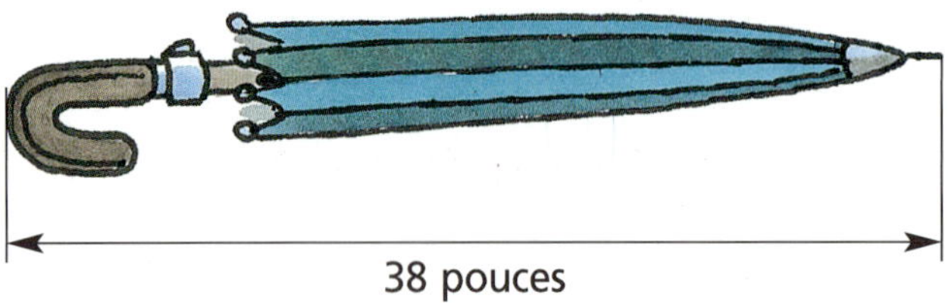

Imagine les pieds à chaque fois qu'il y a 12 pouces.

Exprime cette longueur en pieds et en pouces.

Ce sapin mesure 113 pouces.

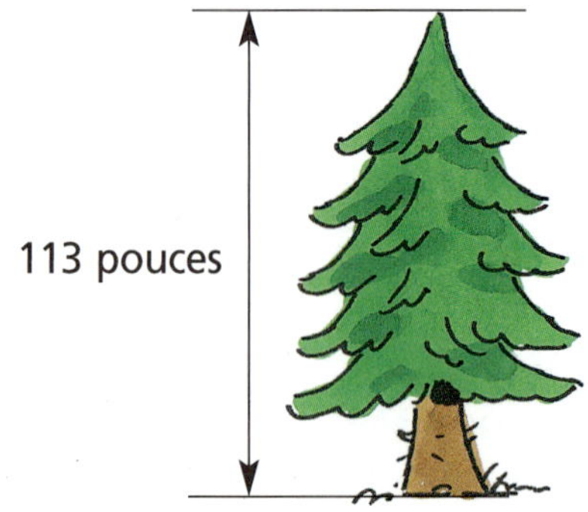

Exprime sa taille en pieds et en pouces.

b Record de France du 1 500 m féminin : 242 secondes (Patricia Djate-Taillard, 1996).

Exprime cette durée en minutes et secondes.

c Deux spéléologues sont restés sous terre pendant 103 heures.

Exprime cette durée en jours et heures.

d Ce bébé pèse 6 230 g.

Exprime ce poids en kg et g.

e Cette citerne contient 7 975 l d'essence.

Exprime cette capacité en hl et l.

1 à 3 Le contexte pieds/pouces sert à nouveau de situation d'introduction parce que le facteur 12 aide à prendre conscience qu'il faut faire une division. Concernant les durées, on se limite à des cas simples : ceux qui correspondent à des conversions entre unités contiguës (on ne convertit pas des secondes en heures, par ex.).

f Ce crayon mesure 235 mm.

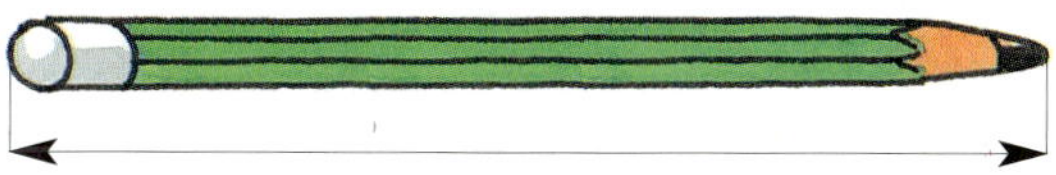

235 mm

Exprime cette longueur en dm et mm.

g Entre ces deux portes de Paris, il y a 9 500 m.

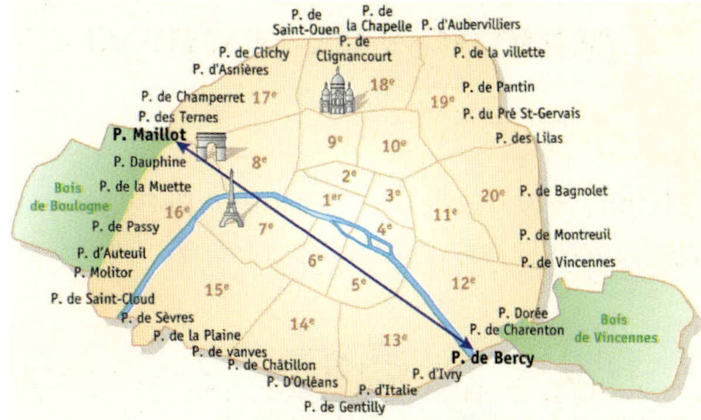

Exprime cette longueur en km et m.

J'ai appris

- Si une longueur est donnée en pouces, et que je veux l'exprimer en pieds et pouces, il y a moins de pieds. Il y en a 12 fois moins, je divise par 12.
- Si une durée est donnée en secondes, et que je veux l'exprimer en minutes et secondes, il y a moins de minutes. Il y en a 60 fois moins, je divise par 60.
- Si une durée est donnée en heures, et que je veux l'exprimer en jours et heures, …
- Si une masse est donnée en grammes, et que je veux l'exprimer en kilogrammes et grammes, …
- Si une capacité est donnée en litres, et que je veux l'exprimer en hectolitres et litres, …

2 Effectue ces conversions *(il faut convertir dans des unités tantôt plus petites, tantôt plus grandes).*

2 850 g *(il faut faire apparaître les hg)*
130 l *(il faut faire apparaître les dal)*
150 minutes *(il faut faire apparaître les secondes)*
54 hm *(il faut faire apparaître les m)*

145 minutes *(il faut faire apparaître les heures)*
327 mm *(il faut faire apparaître les dm)*
144 heures *(il faut faire apparaître les minutes)*
120 heures *(il faut faire apparaître les jours)*

3 Problèmes

1 ▶ Chaque jour, à cause d'une fuite, une canalisation perd 910 l d'eau.
Combien d'hl d'eau sont ainsi perdus ?

2 ▶ Le plus grand avion de passagers du monde, le A 380, a une envergure de 8 dam.
Exprime cette longueur en m.

3 ▶ La durée d'enregistrement annoncée sur une cassette vidéo est de 240 min.
Exprime cette durée en heures.

4 ▶ Un orfèvre achète un fil d'or qui mesure 185 cm.
Combien est-ce de mm ?

Je deviens performant

A Calcule ces divisions.

164 : 49 ?	90 : 28 ?	246 : 82 ?	232 : 53 ?
214 : 49 ?	115 : 28 ?	289 : 82 ?	534 : 53 ?

SÉQUENCE 45

La division-partition : situation de partage

Calculs proposés oralement
1. Divisions par 250, 100, 50 (voir p. 10).
2. Soustractions (*idem* sq n° 23).

Je découvre

1 Un chef de brigands a commencé à partager équitablement 318 pièces d'or entre ses 25 hommes.
Quelle sera la part de chacun ? Restera-t-il des pièces ?

Écris la division qu'aurait pu faire le chef des brigands et calcule-la.

> **J'ai appris**
> Quand je partage équitablement 318 objets entre 25 personnes,
> pour donner 1 objet à chaque personne, il faut 25 objets.
> Pour donner encore 1 objet à chaque personne, il faut encore 25 objets, etc.
> Pour partager équitablement 318 objets entre 25 personnes, je cherche **combien de fois il y a 25 dans 318**, je peux calculer la division 318 : 25 ?

2 **Problèmes**

1 ▶ Une fleuriste a 187 roses et 10 vases.
Elle veut qu'il y ait le même nombre de roses dans tous les vases.

Combien de roses mettra-t-elle dans chaque vase ? Restera-t-il des roses ?

2 ▶ Une nourrice a 30 gâteaux.
Elle veut partager ces gâteaux entre les 6 enfants qu'elle garde.

Quelle sera la part de chaque enfant ? Restera-t-il des gâteaux ?

Je deviens performant

A Effectue ces conversions.
Attention, il faut convertir dans des unités tantôt plus petites, tantôt plus grandes.

203 heures *(il faut faire apparaître les jours)*
285 g *(il faut faire apparaître les dag)*
351 pieds *(il faut faire apparaître les pouces)*
98 dm *(il faut faire apparaître les mm)*
150 heures *(il faut faire apparaître les minutes)*
540 m *(il faut faire apparaître les hm)*

B **Jeu du nombre mystérieux**

7 891 | 8 744 | 9 021 | 9 453 | 9 744

69 x 137
58 x 168

9 805 – 1 914
9 918 – 897

① et ② Les élèves savent que la division *a* : *b* ? permet de résoudre des problèmes de groupements : « en *a* combien de fois *b* ? ». Ils prennent conscience ici qu'elle permet aussi d'anticiper le résultat du partage de *a* objets en *b* parts égales. En effet, si je distribue les *a* objets, pour mettre 1 objet dans chacune des *b* parts, il faut prélever *b* objets dans le stock de départ : je forme donc des groupes de *b*.

SÉQUENCE 46

Numération : les nombres au-delà de 10 000 (1)

Calculs proposés oralement

Tables de 3 et de 5, puis divisions par 3 et par 5 ($q \leq 10$) et quelques cas de division par 2 ($q \leq 10$). Voir p. 10.

Je découvre

1 *Te rappelles-tu combien il y a de mm dans cette longueur de 1 m ?*

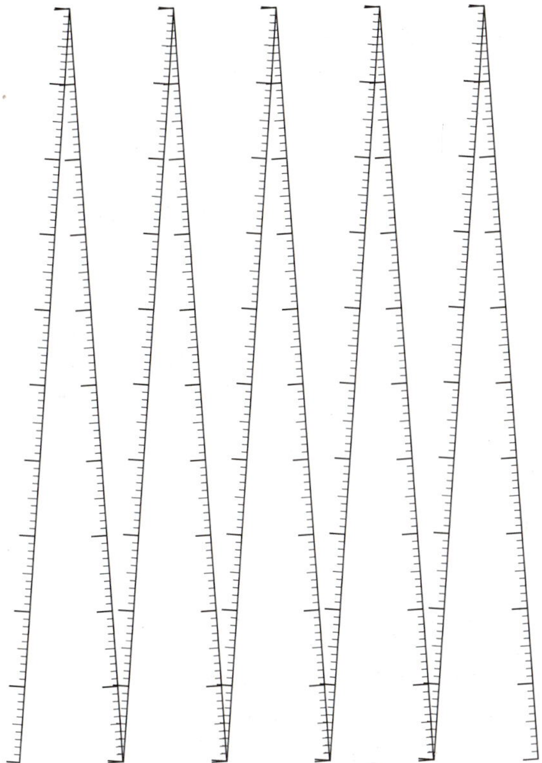

2 *Avec ta classe, tu vas former une ligne brisée longue de plusieurs milliers de mm.*

a Sur une feuille de format A4, trace une ligne de 1 000 mm comme M. Millimètre (sans représenter les mm).

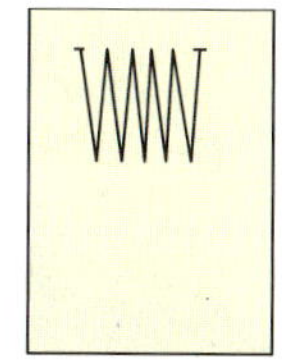

b Découpe la feuille pour que les extrémités de la ligne brisée soient sur les bords.

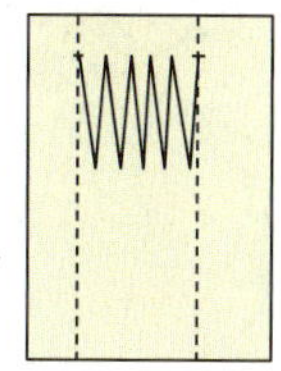

c Prépare trois autres lignes brisées de 1 000 mm. Assemble ces feuilles avec celles de tes camarades pour former une « ribambelle de mètres ».

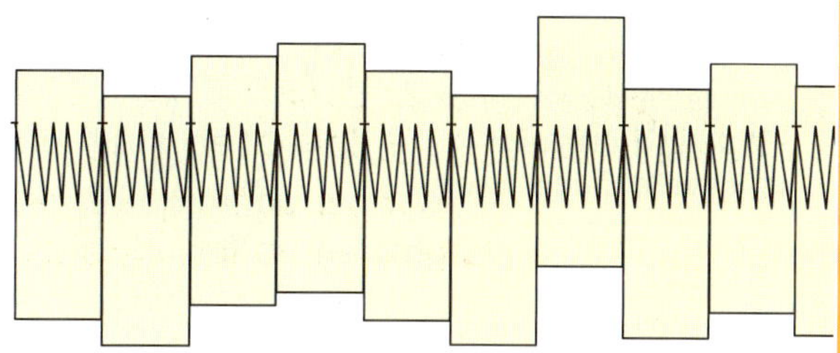

Quelle est la longueur de la ligne brisée que ta classe a formée ?

Exprime cette longueur d'abord en m puis en mm.

3 Dans une autre classe, on a formé une longueur de 127 m. Exprime cette longueur en mm.
Et si on arrivait à former une longueur de 1 000 m ?... Comment s'appelle cette longueur ?

J'ai appris

On compte les groupes de 1 000 comme on compte les unités simples (les « uns ») : 3 000, c'est « 3 mille » ; 45 000, c'est « 45 mille » ; 812 000, c'est « 812 mille », etc.

452981, c'est difficile à lire.
452 981, c'est plus facile : on connaît tout de suite le nombre de mille !

1 000 000, c'est « 1 million ». C'est 1 000 groupes de 1 000.
C'est le nombre de mm qu'il y a dans 1 km.

Je deviens performant

A Calcule.

136 : 63 ?	168 : 25 ?	137 : 44 ?	218 : 52 ?	21 : 8 ?
371 : 63 ?	225 : 25 ?	224 : 44 ?	360 : 52 ?	32 : 8 ?

1 et 2 Quand le millimètre est l'unité, le mètre est le millier. Prendre conscience qu'on peut compter des « mille » comme on compte des « uns ». Et ceci jusqu'à un million qui, lui-même, devient une nouvelle unité de compte. Découverte du kilomètre comme million de millimètres.

SÉQUENCE 47

Vers la technique écrite de la division

Calculs proposés oralement

Tables de 3 et de 5, puis divisions par 3 et par 5 ($q \leq 10$) et quelques cas de division par 2 ($q \leq 10$). Voir p. 10.

Je découvre

1

584 : 3 ?

Le chef des brigands veut partager 584 pièces d'or en 3 parts égales.

1. Partage des centaines :

Monsieur Cubus a préparé 5 centaines, 8 dizaines et 4 unités.
Il partage d'abord les centaines.

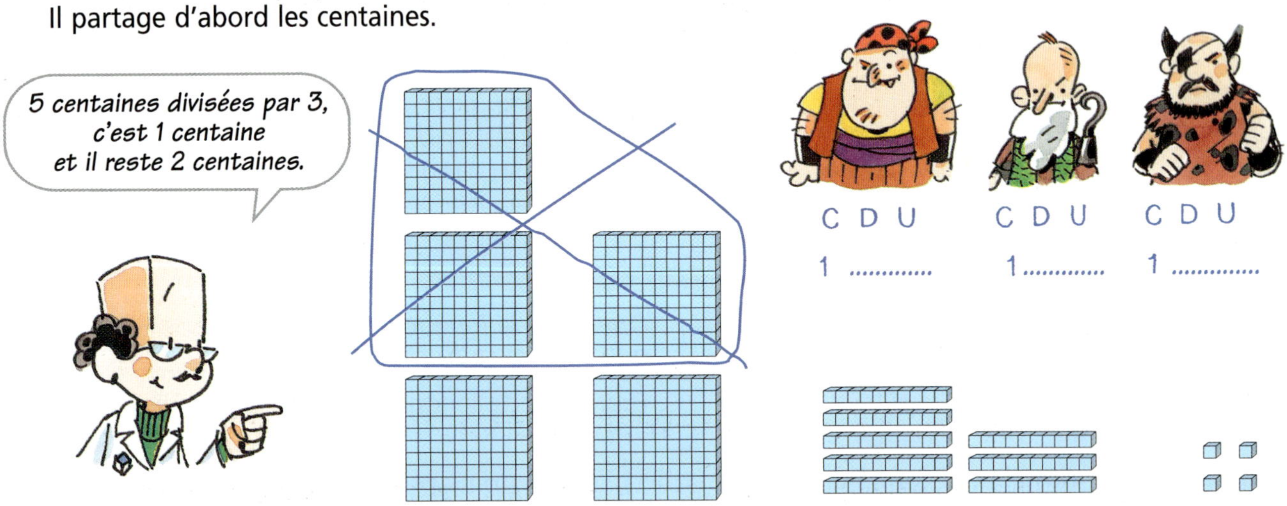

2. Partage des dizaines :

Monsieur Cubus a séparé les dizaines
qui étaient dans les 2 centaines restantes.
Il voit ainsi toutes les dizaines qu'il faut partager.
Il effectue ce partage.

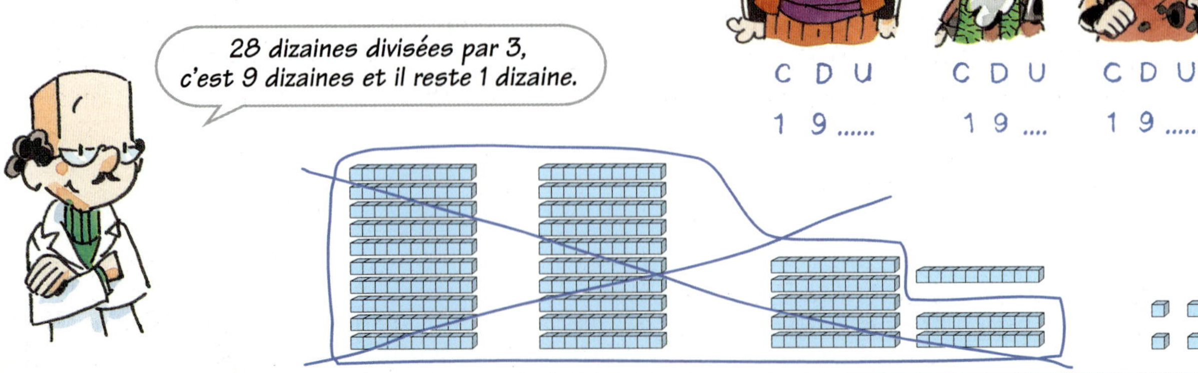

❶ et ❷ Le nombre à partager (584) et le nombre de parts (3) rendent inadaptée la stratégie de calcul où l'on cherche : en 584, combien de fois 3 ? La stratégie enseignée ici consiste à partager successivement centaines, dizaines et unités. Il s'agit de construire le « schème » qui sera mis en œuvre dans la technique écrite (voir

3. Partage des unités :

Monsieur Cubus a séparé les unités qui étaient dans la dizaine restante.
Il voit ainsi toutes les unités qu'il faut partager.

Il effectue ce partage.

4. Expression du résultat :

584 : 3 ?

q = 194

r = 2

car 584 = (194 x 3) + 2

J'ai appris

Dans une division par partages successifs des centaines, des dizaines et des unités, après avoir partagé les centaines, il faut partager deux sortes de dizaines :

- les dizaines « qu'on ne voit pas » et qui sont dans les centaines qui restent,
- les dizaines « qu'on voyait » dès le début.

Après avoir partagé les dizaines, il faut partager deux sortes d'unités...

2 Fichier d'activités page 10

Je deviens performant

A Effectue ces conversions.
Attention ! il faut convertir dans des unités tantôt plus petites, tantôt plus grandes.

246 minutes *(il faut faire apparaître les heures)*

175 minutes *(il faut faire apparaître les secondes)*

181 pieds *(il faut faire apparaître les pouces)*

398 mm *(il faut faire apparaître les cm)*

751 g *(il faut faire apparaître les hg)*

54 dm *(il faut faire apparaître les mm)*

B **Problèmes**

1 ▶ Une montgolfière est restée en vol pendant 206 heures sans revenir au sol.
Exprime cette durée en jours et heures.

2 ▶ Un producteur de fruits a pressé sa récolte de pommes et a recueilli 32 hl de jus.
Combien est-ce de l de jus de pomme ?

C **Jeu du nombre mystérieux**

6 709 | 6 873 | 7 286 | 8 633 | 9 243

39 x 237

87 x 79

9 685 – 2 976

8 043 – 757

sq n° 51). La difficulté principale consiste à « casser » les centaines restantes pour en extraire les dizaines et à « casser » les dizaines restantes pour en extraire les unités. Les formulations du *J'ai appris* : « les dizaines à partager sont de deux sortes... » seront réemployées sq n° 51 lorsqu'on découvrira la disposition « en potence ».

SÉQUENCE 48

Numération : les nombres au-delà de 10 000 (2)

Calculs proposés oralement
Tables de 4 et de 6,
puis divisions par 4 et par 6 ($q \leq 10$).

Je découvre

1 **a** *Combien y a-t-il de cubes-unités ici ?*

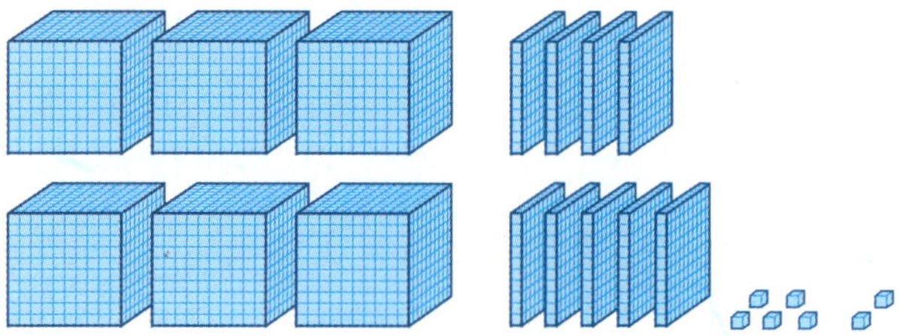

b *Combien y a-t-il de cubes-unités là ?*

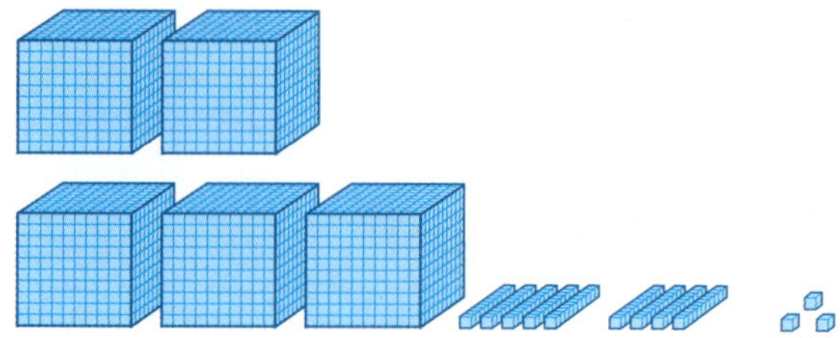

c *Quel est le nombre total de cubes-unités ci-dessus ?*

2 Observe comment M. Cubus range ses cubes-milliers.

Dès que j'ai dix cubes-milliers, je les groupe et je forme une barre dizaine de milliers.

millions			mille			unités simples		
centaines de millions	dizaines de millions	unités de millions	centaines de mille	dizaines de mille	unités de mille	centaines	dizaines	unités
				1	2	0	0	0

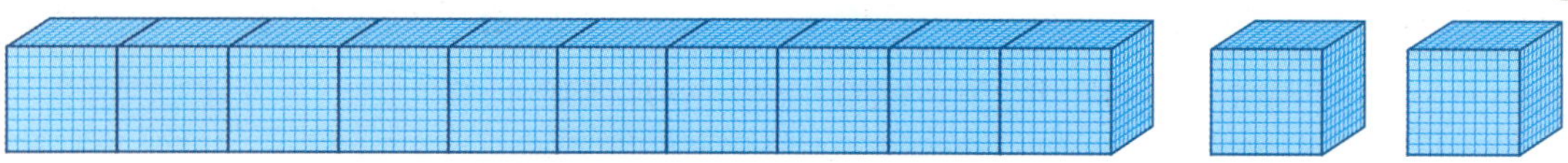

10 x 1 000 = 10 000

Dès que j'ai dix grosses barres dizaines de milliers,
je les groupe et je forme une grosse plaque centaine de milliers.

millions			mille			unités simples		
centaines de millions	dizaines de millions	unités de millions	centaines de mille	dizaines de mille	unités de mille	centaines	dizaines	unités
			1	0	0	0	0	0

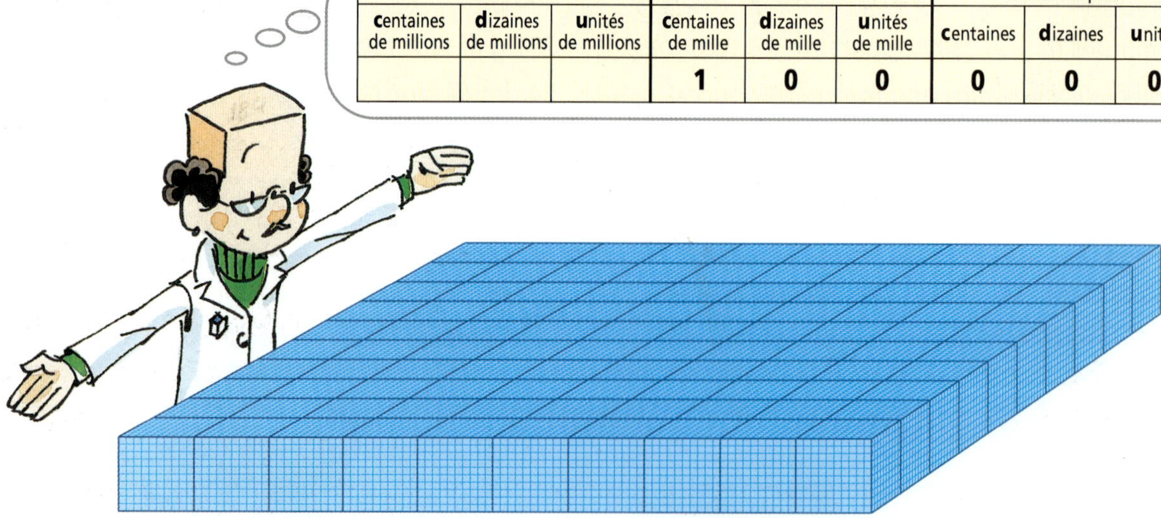

10 x 10 000 = 100 000 100 x 1 000 = 100 000

1 à 5 L'écriture des grands nombres rend compte d'une organisation qui utilise le millier, la dizaine de milliers, la centaine de milliers, le million, la dizaine de millions, etc. Le matériel de Cubus est bien adapté pour en prendre conscience car, de même qu'il permet de former des barres (plaques) formées de 10 (100) cubes-

10 x 100 000 = 1 000 000
100 x 10 000 = 1 000 000
1 000 x 1 000 = 1 000 000

Et si M. Cubus avait dix cubes-millions ?

3 et 4 Fichier d'activités pages 11 et 12

5 **a** Pour écrire des grands nombres, Mathieu et Mathilde n'ont pas besoin de tableau. Observe.

Vingt-trois millions sept mille cinquante.

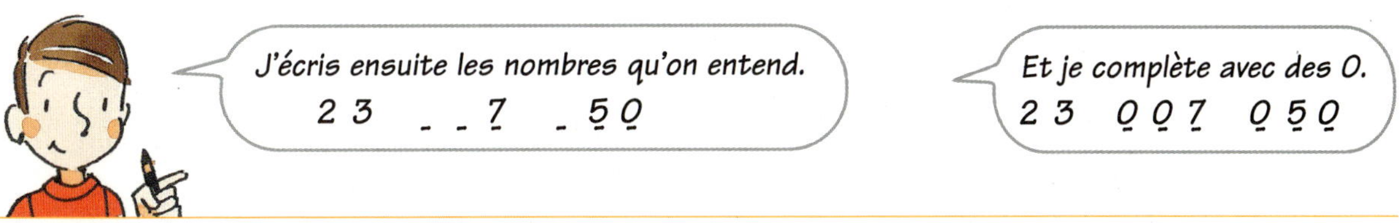

b Écris ces nombres, puis ceux dictés par ton enseignant(e). Fais-le comme Mathilde ou Mathieu.

Soixante-seize millions cinq cent trente mille cinquante — *Quatre-vingt-neuf mille cent soixante*

Quatre millions vingt-neuf mille huit cents — *Soixante-dix mille vingt-sept* — *Cent millions mille dix*

J'ai appris

Pour écrire en chiffres des grands nombres, je commence par chercher la plus grande unité utilisée : est-ce le million ou le millier ?
Je sais ainsi combien de groupes de 3 chiffres il faut encore écrire.

unités, il permet de former des barres (plaques) formées de 10 (100) cubes-milliers. Or, pour écrire un nombre qui est dicté, il est important de penser à cette organisation en unités, dizaines et centaines, car sinon, on risque d'oublier les zéros correspondant aux groupements éventuellement absents.

SÉQUENCE 49

Les angles

1. **Dictée de grands nombres** (*cf.* sq n° 48).
2. **Calculs proposés oralement :**
   Tables de 4 et de 6, puis divisions par 4 et par 6 ($q \leq 10$). Voir p. 10.

Je découvre

1 Range ces danseurs selon l'angle que forment leurs bras, du plus petit angle au plus grand angle.

Danseur 1 — Danseur 2 — Danseur 3 — Danseur 4

Y a-t-il un danseur qui forme un angle droit avec ses bras ? Comment peut-on le vérifier ?

2 Sur le calque de ton matériel personnel, il y a des angles modèles.
Pour chacun des angles ci-dessous, indique sur ton cahier s'il est égal à l'un de ceux de ton calque.

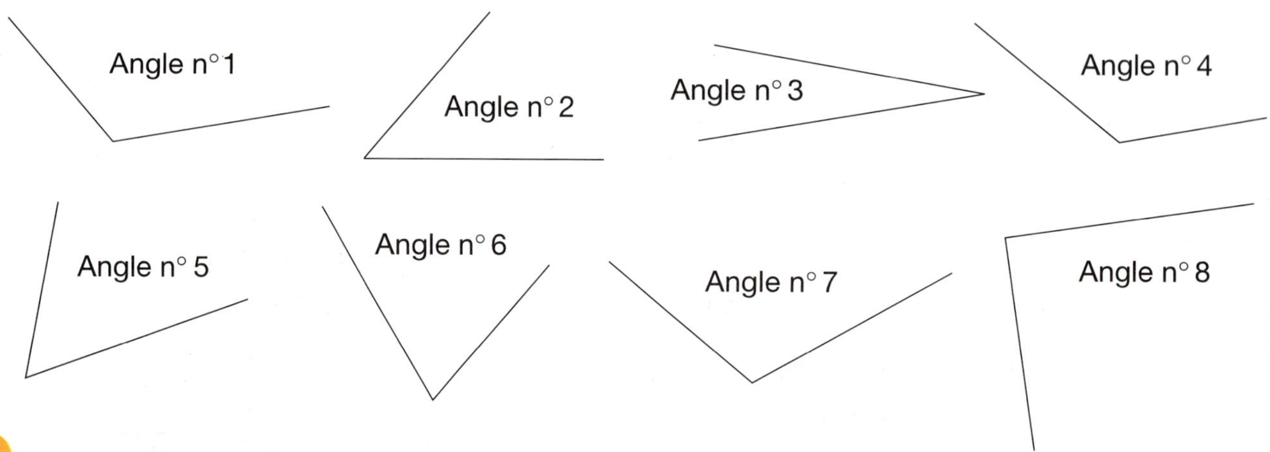

3 **Fichier d'activités page 12**

Je deviens performant

A **Fichier d'activités page 13**

B Calcule.

95 : 25 ?	136 : 60 ?	23 : 7 ?	119 : 10 ?
298 : 25 ?	371 : 60 ?	15 : 7 ?	190 : 10 ?
325 : 25 ?	542 : 60 ?	6 : 7 ?	1 000 : 10 ?

C **Le compte est bon**

172	224	278	1 991
3 6 8 10	6 7 9 25	4 5 7 50	2 9 10 250

❶ Approche intuitive de la notion d'angle : un angle, comme celui que forment les bras, peut être plus ou moins ouvert.

❷ et ❸ Utiliser des gabarits pour repérer des angles égaux.

SÉQUENCE 50

Calculer sur les grands nombres

1. **Dictée de grands nombres** (*cf.* sq n° 48).
2. **Calculs proposés oralement :**
   Table de 7, puis divisions par 7 ($q \leq 10$). Voir p. 10.

Je découvre

1 **Fichier d'activités page 14**

2 **Jeu du très grand nombre mystérieux**

12 034 246	12 284 246	12 629 011
12 669 011	12 735 246	12 833 011

8 647 895 + 4 087 351 — 11 997 837 + 36 409

21 633 604 – 9 004 593 — 13 669 011 – 1 000 000

11 833 011 + 1 000 000

3 **a** Imagine le matériel de M. Cubus pour calculer :

Imagine 7 cubes-milliers ... : 7 000 x 3
Imagine 7 barres dizaines de milliers ... : 70 000 x 3
Imagine 7 plaques centaines de milliers ... : 700 000 x 3

b Imagine le matériel de M. Cubus... :

4 000 x 6	9 000 x 8
40 000 x 6	90 000 x 8
400 000 x 6	900 000 x 8

4 **Jeu du très grand nombre mystérieux**

11 790 765	11 928 645	11 951 700
12 402 295	12 456 885	12 928 600

4 x 2 987 925 — 701 685 x 17

1 684 395 x 7 — 21 x 593 185

302 495 x 41

5 **Problèmes**

1 ▶ « L'an dernier, dit un maire, notre budget était de vingt-huit millions soixante mille euros. Cette année, il est de trente millions d'euros. »
De combien d'euros ce budget a-t-il augmenté ?

2 ▶ « Mon camion, dit M. Leleu, a déjà parcouru 6 fois le tour de la Terre. »
*Combien est-ce de km ?**

** Utilise la mesure suivante : un tour de la Terre = 40 000 km*

Je deviens performant

A **Fichier d'activités page 15**

B Effectue ces conversions.
Attention ! il faut convertir dans des unités tantôt plus petites, tantôt plus grandes.

70 heures *(il faut faire apparaître les minutes)*

80 minutes *(il faut faire apparaître les heures)*

657 km *(il faut faire apparaître les m)*

481 mm *(il faut faire apparaître les dm)*

2 000 g *(il faut faire apparaître les kg)*

8 000 kg *(il faut faire apparaître les g)*

1 à 5 On utilise le matériel de M. Cubus pour comprendre que le phénomène de la retenue dans les techniques écrites de l'addition, la soustraction et la multiplication s'explique de la même manière au niveau des milliers qu'à celui des unités simples. On est ainsi conduit à calculer de manière identique.

Division : technique écrite (par un nombre de 1 chiffre)

Calculs proposés oralement
Table de 7, puis divisions par 7 (q ≤ 10).

Je découvre

1 *Tu vas apprendre à calculer **869 : 5 ?** sans dessiner les blocs, les plaques, les barres et les cubes.*

Observe comment font Mathilde et Mathieu.

Préparation de la division :

```
8 6 9 | 5
      |______
      |
      | ..........
```

```
c d u
8 6 9 | 5
      |______
      | c d u
      | ..........
```

1. Partage des centaines :

```
c d u
8̸ 6 9 | 5
3     |______
      | c d u
      | ..1..........
```

2. Partage des dizaines :

```
c d u
8̸ 6 9 | 5
3 ↓   |______
      | c d u
      | ..1..........
```

```
c d u
8̸ 6 9 | 5
3̶ 6̶   |______
  1   | c d u
      | .1...7........
```


❶ et ❷ La situation introduite sq n° 47, et revue à plusieurs reprises ensuite, sert de référence pour s'approprier les 4 étapes de la technique enseignée ici. Les enfants commencent par chercher l'ordre de grandeur du quotient. Dans le cas de 369 : 5 ?, par exemple, on écrirait seulement D et U, parce qu'« avec 3 centaines,

3. Partage des unités :

```
c d u
8 6 9  | 5
3 6 ↓  |------
  1    | c d u
       | 1 7 ...
```

```
c d u
8 6 9  | 5
3 6 ↓  |------
  1 9  | c d u
    4  | 1 7 3
```

4. Expression du résultat et preuve :

869 : 5 ?

q = 1 7 3

r = 4

```
  1 7 3
×     5
-------
  8 6 5
```

865 + 4 = 869

2 Calcule ces divisions (ne les pose que si c'est nécessaire).

345 : 6 ?	2 745 : 3 ?	6 108 : 100 ?	35 : 8 ?
1 097 : 250 ?	287 : 43 ?	9 036 : 7 ?	593 : 10 ?

Je deviens performant

A Te rappelles-tu : 10 m, 100 m, 1 km, combien est-ce de mm ?
Qu'est-ce qui peut mesurer…

10 000 mm :
la longueur d'un lit, celle d'un camion, celle d'un train ?

100 000 mm :
la longueur d'un autocar, celle d'un stade de football, le périmètre d'un stade olympique ?

1 000 000 mm :
la longueur de ta cour de récréation, celle du marathon, celle d'une piste de décollage ?

B **Le compte est bon**

626	188	340	998
4 7 9 10	3 4 8 25	2 5 7 50	2 5 9 250

on n'en a pas assez pour en donner une à chacun ». La technique sera étendue aux diviseurs de plus de 1 chiffre sq n° 79.

ARP Atelier de résolution de problèmes

Calculs proposés oralement
1. Table de 8, puis divisions par 8 ($q \leq 10$).
2. Soustractions (*idem* sq n° 23).

1

Problème : Le prix total de trois fauteuils est de 861 €.
Quel est le prix d'un fauteuil ?

Voici les solutions de Sébastien, Mélanie et Cécile.

Sébastien

Je cherche :
3 fois combien égale 861 ?

3 x 200 = 600 C'est plus cher
3 x 250 = 750 C'est plus cher
3 x 300 = 900 C'est moins cher
3 x 275 = 825 C'est plus cher
3 x 285 = 855 C'est plus cher
3 x 286 = 858 C'est plus cher
3 x 287 = 861

C'est 287 €.

Mélanie

Il faut partager
les 861 €
entre les 3 fauteuils

8̶ 6 1	3
2̶ ̶6̶	2 8 7
2̶ ̶1̶	
0	

Le fauteuil coûte 287 €.

Cécile

```
  8 6 1
x     3
-------
2 5 8 3
```

Le prix est de 2 583 €.

Quelle(s) solution(s) conviennent ? Pourquoi la ou les autres ne conviennent-elles pas ?

2

Problèmes

1 ▶ Le roi Louis XIV est né en 1638.
Il a régné à partir de 1643
jusqu'à sa mort en 1715.
À quel âge est-il mort ?

2 ▶ Une entreprise achète, pour 32 400 €, cinq voitures identiques.
Quel est leur prix à l'unité ?

3 ▶ *Combien de temps a duré une émission de télé qui a commencé à 18 h 38 et s'est terminée à 19 h 02 ?*

4 ▶ *Si on partageait équitablement 1 886 dragées entre 250 personnes, combien chacune en aurait-elle ?*

5 ▶ Un homme-grenouille est resté exactement 17 min en plongée.
Un autre plongeur est resté sous l'eau exactement 1 000 secondes.
Qui est resté sous l'eau le plus longtemps ?

6 ▶ Un grand cirque doit faire prendre le train à ses 43 éléphants. Dans un wagon, on peut transporter 7 éléphants à la fois.
Combien de wagons devra-t-il réserver ?
Trouve 2 façons de remplir ces wagons.

① Évaluer 3 résolutions d'un même problème. L'explication des erreurs est une tâche difficile. Elle peut être traitée collectivement, par ex. : « Cette solution conviendrait si le problème était…, mais ce n'est pas le problème posé. »

② Résolution de problèmes variés.

ARP Atelier de résolution de problèmes

1. **Dictée de grands nombres** (*cf.* sq n° 48).
2. **Calculs proposés oralement :** Table de 8, puis divisions par 8 ($q \leq 10$).

1

Sur le schéma et sur le tableau sont notées des distances en km entre des villes du sud de la France.

Schéma

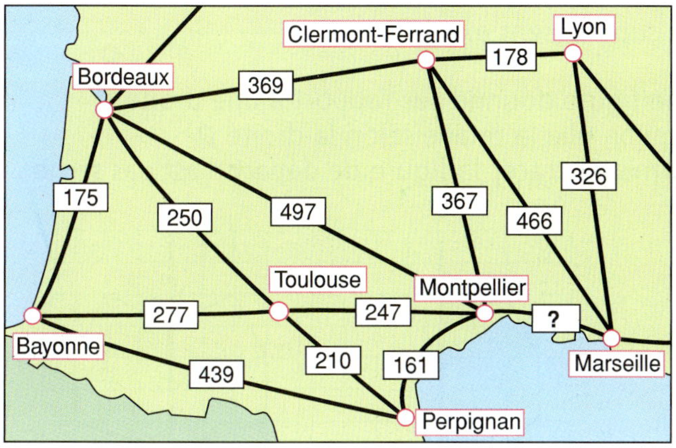

Tableau

	Bayonne	Bordeaux		Marseille	Montpellier	Perpignan	Toulouse
Bayonne	0	175	544	695	531	X	277
Bordeaux	175	0	369	661	497	460	250
	544	369	0	466	367	464	339
Marseille	695	661	466	0	164	325	411
Montpellier	531	497	367	164	0	161	X
Perpignan	X	460	464	325	161	0	210
Toulouse	277	250	339	411	247	210	0

Réponds aux questions suivantes :

a *Sur le schéma, on a remplacé une distance par un point d'interrogation. Utilise le tableau pour la retrouver.*

b *Dans 3 cases du tableau on a remplacé des distances par des croix. Utilise le schéma pour retrouver ces distances.*

c *Dans le tableau, deux taches cachent le nom d'une même ville. Laquelle ? Justifie ta réponse.*

d *Monsieur Dubois livre des meubles. Son entreprise de transports est installée à Montpellier. Il doit effectuer une tournée pour des livraisons à Toulouse, Perpignan, Bayonne et Bordeaux. Il hésite entre deux circuits :*

A : Montpellier → Bordeaux → Bayonne → Toulouse → Perpignan → Montpellier.
B : Montpellier → Toulouse → Bordeaux → Bayonne → Perpignan → Montpellier.

Lequel de ces deux circuits est le plus court ? Justifie ta réponse.

2

Problèmes

1 ▶ Une animalerie vient de recevoir 53 aquariums et 480 poissons. Elle veut les répartir pour qu'il y ait le même nombre de poissons dans tous les aquariums.

Est-ce possible ? Pourquoi ?

2 ▶ 3 enfants se partagent des billes. Chacun reçoit 17 billes. Il en reste 2.

Combien de billes y avait-il à partager ?

3 ▶ Un réservoir est vide. On y verse 3 bidons d'essence identiques. Maintenant le réservoir contient 45 litres.

Combien de litres d'essence chaque bidon contenait-il ?

4 ▶ En un an, un livreur a fait 97 allers-retours entre 2 villes distantes de 34 km.

Combien de km a-t-il ainsi parcourus ?

① Rechercher les informations pertinentes pour résoudre un problème : lecture d'un tableau de distances et d'une carte schématisée.

SÉQUENCE 54

Symétrie par rapport à une droite

Calculs proposés oralement

1. Table de 9, puis divisions par 9 ($q \leq 10$).

2. Soustractions (*idem* sq n° 23).

Je découvre

1

a Prends la première feuille de calque prévue pour cette séquence (dans ton matériel individuel).

b Imagine : l'encre noire est encore fraîche et on plie le calque le long de l'axe noté *D*… Complète chaque tracé pour que les deux parties se superposent exactement.

c Pour chaque tracé, évalue ton travail en pliant le calque le long de l'axe *D* : observe par transparence si les deux parties se superposent exactement.

J'ai appris

La figure symétrique d'une figure donnée par rapport à une droite *D* s'obtient en s'imaginant qu'on plie la feuille selon la droite *D* alors que l'encre qui a permis de tracer la figure de départ n'est pas sèche.

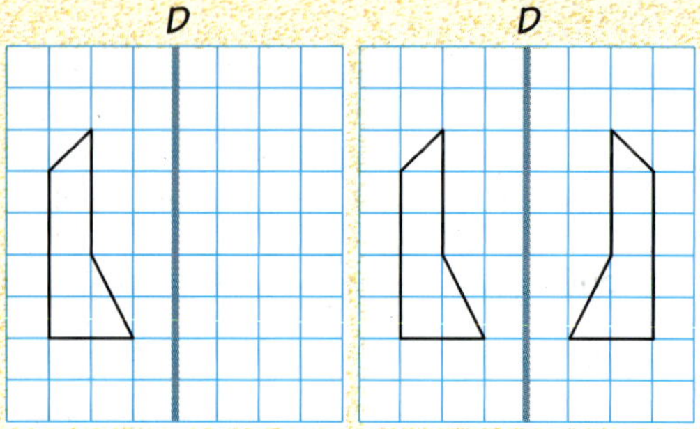

Quand la figure de départ n'a pas de point situé sur la droite *D*, on obtient **deux figures** qui sont symétriques par rapport à la droite *D*.

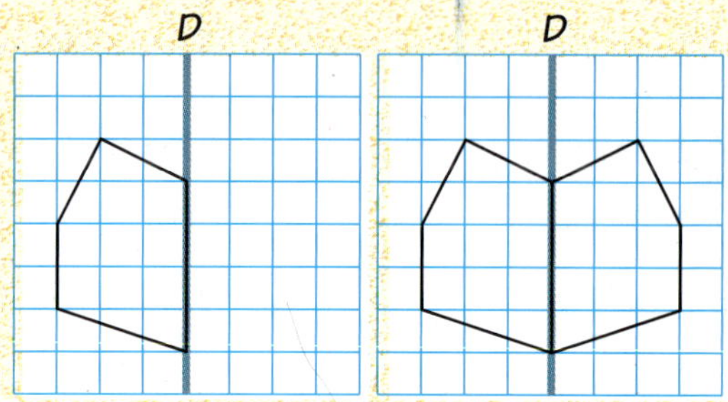

Quand la figure de départ a des points situés sur la droite *D*, les deux parties symétriques forment **une seule figure**.

On dit que la droite *D* est un axe de symétrie de cette figure.

2

a Prends la seconde feuille de calque prévue pour cette séquence et découpe les 4 morceaux.

b Pour chacun des 4 tracés, imagine qu'on plie le calque selon le trait bleu. Ce trait peut-il être un axe de symétrie ? Réponds en entourant *Oui* ou *Non*.

c Pour chaque tracé, évalue ton travail en pliant le calque le long du trait bleu…

3 *Dans quels cas la droite (représentée par des pointillés) peut-elle être un axe de symétrie ?*

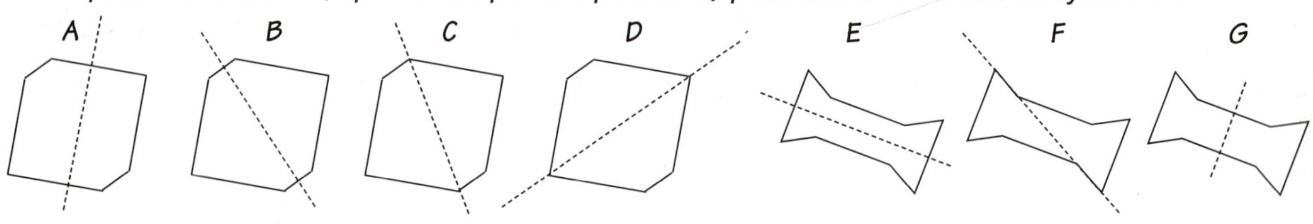

Je deviens performant

A **Fichier d'activités page 16**

B Calcule ces divisions.

89 238 : 5 ?   413 : 50 ?   150 : 37 ?   24 : 6 ?

C Conversions (*Attention ! il faut convertir dans des unités tantôt plus petites, tantôt plus grandes).*

3 970 l *(il faut faire apparaître les hl)* — 1 500 mm *(il faut faire apparaître les m)*

1 345 dal *(il faut faire apparaître les l)* — 2 700 m *(il faut faire apparaître les mm)*

1 à 3 Le fait de s'imaginer le phénomène d'impression par pliage aide les élèves à se représenter la partie qui doit être tracée et à en contrôler la construction. Lorsque l'activité est menée avec un calque, le pliage permet une auto-évaluation parce que les deux parties de la figure sont simultanément visibles.

SÉQUENCE 55

Calcul de *a* : *b* ? par partition dans des cas simples

1. **Dictée de grands nombres** (*cf.* sq n° 48).
2. **Calculs proposés oralement :** Table de 9, puis divisions par 9 ($q \leq 10$).

Je découvre

1 Mathieu et Mathilde calculent 752 : 3 ?

c d u
7 5 2 | 3
c d u

Je calcule par partages successifs. Il y a aura des centaines au quotient. J'ai écrit cdu…

Des divisions comme celle-là, on n'a pas besoin de les poser ! On voit tout de suite ce que chacun aura : 3 fois 250, c'est 750 !

Termine le calcul de Mathilde.

As-tu besoin de faire la preuve ?

2 Calcule ces divisions. Ne les pose que si c'est nécessaire.

43 : 2 ?	131 : 2 ?	87 : 8 ?	76 : 3 ?
201 : 4 ?	2 091 : 6 ?	150 : 2 ?	3 031 625 : 4 ?
121 : 2 ?	301 : 2 ?	705 : 7 ?	171 : 2 ?
798 : 5 ?	502 : 5 ?	705 : 3 ?	1 003 : 4 ?
151 : 3 ?	61 : 2 ?	501 : 2 ?	1 502 : 3 ?

Je deviens performant

A **Jeu du nombre mystérieux**

26 666 — 27 666 — 27 868 — 28 868 — 29 868

38 x 786

40 000 – 11 132 — 30 000 – 2 334

398 x 67

B **Jeu du portrait**

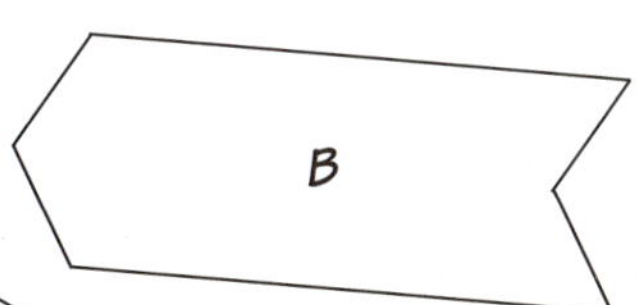

- *C'est un polygone.*
- *Un de ses angles est égal à l'angle bleu foncé de ton calque.*
- *Il n'a pas d'axe de symétrie.*

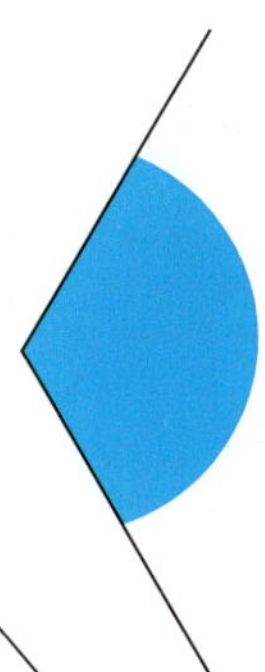

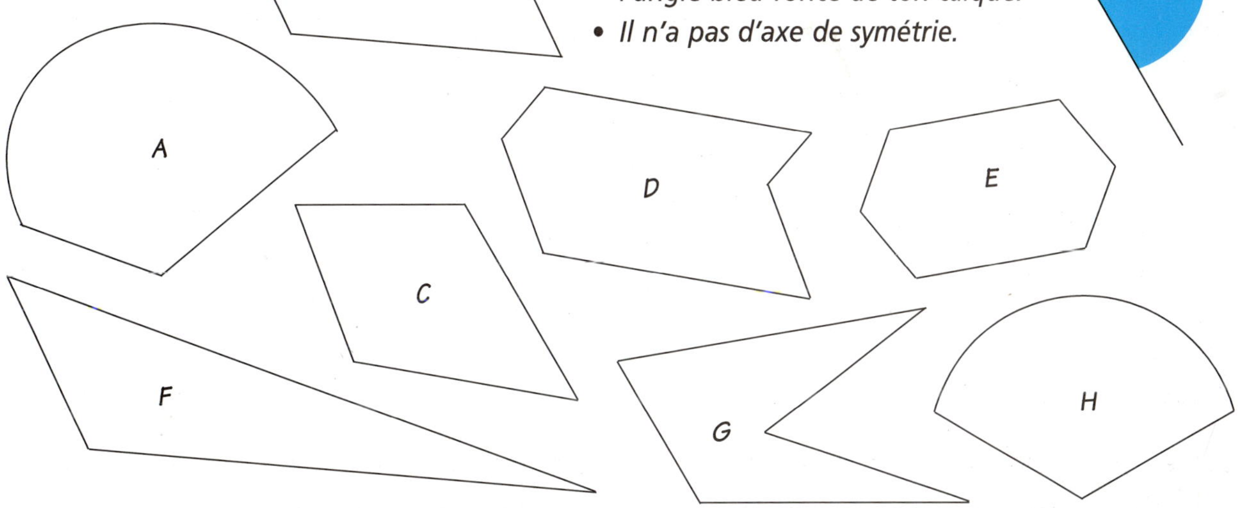

C **Activité sur le calque n° 3 du matériel individuel**

1 et 2 Pour diviser 151 par 2, par ex., on peut partager les 15 centaines, etc., mais il est préférable de se ramener à une « multiplication à trou » par 2 ($q = 75$ et $r = 1$ car 2 x 75 = 150). Le même raisonnement vaut pour des divisions par 3 et 4 quand q = 25, 250, 500… et pour des divisions par 6, 7, 8 et 9 quand q = 10, 100, 1000.

Bilan terminal de la 2e période

1 Calcule.

8 573 458 + 48 + 567	93 – 7	181 : 25 ?
352 x 4	112 – 85	16 874 : 3 ?
7 465 x 23	3 574 – 400	50 : 8 ?
59 047 x 86	8 471 – 926	139 : 35 ?

2 **Jeu du portrait**

- *C'est un quadrilatère.*
- *Un de ses angles est égal à l'angle bleu clair de ton calque.*
- *Un de ses côtés mesure 46 mm.*

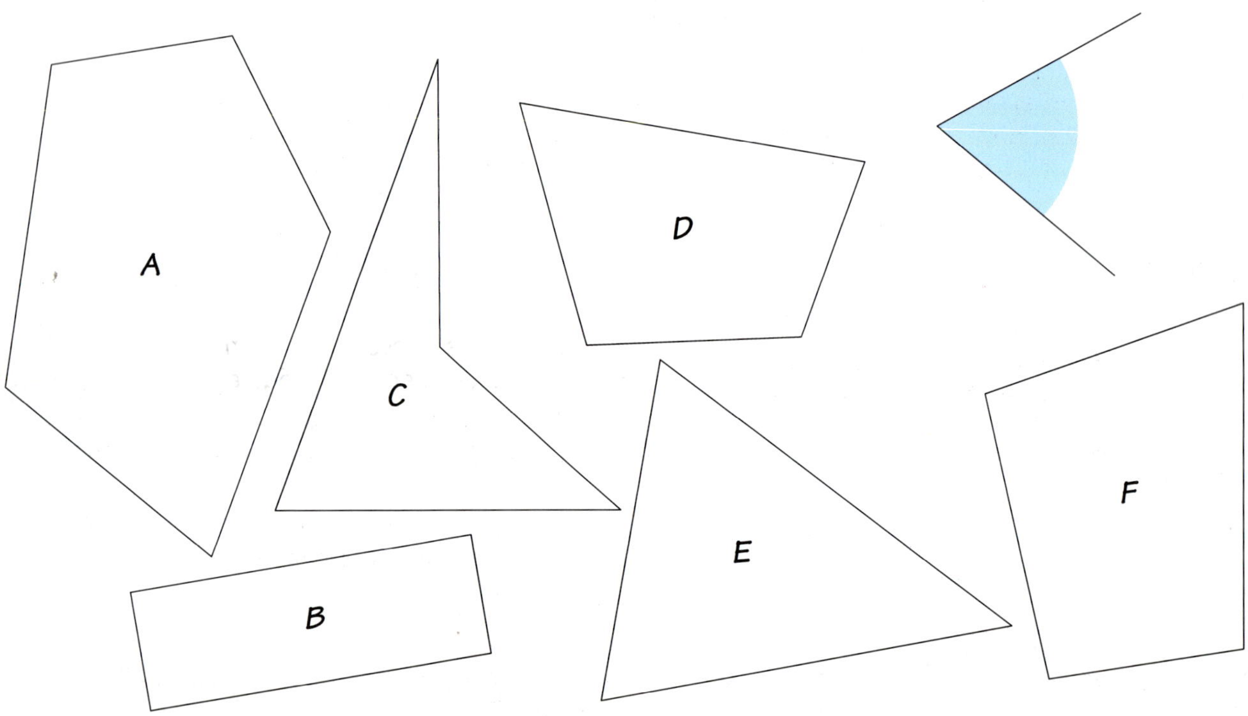

3

Problèmes

1 ▶ Émilie a 13 ans. Elle a 4 ans de plus que sa sœur Johanna et 8 ans de moins que son frère Guillaume.

Quels âges ont Johanna et Guillaume ?
Quelle est leur différence d'âge ?

2 ▶ Mme Lévi achète 6 couvertures identiques au prix total de 108 €.

Quel est le prix d'une de ces couvertures ?

3 ▶ *Combien de colliers de 53 perles peut-on réaliser avec 294 perles ?*

4 ▶ M. Lenoir aime le café.
Chaque jour, il en boit 6 tasses.
Dans chaque tasse, il met 2 sucres.

Combien de sucres met-il dans son café en une année ?*

** Compte une année = 365 jours*

4 Effectue ces conversions.

Attention ! il faut convertir dans des unités tantôt plus petites, tantôt plus grandes.

25 pouces *(il faut faire apparaître les pieds)*

972 hg *(il faut faire apparaître les g)*

35 pieds *(il faut faire apparaître les pouces)*

128 m *(il faut faire apparaître les mm)*

126 m *(il faut faire apparaître les dam)*

1 253 g *(il faut faire apparaître les hg)*

100 heures *(il faut faire apparaître les minutes)*

100 heures *(il faut faire apparaître les jours)*

5 Écris ces nombres en chiffres :

a *Douze millions neuf cent quatre-vingt-six mille cinq cent quarante-neuf*

b *Six millions huit cent soixante-douze mille cinq cents*

c *Quatre cent six mille deux cent vingt-cinq*

d *Cinq cent six millions trente-neuf mille sept*

e *Quarante-trois mille soixante*

f *Deux cent cinquante et un mille*

g *Six millions quarante-cinq*

6

Problèmes

1 ▶ Un cycliste fait une course contre la montre. Il regarde sa montre au moment du départ :

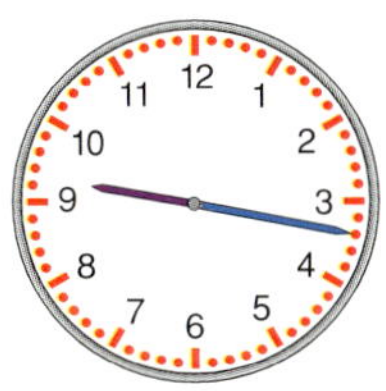

… et au moment de l'arrivée :

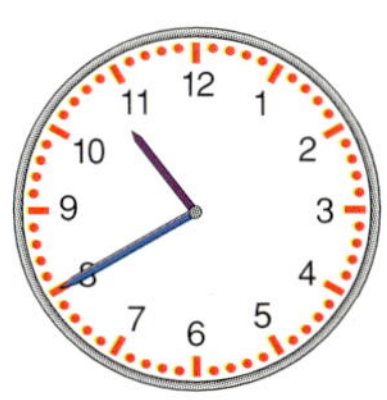

À quelle heure est-il parti ?
À quelle heure est-il arrivé ?
Combien de temps a duré sa course ?

2 ▶ Une usine qui fabrique des stylos-billes a expédié 695 étuis de 4 stylos.

Combien est-ce de stylos ?

3 ▶ Pour emmener des supporters à un match de football, on a réservé 275 autocars de 47 places.
Le prix de la place est de 20 €.

Combien de supporters pourra-t-on transporter ?

4 ▶ Deux pilotes d'avion comparent leur nombre d'heures de vol.
Géraldine fête ses 2 000 heures de vol.
Philippe a volé 1 642 heures.

Combien d'heures de vol Géraldine a-t-elle de plus que Philippe ?

5 ▶ Un libraire a reçu 126 dictionnaires.
Il les répartit en 9 piles égales.

Combien de dictionnaires y a-t-il dans chaque pile ?

6 ▶ Voici ce que Lætitia a mis sur une balance (la balance est en équilibre) :

Combien pèse sa poupée ?

7 ▶ Fatou a 48 €. C'est 3 fois plus d'argent que son frère Karim.

Combien d'argent Karim a-t-il ?

8 ▶ Un cycliste a prévu de parcourir 204 km.
Après 20 minutes, il a parcouru 12 km.

Quelle distance doit-il encore parcourir?

Troisième période

Arithmétique : la division-fraction ; les fractions (comparaisons, sommes) ; la technique écrite de la division (2e étape) ; la proportionnalité.

Géométrie et mesure : triangles ; parallélogrammes quelconques et particuliers ; aires.

Je découvre

1 *Tu vas apprendre une nouvelle division, celle où l'on partage le reste.*

Problème : 7 verres de jus d'orange sont à partager entre 3 enfants.
Quelle sera la part de chaque enfant ?

C'est 7 divisé par 3. Mais attention, ici, il faut partager le reste !

7 divisé par 3, c'est égal à 2 ... plus le reste 1, divisé par 3.

On écrit $\frac{7}{3} = 2 + \frac{1}{3}$

Et s'il fallait partager 10 verres entre 3 enfants ? Écris l'égalité correspondante.

2 Problème : 12 barres de chocolat sont à partager entre 10 enfants.
Quelle sera la part de chaque enfant ?

C'est 12 divisé par 10. Mais attention, là aussi ...

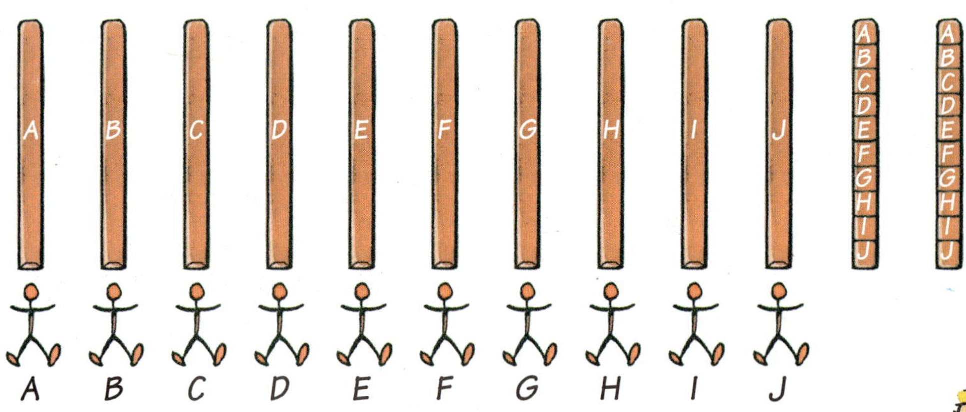

12 divisé par 10, c'est égal à 1 ... plus le reste 2, divisé par 10.

On écrit $\frac{12}{10} = 1 + \frac{2}{10}$

Et s'il fallait partager 24 barres de chocolat entre 10 enfants ? Écris l'égalité correspondante.
Et s'il fallait partager 123 barres de chocolat entre 10 enfants ? Écris l'égalité correspondante.

❶ à ❺ L'écriture 7/3 désigne à la fois la division de 7 par 3 et la fraction « 7 tiers ». De sérieux arguments plaident en faveur d'une introduction de l'écriture *a*/*b* dans le sens « *a* divisé par *b* » (voir p. 4 et 5). Dans cette séquence, et jusqu'à la sq n° 61, on lira donc les écritures 7/3, 12/10, etc.,

SÉQUENCE **58**

Une nouvelle division et de nouveaux nombres

Calculs proposés par écrit au tableau

1. Divisions par 2 de $n < 200$ (voir p. 11).
2. Divisions par 3, 4... dans des cas (ceux de la sq n° 55) où $q = 10, 25, 50, 100...$

3 Problème : 13 tartelettes sont à partager équitablement entre 4 personnes.

Quelle sera la part de chaque personne ?

Dessine les tartelettes et effectue le partage. Écris l'égalité correspondante.

J'ai appris

$\frac{17}{3}$ se lit « **17 divisé par 3** » (tu apprendras bientôt une autre façon de le lire).

C'est une nouvelle division, la **division-fraction**, où l'on partage le reste.

Avec cette division, on peut écrire une égalité :

$$\frac{17}{3} = 5 + \frac{2}{3}$$

5 : c'est le quotient de la division avec reste...

$\frac{2}{3}$: ... mais le reste a été partagé.

4 Calcule ces divisions-fractions.

$\frac{561}{4}$ $\frac{3}{2}$ $\frac{52}{10}$ $\frac{25}{6}$ $\frac{702}{100}$

$\frac{103}{25}$ $\frac{109}{3}$ $\frac{35}{8}$ $\frac{4\,258}{5}$ $\frac{7\,041}{1\,000}$

5 ## Problèmes

Résous ces problèmes en indiquant si tu utilises la division avec reste ou la division-fraction.

1 ▶ On partage 7 brioches en 2 parts égales.
Combien de brioches y a-t-il dans chaque part ?

2 ▶ On répartit équitablement 13 billes entre 4 enfants.
Combien de billes aura chaque enfant ?

3 ▶ On partage équitablement 14 pains au lait entre 5 enfants.
Quelle sera la part d'un enfant ?

4 ▶ On partage équitablement 26 gaufrettes entre 3 frères.
Combien de gaufrettes chacun aura-t-il ?

Je deviens performant

A ### Jeu du portrait

- *C'est un hexagone.*
- *Il a un axe de symétrie.*
- *Deux de ses angles sont droits.*

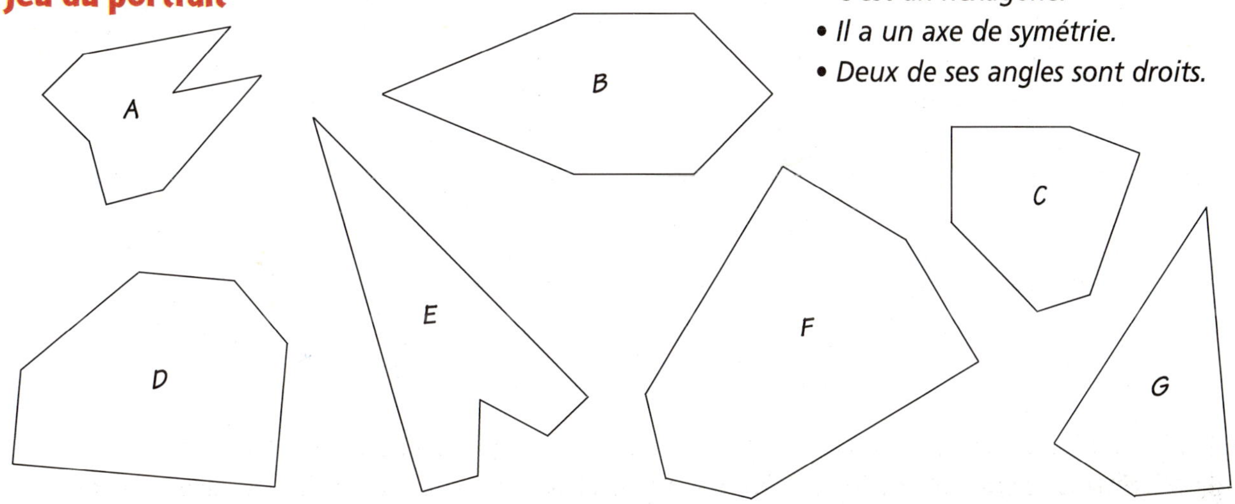

sous la forme « 7 divisé par 3 », « 12 divisé par 10 », etc. Si, cependant, des enfants les verbalisaient sous forme fractionnaire, comme le ferait le sens commun, on ne refuserait pas cette lecture, mais on ne l'institutionnaliserait pas et on ne chercherait pas à l'expliquer.

SÉQUENCE

59 Fractionnement de l'unité en parts égales

Calculs proposés par écrit au tableau

1. Divisions par 2 de $n < 200$ (voir p. 11).
2. Divisions par 3, 4... dans des cas (ceux de la sq n° 55) où q = 10, 25, 50, 100...

Je découvre

1 Problème : On partage équitablement 4 tartes rondes entre 3 personnes.
Écris et calcule la division-fraction, puis dessine les tartes, effectue le partage et colorie une part.

2 Sur quelles figures et quels segments a-t-on colorié $\frac{1}{3}$?

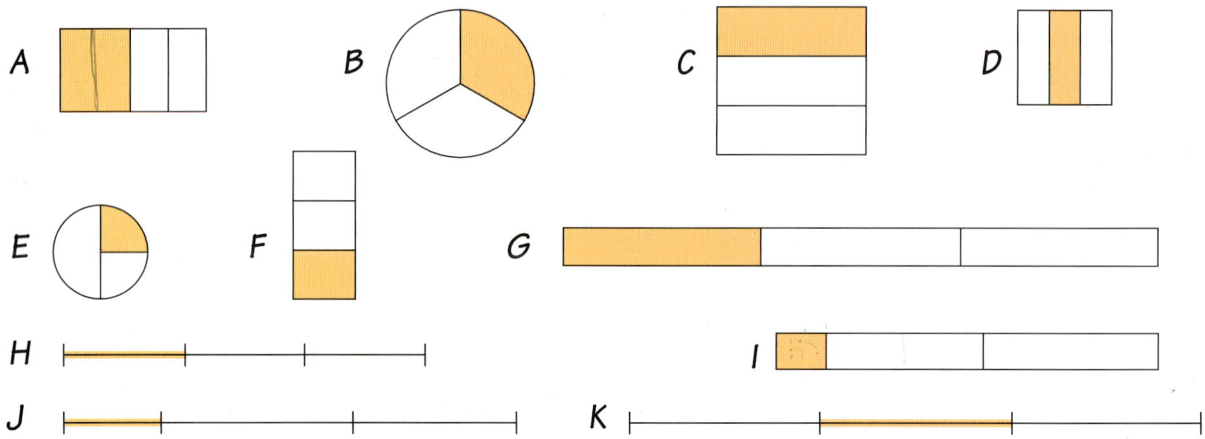

3 Sur quelles figures et quels segments a-t-on colorié $\frac{1}{10}$?

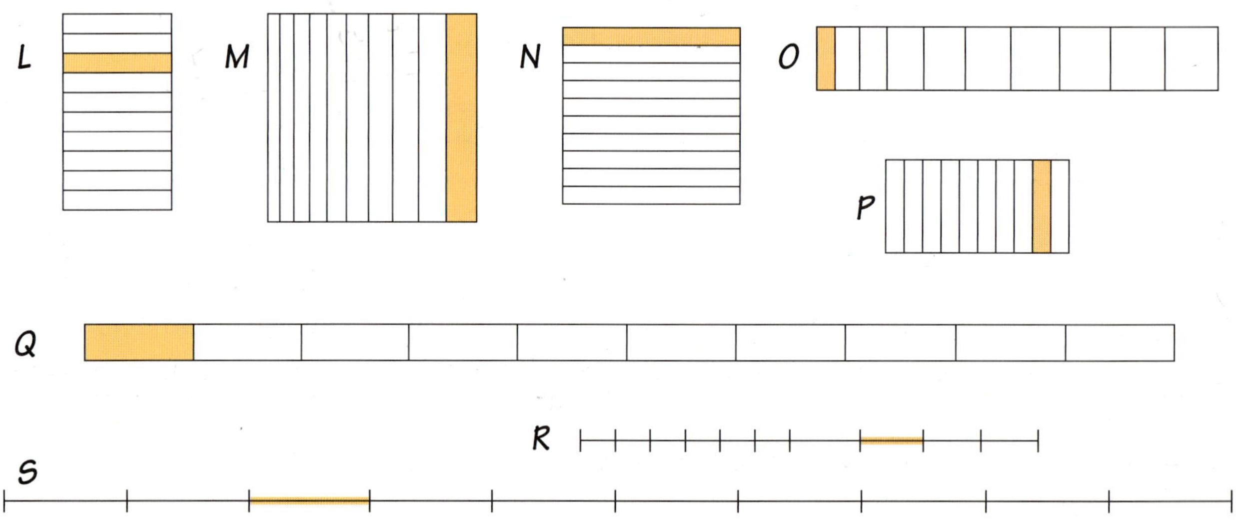

J'ai appris

Quand je partage une unité (1 pizza, 1 l d'eau, 1 tablette de chocolat, 1 ruban, ...) en 10 parts, c'est seulement si les parts sont égales que la grandeur d'une part est égale à $\frac{1}{10}$.

Je deviens performant

A Calcule ces divisions-fractions.

$\frac{365}{2}$ $\frac{19}{3}$ $\frac{8\,507}{100}$ $\frac{803}{8}$ $\frac{79\,013}{1\,000}$

B **Activité sur le calque n°4 du matériel individuel**

❶ à ❸ Divisions-fractions du type $1/n$: comprendre que cette écriture n'est pertinente que si le partage est égal. Dans le cas de ces fractions particulières, les lectures «1 divisé par n» et «1 $n^{ième}$» sont équivalentes. Dans le *Je deviens performant*, cependant, avec 365/2, 19/3, etc., on continuera à privilégier la lecture «a divisé par b».

SÉQUENCE 60

Construction de triangles avec des gabarits d'angle

Calculs proposés oralement

Conversions jours ↔ semaines où tantôt on convertit en jours, tantôt en semaines avec n = 10, 20, 30... 60, 70 (voir p. 11).

Je découvre

1 *Tu vas apprendre à construire un triangle quand on te donne la longueur d'un côté et les deux angles aux extrémités de ce côté.*

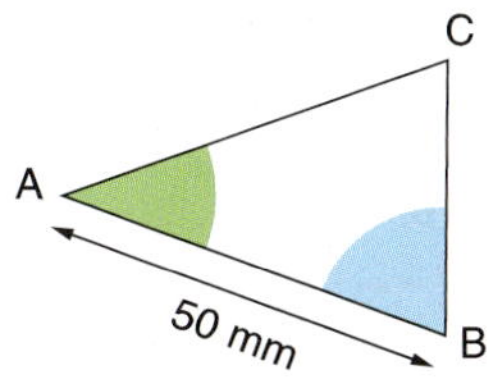

Ceci est une réduction du triangle ABC.

Dans la réalité, [AB] mesure 50 mm.

On utilise un double décimètre et deux gabarits d'angles du matériel individuel.

Regarde, c'est facile !

A

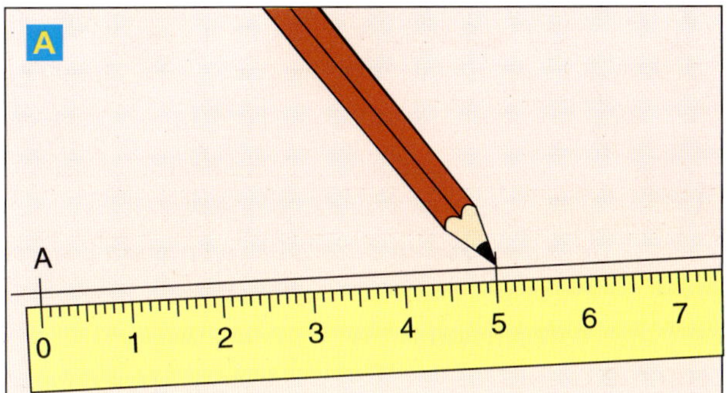

- Trace une droite.
- Place les points A et B distants de 50 mm.

B

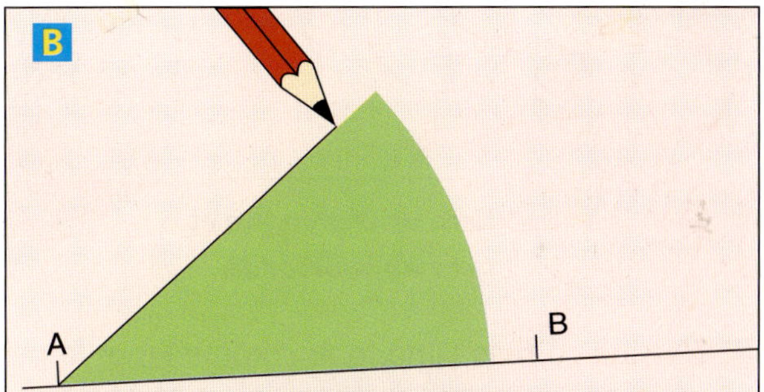

- Prends le gabarit de l'angle du sommet A, pose-le correctement sur le point A et trace la demi-droite support de [AC].

C

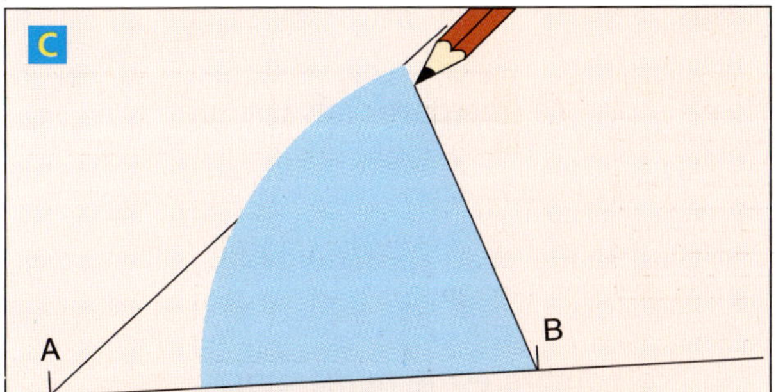

- Prends le gabarit de l'angle du sommet B, pose-le correctement sur le point B et trace la demi-droite support de [BC].

D

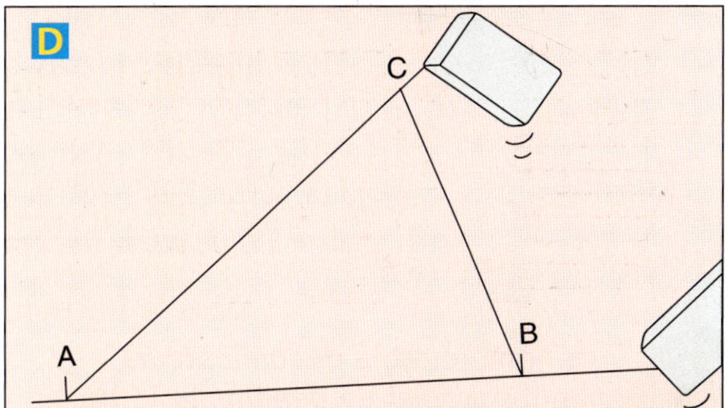

- Appelle C le point où les deux demi-droites se croisent. Tu peux gommer ce qui dépasse.

2 Construis les trois triangles suivants et assemble-les pour former un rectangle.

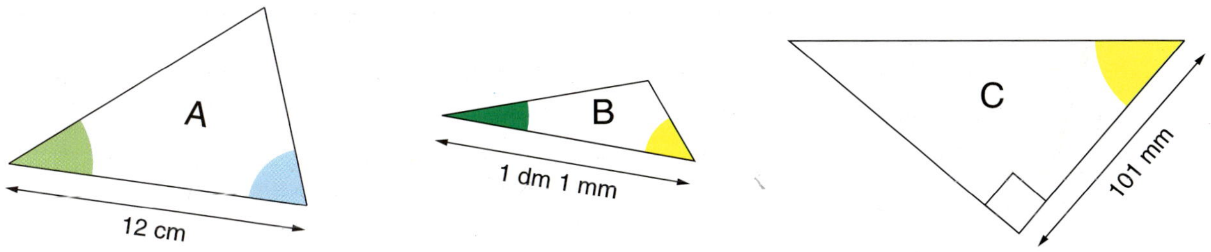

Je deviens performant

A **Problème**

5 pizzas de forme carrée sont partagées en parts égales entre 3 frères. *Quelle est la part de chacun ?*
Écris et calcule la division-fraction, puis dessine les pizzas, effectue le partage et colorie une part.

❶ et ❷ En mettant à la disposition des enfants divers procédés de construction d'un triangle, on enrichit leur conception de cette figure. Une source de difficulté est qu'il faut, pour le côté AC, tracer une demi-droite support de ce côté, c'est-à-dire « dépasser » avec le crayon le point C que l'on veut construire.

SÉQUENCE 61

« 2 divisé par 3 », c'est aussi « 2 tiers »

Calculs proposés oralement

Conversions jours ↔ semaines où tantôt on convertit en jours, tantôt en semaines avec n = 10, 20, 30... 60, 70 (voir p. 11).

Je découvre

1 **Fichier d'activités page 16**

2 **a** Observe comment Gino et Fino répondent à Mathilde.

b Dessine comme Gino, puis comme Fino, la part de pizza correspondant à $\frac{5}{6}$ (dessine des pizzas rectangulaires et partage-les comme ci-contre).

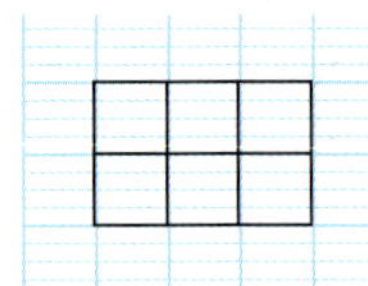

c Fais de même avec $\frac{2}{6}$, puis avec $\frac{5}{8}$.

J'ai appris

Il y a deux façons de représenter la part de pizza correspondant à $\frac{3}{4}$:

- soit je prends 3 pizzas, je partage chacune en quarts et je prends une part dans chaque ;
- soit je prends 1 seule pizza, je la partage en quarts et j'en prends 3 parts.

$\frac{5}{6}$ se lit « ***5 divisé par 6*** »; mais on peut le lire aussi « ***5 sixièmes*** ».

Dans la fraction $\frac{13}{8}$

ce nombre est le ***dénominateur***, il nous permet de ***dénommer*** la fraction (ici, ce sont des huitièmes) ;

ce nombre est le ***numérateur***, il nous indique le ***nombre*** de huitièmes (ici, il y en a 13).

3 **a** Écris sous forme de fraction : *cinq septièmes, deux tiers, un quart, neuf dixièmes, six centièmes.*

b Écris les fractions correspondant aux parties colorées.

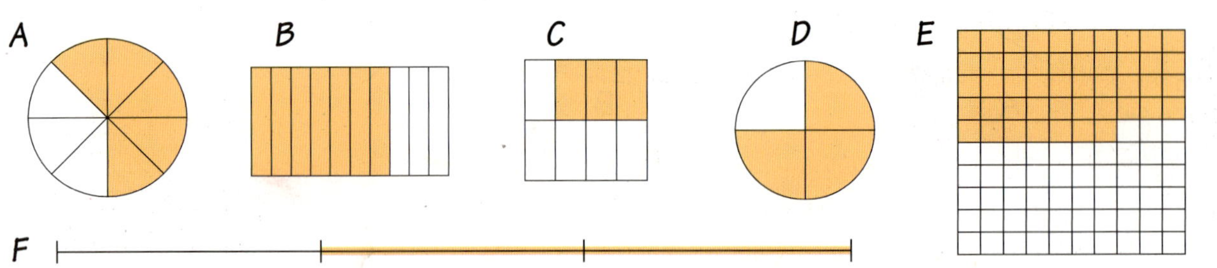

Je deviens performant

A **Fichier d'activités page 17**

❶ à ❸ On compare deux façons de déterminer la quantité correspondant à 2/3 (« 2 divisé par 3 ») : celle où l'on dispose de 2 pizzas et où l'on prélève 1 tiers sur chacune d'elles et celle où l'on prend les 2 tiers d'une seule pizza. On établit ainsi l'équivalence entre les deux significations et la possibilité de deux lectures d'une même fraction.

SÉQUENCE 62

Les parallélogrammes

Calculs proposés oralement

1. Soustractions (*idem* sq n° 23).

2. Divisions par 10, 25, 50, 100 et 250.

Je découvre

1

a Détache les 4 bandes bleues et les 4 bandes vertes qui se trouvent dans ton fichier d'activités et construis avec soin les matériels 1 et 2 en utilisant des attaches parisiennes.

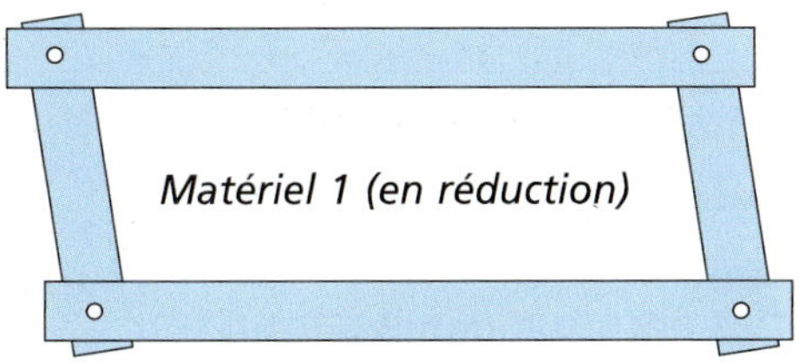

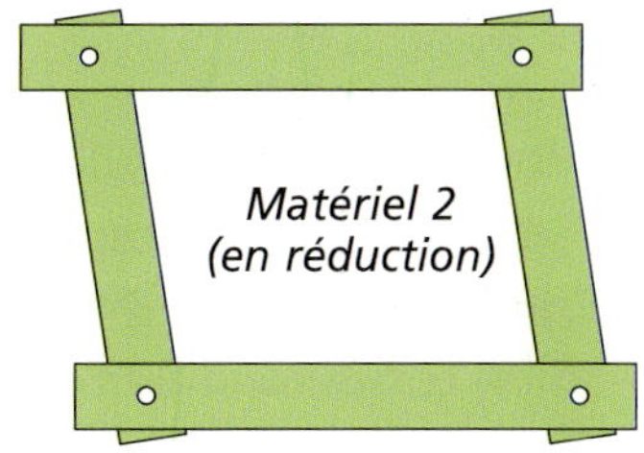

b Sur une grande feuille, trace 3 quadrilatères différents avec chaque matériel (trace à l'intérieur du matériel). Sur chacun de ces quadrilatères, vérifie que les côtés opposés sont parallèles et de même longueur : de tels quadrilatères s'appellent des parallélogrammes.

2

a *Parmi les quadrilatères ci-dessous, quels sont ceux qui n'ont que deux côtés opposés parallèles ?*

b *Quels sont les quadrilatères dont tous les côtés opposés sont parallèles ?*
Ces côtés opposés sont-ils de même longueur ?

c *Quels sont les parallélogrammes ?*

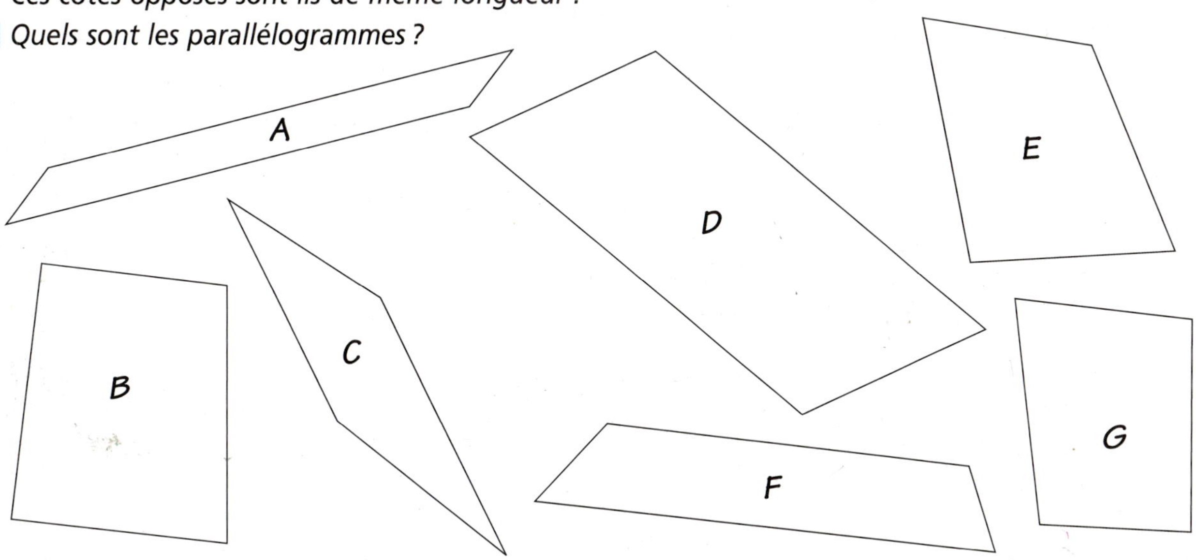

Je deviens performant

A Écris les fractions correspondant aux parties colorées.

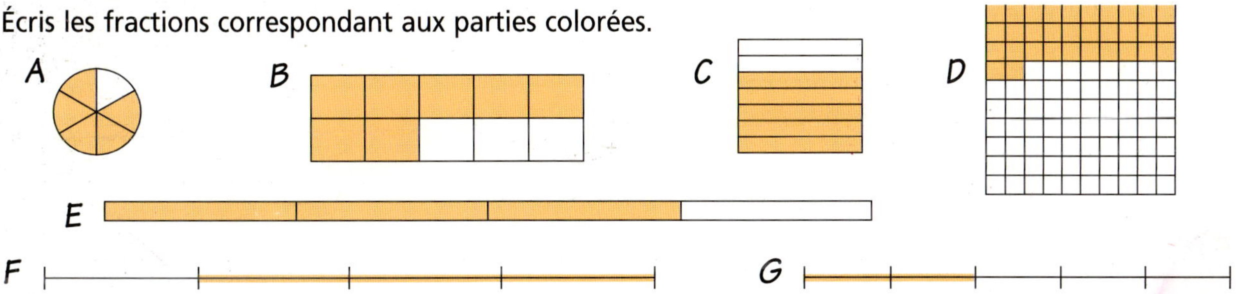

B Calcule ces divisions-fractions.

$\frac{41}{5}$ $\frac{1\,587}{250}$ $\frac{87\,194}{6}$ $\frac{103}{4}$ $\frac{6\,091}{100}$

➊ Usage d'un matériel dont les transformations n'affectent que les angles, mais non les deux autres propriétés des parallélogrammes : côtés opposés parallèles et de même longueur. Avec ce matériel en carton, le tracé des côtés ne sera pas toujours rectiligne. On invitera les élèves à imaginer les tracés avec un matériel plus rigide.

SÉQUENCE 63

Vers la construction de graphiques : les lignes graduées

Calculs proposés oralement

1. Soustractions (*idem* sq n° 23).

2. Divisions par 10, 25, 50, 100 et 250.

Je découvre

1 **Fichier d'activités pages 17 et 18**

2 **Fichier d'activités page 18**

J'ai appris

Quand je place un nombre sur une ligne graduée régulièrement :
- soit le nombre correspond à un point qui est déjà indiqué par un trait et je peux le placer avec précision,
- soit il correspond à un point qui n'est pas encore indiqué par un trait et je dois le placer approximativement en imaginant une graduation plus fine.

Exemple : pour placer 732, entre 700 et 800, si la graduation va de 10 en 10, j'imagine 10 petits intervalles entre 730 et 740.

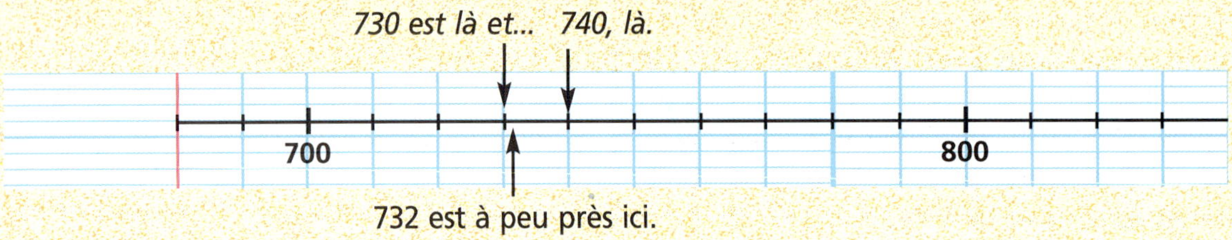

3 Le graphique ci-dessous permet de représenter le nombre d'habitants de divers villages.
Reproduis sur ton cahier cette ligne (10 carreaux = 100 habitants) :

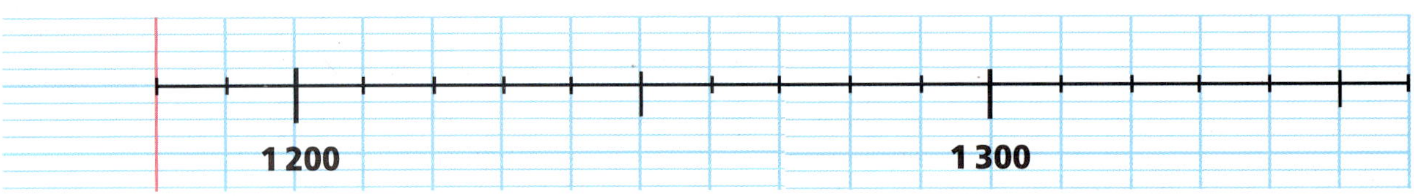

Place exactement les points correspondant au nombre d'habitants de ces villages :

Village A : 1 250 hab. *Village B* : 1 190 hab. *Village C* : 1 340 hab.

Place approximativement les points correspondant au nombre d'habitants de ces villages :

Village D : 1 205 hab. *Village E* : 1 282 hab. *Village F* : 1 353 hab.

Je deviens performant

A Écris sous forme de fractions : *trois quarts, un tiers, un quart, neuf dixièmes, trois centièmes.*

B Écris les fractions correspondant aux parties colorées.

A  *B* 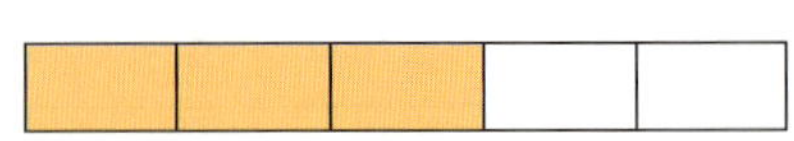 *C* 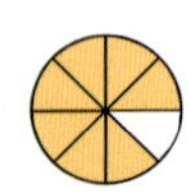

C **Jeu du très grand nombre mystérieux**

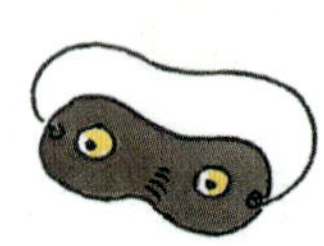

259 008	259 573	276 188
276 573	292 188	344 588

456 874 – 112 286

305 931 – 46 358

3 179 x 87 3 746 x 78 2 698 x 96

❶ à ❸ Le nombre correspondant à un point donné d'une droite graduée mesure sa distance à l'origine. La première situation abordée sur le fichier d'activités (lancer de javelot) aide à le comprendre. L'absence du repère 0 et le fait que le point considéré n'appartienne pas à la graduation sont des difficultés supplémentaires.

SÉQUENCE 64

Construire des parallélogrammes

Calculs proposés par écrit au tableau

1. Divisions par 2 de $n < 200$ (voir p. 11).

2. Divisions par 3, 4… dans des cas (ceux de la sq n° 55) où q = 10, 25, 50, 100…

Je découvre

1 *Tu vas apprendre à construire des parallélogrammes.*

a Avec les instructions ci-dessous, tu vas construire ce parallélogramme (représenté en réduction).

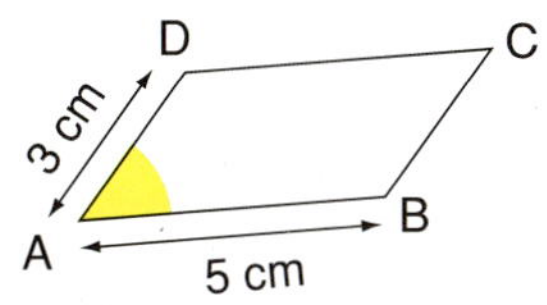

b Selon la même méthode, construis EFGH.

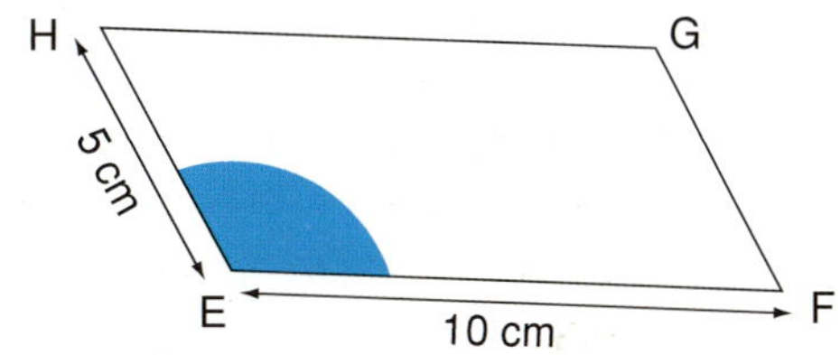

A

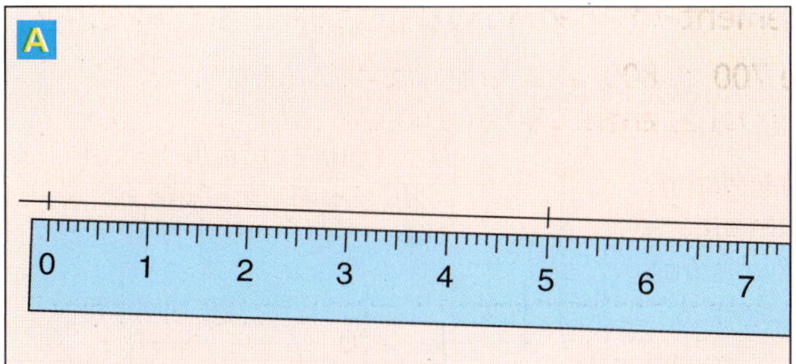

Trace le côté AB (longueur = 5 cm) et prolonge-le à droite de B.

B

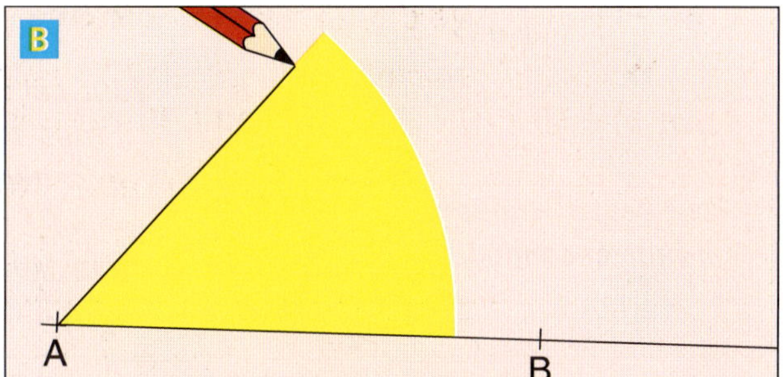

Pose ton gabarit d'angle jaune sur le point A et trace la demi-droite qui est support du côté AD.

C

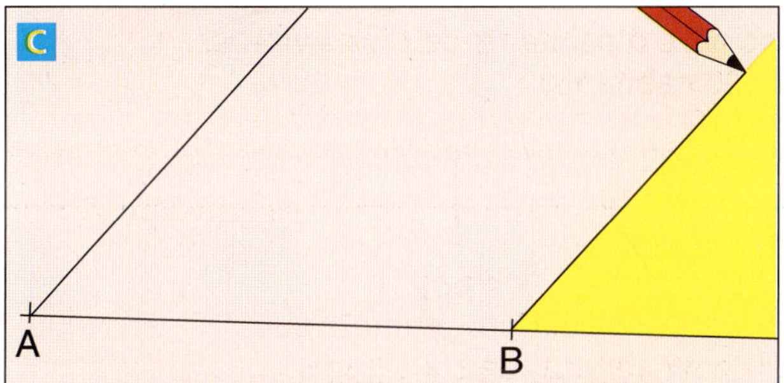

Pose ton gabarit d'angle jaune sur le point B et trace la demi-droite qui est support du côté BC.

D

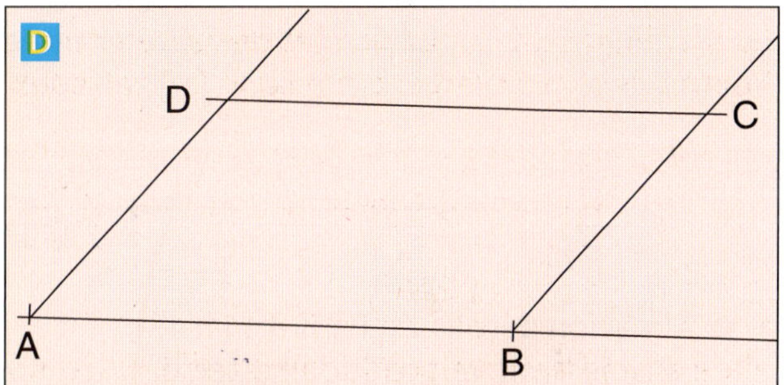

Place le point D à 3 cm de A.
Place le point C à 3 cm de B. Trace le côté DC.

Vérifie sur ton tracé que ce quadrilatère a bien ses côtés opposés parallèles et de même longueur.

Je deviens performant

A Écris les fractions correspondant aux parties colorées.

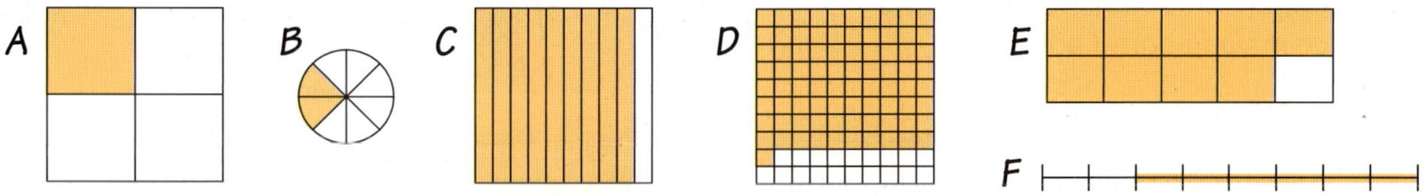

B **Jeu du très grand nombre mystérieux**

$1\,094\,975 + \frac{5}{8}$ | $1\,420\,861 + \frac{5}{8}$ | $1\,420\,861 + \frac{7}{8}$

$1\,475\,082 + \frac{3}{8}$ | $1\,480\,623 + \frac{5}{6}$ | $1\,484\,609 + \frac{2}{6}$

$\frac{8\,907\,656}{6}$ $\frac{11\,366\,893}{8}$ $\frac{11\,800\,659}{8}$ $\frac{8\,883\,743}{6}$ $\frac{8\,759\,805}{8}$

1 Les enfants sont invités à vérifier que la méthode qui leur est proposée aboutit bien à la construction de parallélogrammes en cherchant si les tracés obtenus respectent les propriétés déjà connues d'eux : côtés opposés parallèles et de même longueur.

SÉQUENCE
65

ARP Atelier de résolution de problèmes

Calculs proposés oralement
Conversions jours ↔ semaines où tantôt on convertit en jours, tantôt en semaines avec n = 10, 20, 30... 60, 70 (voir p. 11).

1

Problème : Une usine d'automobiles doit livrer 51 voitures à un garagiste.
Le transport se fera par camions. Chaque camion ne peut transporter que 8 voitures.

Combien de camions faut-il pour cette livraison ?

Voici les solutions de Sébastien, Mélanie et Cécile.

Sébastien	Mélanie	Cécile
51 : 8 ? q = 6, r = 3 car 51 = (8 x 6) + 3 Pour cette livraison, il faut 6 camions.	51 : 8 ? q = 6, r = 3 car 51 = (8 x 6) + 3 Pour cette livraison, il faut 7 camions : 6 camions pleins et 1 camion pour les 3 voitures qui restent.	$\frac{51}{8} = 6 + \frac{3}{8}$ Pour cette livraison, il faut 6 camions et $\frac{3}{8}$.

Quelle(s) solution(s) conviennent ? Pourquoi la ou les autres ne conviennent-elles pas ?

2

Problèmes

1 ▶ Un avion décolle de Paris à 11 h 47 et vole droit vers le Sud. Il atterrit à Abidjan, en Côte-d'Ivoire, à 17 h 26.
Combien de temps a duré ce voyage ?

2 ▶ Un médecin dit à un malade : « Il faut prendre 6 comprimés par jour de Remédiol pendant 30 jours. » Dans une boîte de Remédiol, il y a 28 comprimés.
Combien de boîtes de Remédiol ce malade doit-il acheter ?

3 ▶ Un satellite parcourt 51 648 km pour faire le tour de la Terre. En un jour, il fait 17 fois le tour de la Terre.
Combien de km parcourt-il en 1 jour ?
Combien de km parcourt-il en 1 semaine ?

4 ▶ Un club de tir à l'arc achète 4 arcs identiques au prix total de 277 €.
Quel est le prix d'un de ces arcs ?

5 ▶ **Construction géométrique**
Réalise les trois figures suivantes. Découpe-les soigneusement et assemble-les pour obtenir un triangle.

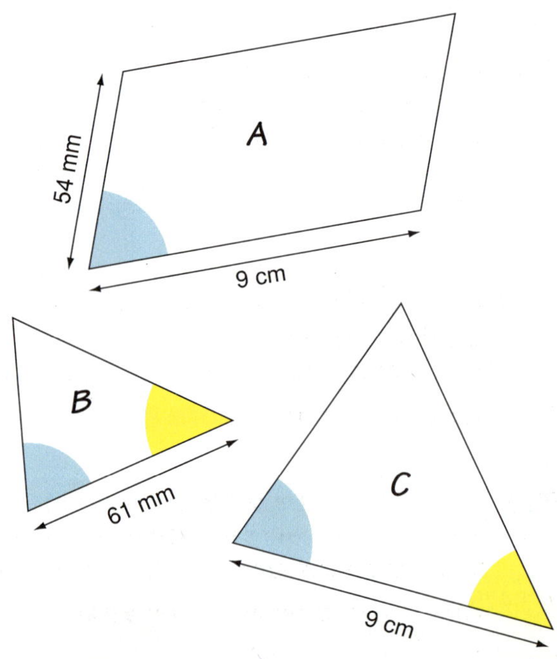

❶ Évaluer 3 résolutions d'un même problème. L'explication des erreurs est une tâche difficile. Elle peut être traitée collectivement, par ex. : « *Cette solution conviendrait si le problème était... mais ce n'est pas le problème posé.* »

❷ Résolutions de problèmes variés.

SÉQUENCE
66
ARP Atelier de résolution de problèmes

Calculs proposés oralement
1. Soustractions (*idem* sq n° 23).
2. Divisions par 10, 25, 50, 100 et 250.

1

Voici les longueurs de 6 avions.
Entre parenthèses, on a noté le nom du fabricant et l'endroit où chacun est (fut) fabriqué.

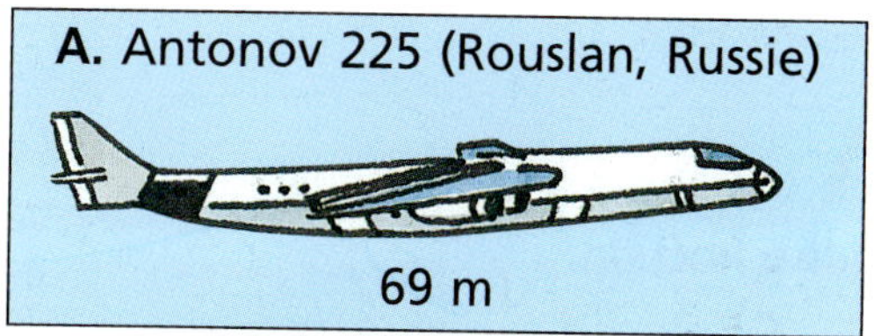

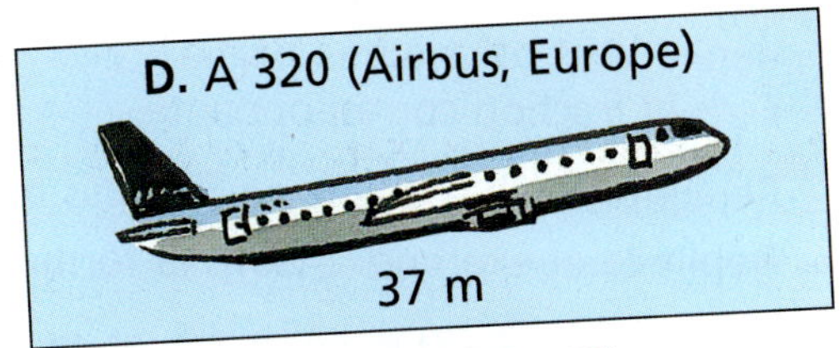

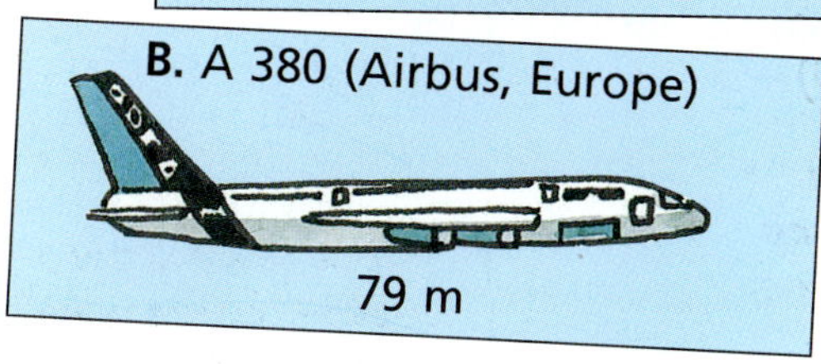

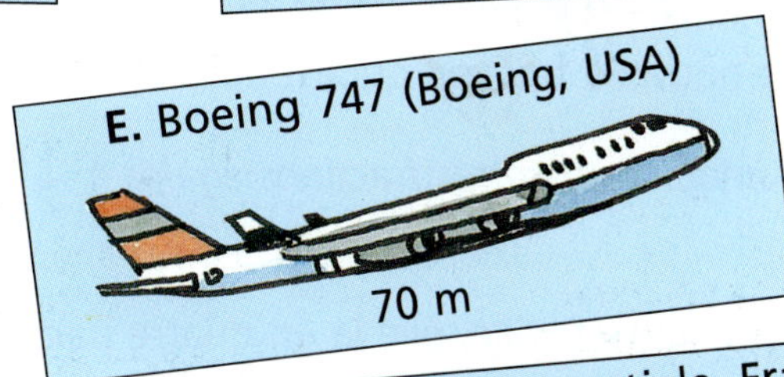

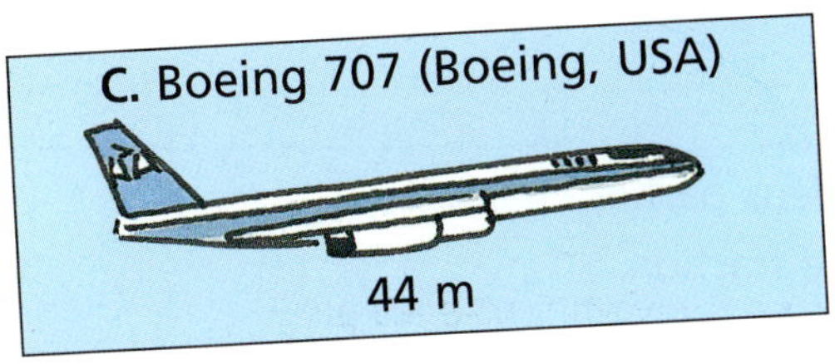

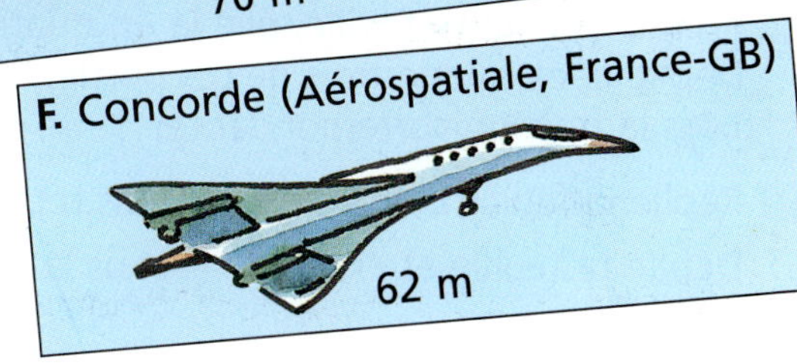

Reproduis la ligne graduée ci-dessous (20 carreaux = 100 m).
Places-y les longueurs de ces avions (utilise les lettres qui les désignent sur les fiches).

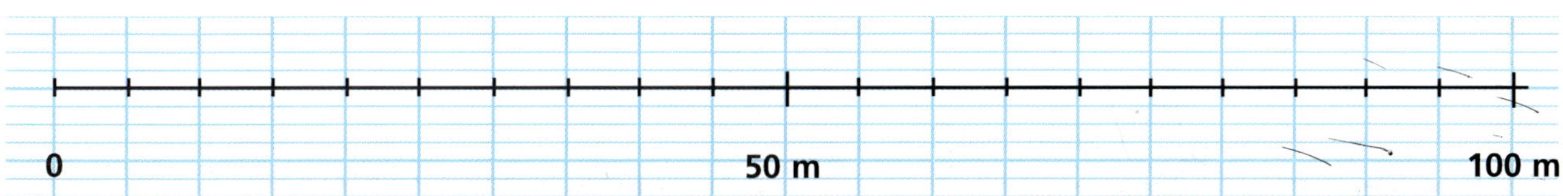

2

Problèmes

1 ▶ On veut stocker 376 l de lait dans des bidons de 10 l, en utilisant le moins possible de bidons.

Combien de bidons va-t-on utiliser ?

2 ▶ Le 1er janvier, Madame Robert regarde le compteur kilométrique de sa voiture. Il indique 187 607 km. Un an plus tard, il indique 200 013 km.

Combien de km a-t-elle parcourus ?

3 ▶ Un architecte anglais imagine une tour de 100 étages qui sera haute de 950 pieds. Tous les étages auront la même hauteur.

Quelle sera la hauteur d'un étage ?

4 ▶ Dans ces deux opérations, des chiffres ont disparu. Recopie les opérations et retrouve les chiffres manquants.

```
    7 . . 4 . 1
+   . 5 8 . 3 9
  -------------
  1 0 3 9 1 9 0
```

```
        . 0 .
  x       . 9
  -----------
      2 7 . 3
    . . . 9 0
  -----------
    . . . . 3
```

5 ▶ Combien de tenues différentes sont possibles si on dispose :

1°) d'un T-shirt vert, d'un bleu, d'un rouge;
2°) d'un pantalon et d'un short;
3°) d'une paire de baskets et d'une paire d'espadrilles ?

SÉQUENCE 67

Comparer des fractions inférieures à l'unité (1)

Calculs proposés par écrit au tableau
Divisions par 30 de nombres inférieurs à 360 ($q \leq 12$). Quand $q < 10$, usage des divisions élémentaires par 3 (voir p. 11).

Je découvre

1 Prends une feuille et réalise les pliages suivants.

a Plie la feuille en deux parties égales, déplie-la et colorie une partie. Écris la fraction correspondante.

b Replie ta feuille comme en **a**, puis replie-la encore en deux parties égales. Déplie-la et exprime $\frac{1}{2}$ sous la forme d'une autre fraction.

c Replie ta feuille comme en **b**, et replie-la encore en deux parties égales. Écris une nouvelle fraction qui est aussi égale à $\frac{1}{2}$.

d *Peux-tu imaginer d'autres fractions égales à $\frac{1}{2}$?*

2 **a** Prends une autre feuille, plie-la en quatre parties égales. Déplie-la et colorie trois de ces parties. Écris la fraction correspondante.

b Replie la feuille comme en **a**, puis replie-la encore en deux parties égales. Déplie ta feuille et exprime $\frac{3}{4}$ sous la forme d'une autre fraction.

c *Peux-tu imaginer d'autres fractions égales à $\frac{3}{4}$?*

3 On a partagé ces carrés en 4. *Que représente la partie colorée ?*

Imagine qu'on partage ce carré en 8.

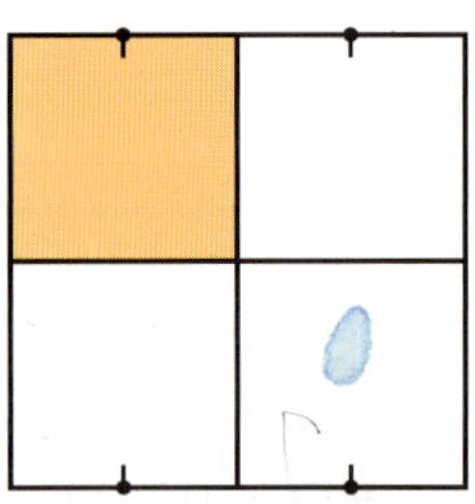

$\frac{1}{4} = ?$

Imagine cet autre partage.

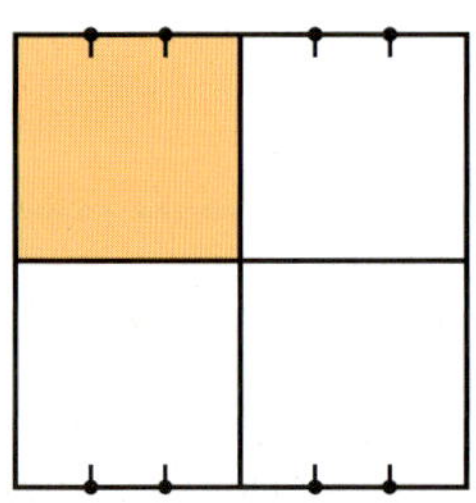

$\frac{1}{4} = ?$

Imagine celui-ci.

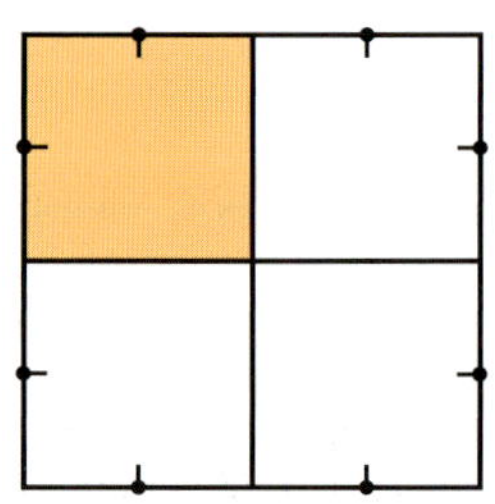

$\frac{1}{4} = ?$

Imagine celui-là.

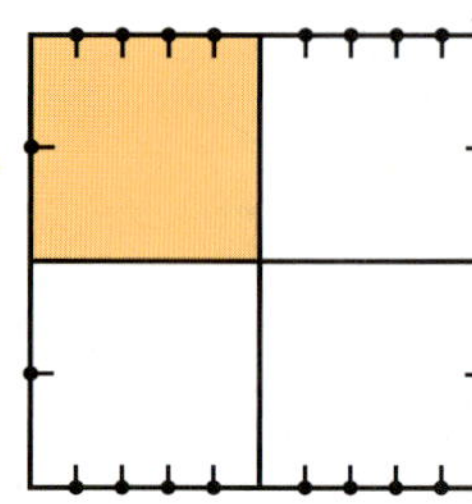

$\frac{1}{4} = ?$

4 On a partagé ces carrés en 10.
Vérifie que la fraction écrite correspond à la partie colorée.
Pour chaque carré, imagine le nouveau partage et complète l'égalité.

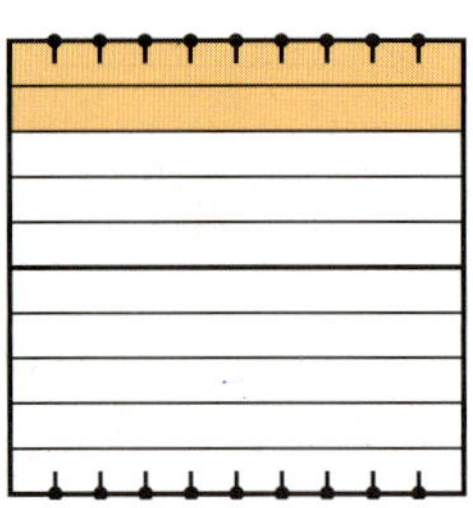

$\frac{2}{10} = ?$

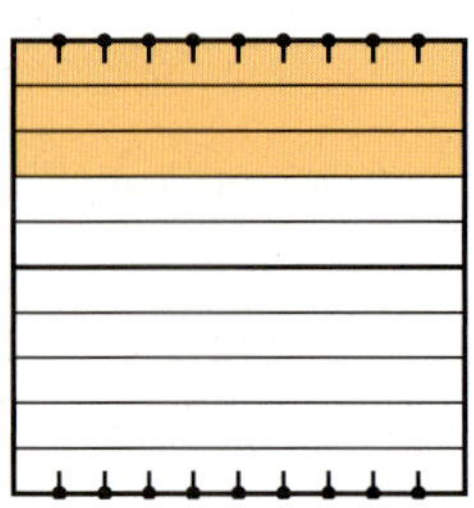

$\frac{3}{10} = ?$

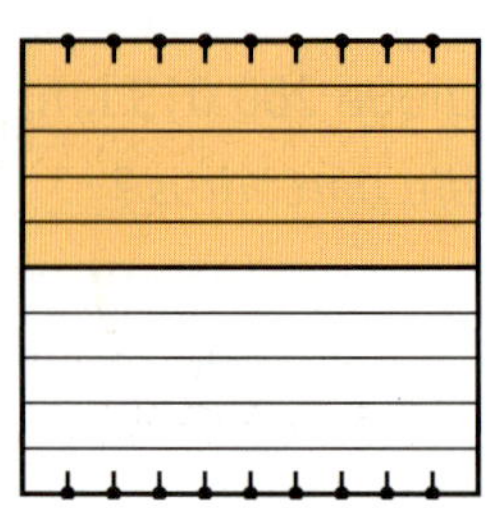

$\frac{5}{10} = ?$

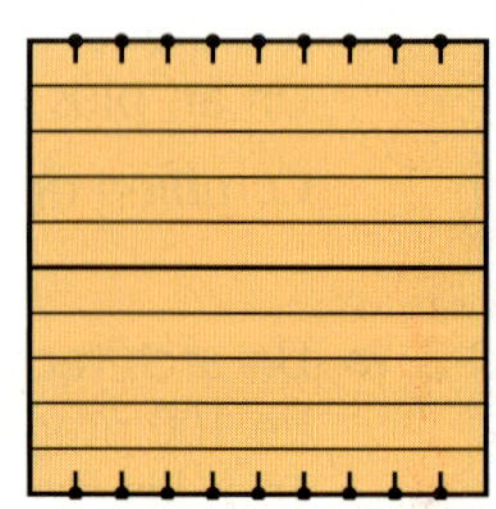

$\frac{10}{10} = ?$

1 à 4 La situation de pliages successifs où une même partie colorée de 1/2 s'exprime ensuite sous les formes 2/4, 4/8, etc. permet d'établir que des écritures fractionnaires qui utilisent des chiffres différents peuvent être égales. En 3 et 4, le fait d'imaginer les traits verticaux qui sont amorcés aide à produire la nouvelle écriture.

5 Pour comparer $\frac{3}{10}$ et $\frac{27}{100}$, Mathieu imagine ces fractions sur deux quadrillages. Vérifie-les.

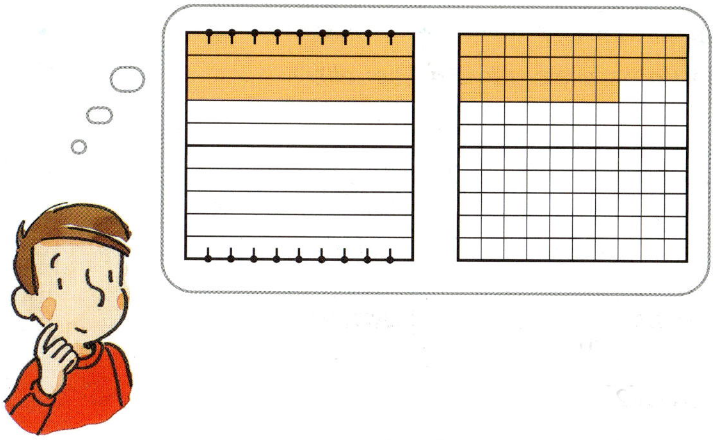

En t'aidant des deux quadrillages, compare les fractions ci-dessous.

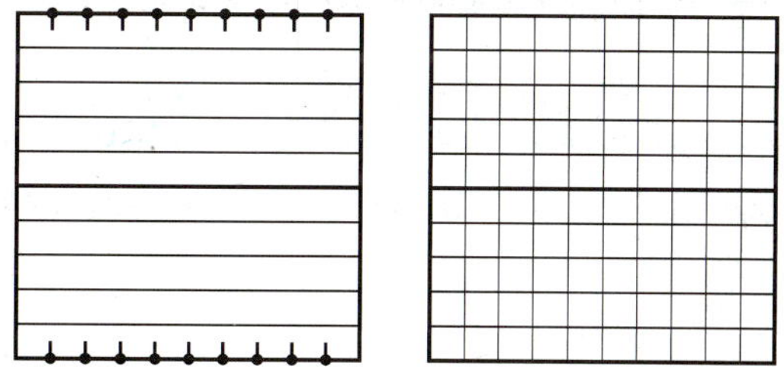

$\frac{8}{10}$ … $\frac{69}{100}$

$\frac{5}{10}$ … $\frac{50}{100}$

$\frac{4}{10}$ … $\frac{37}{100}$

$\frac{6}{10}$ … $\frac{61}{100}$

6 Pour comparer $\frac{1}{2}$ et $\frac{4}{10}$, Mathieu imagine ces fractions sur deux quadrillages. Vérifie-les.

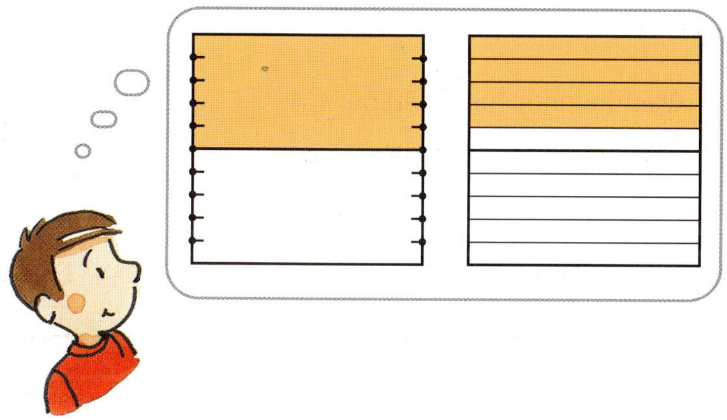

Compare les fractions ci-dessous.

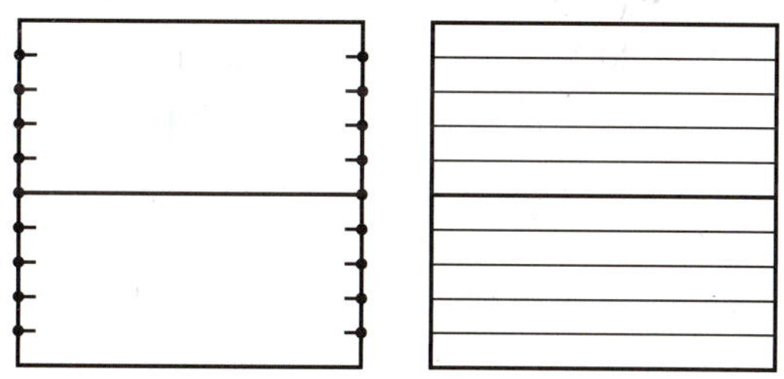

$\frac{1}{2}$ … $\frac{3}{10}$

$\frac{1}{2}$ … $\frac{5}{10}$

$\frac{1}{2}$ … $\frac{8}{10}$

$\frac{1}{2}$ … $\frac{1}{10}$

7 Pour comparer $\frac{1}{2}$ et $\frac{46}{100}$, Mathieu imagine ces fractions sur deux quadrillages. Vérifie-les.

Compare les fractions ci-dessous.

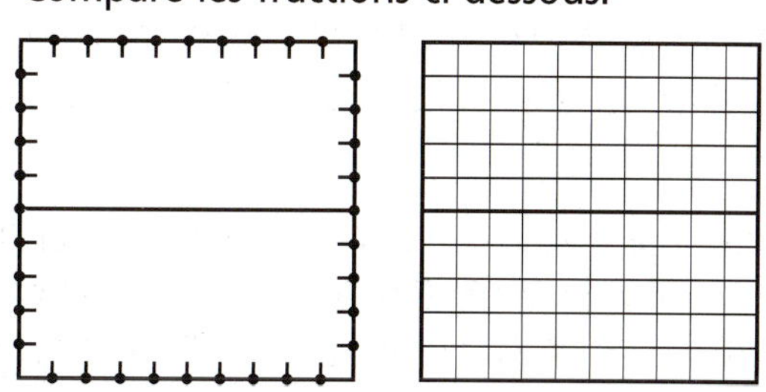

$\frac{1}{2}$ … $\frac{35}{100}$

$\frac{1}{2}$ … $\frac{53}{100}$

$\frac{1}{2}$ … $\frac{10}{100}$

$\frac{1}{2}$ … $\frac{50}{100}$

$\frac{1}{2}$ … $\frac{1}{100}$

5 à **7** On s'appuie sur trois équivalences privilégiées (1/10 = 10/100 ; 1/2 = 5/10 et 1/2 = 50/100) pour comparer des fractions de dénominateurs différents. Les élèves sont incités à imaginer les parties colorées (correspondant aux fractions à comparer) sur deux quadrillages. À terme, on vise la mémorisation de ces équivalences (sq n° 70).

SÉQUENCE 68

Un parallélogramme particulier : le losange

Calculs proposés par écrit au tableau
Divisions par 40 de nombres inférieurs à 480 ($q \leq 12$). Quand $q < 10$, usage des divisions élémentaires par 4 (voir p. 11).

Je découvre

1

a Parmi toutes ces figures, une seule n'est pas un parallélogramme. *Laquelle ?*

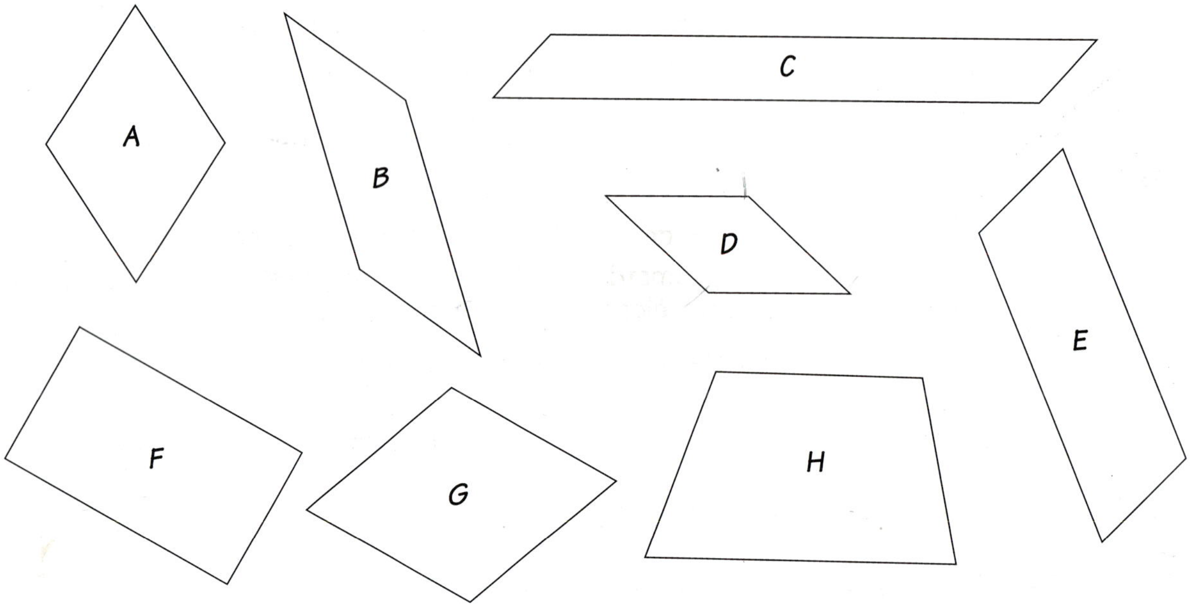

b Fais la liste des parallélogrammes qui ont 2 côtés de longueur différente.

c Fais la liste des parallélogrammes qui ont 4 côtés de même longueur.
Sais-tu comment s'appellent ces figures ?

J'ai appris Le losange est un parallélogramme particulier : c'est un parallélogramme qui a ses 4 côtés de même longueur.

2 Construis un losange ABCD dont les côtés mesurent 12 cm et qui a l'angle jaune de ton matériel individuel.

Je deviens performant

A Compare ces fractions en utilisant les signes >, < ou =.

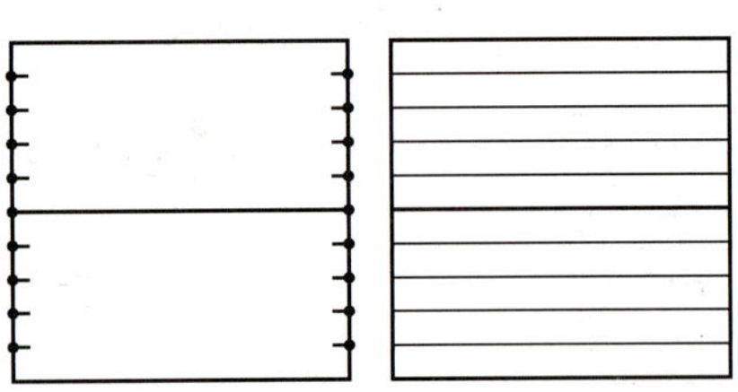

$\frac{1}{2}$ ... $\frac{4}{10}$

$\frac{1}{2}$ ... $\frac{7}{10}$

$\frac{1}{2}$ ... $\frac{2}{10}$

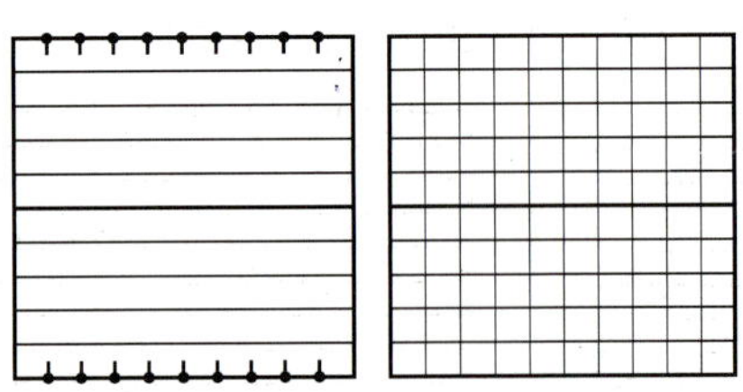

$\frac{3}{10}$ ... $\frac{24}{100}$

$\frac{9}{10}$ ... $\frac{87}{100}$

$\frac{5}{10}$ ... $\frac{50}{100}$

B Calcule.

203 : 4 ?

3 605 008 : 7 ?

118 : 2 ?

437 : 81 ?

61 : 8 ?

312 : 30 ?

❶ et ❷ Dans le langage quotidien, on dit souvent d'une figure qu'elle n'est pas un parallélogramme parce qu'il s'agit d'un losange. En géométrie, les losanges, ayant toutes les propriétés des parallélogrammes, doivent être considérés comme des parallélogrammes particuliers. On en déduit un mode de construction des

SÉQUENCE 69

Un parallélogramme particulier : le rectangle

Calculs proposés par écrit au tableau
Divisions par 50 de nombres inférieurs à 600 ($q \leq 12$). Quand $q < 10$, usage des divisions élémentaires par 5 (voir p. 10).

Je découvre

1 Trace ce triangle et ce parallélogramme.

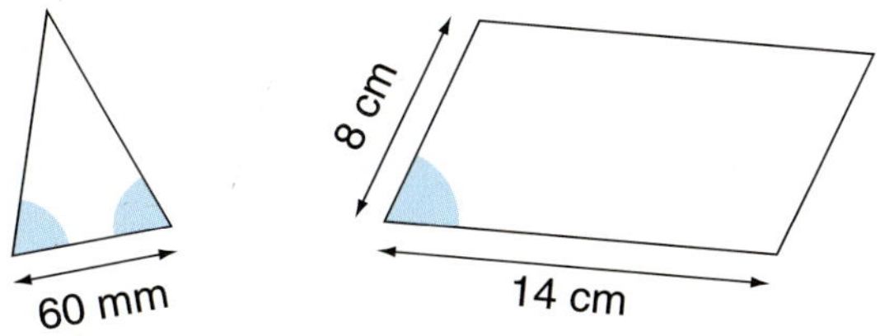

Que deviennent ces deux figures si on garde les même longueurs pour les côtés et si on remplace l'angle bleu clair par l'angle droit ?

Trace les figures correspondantes.

J'ai appris

Un rectangle se construit de la même façon qu'un parallélogramme.
C'est pour cela qu'en géométrie, on dit que le rectangle est un parallélogramme particulier : c'est un parallélogramme dont les angles sont droits.

Pour tracer un rectangle, je peux poser mon équerre…

… comme ceci : 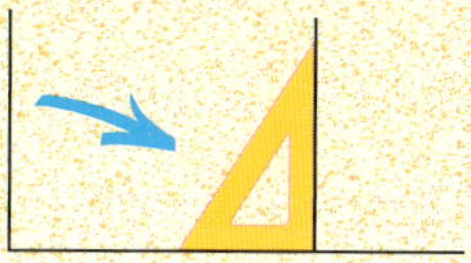 … ou comme cela : 

2 Trace un rectangle de longueur 12 cm et de largeur 7 cm.

3 **Jeu du portrait**

- *Je suis un parallélogramme.*
- *J'ai deux côtés opposés qui mesurent 32 mm.*

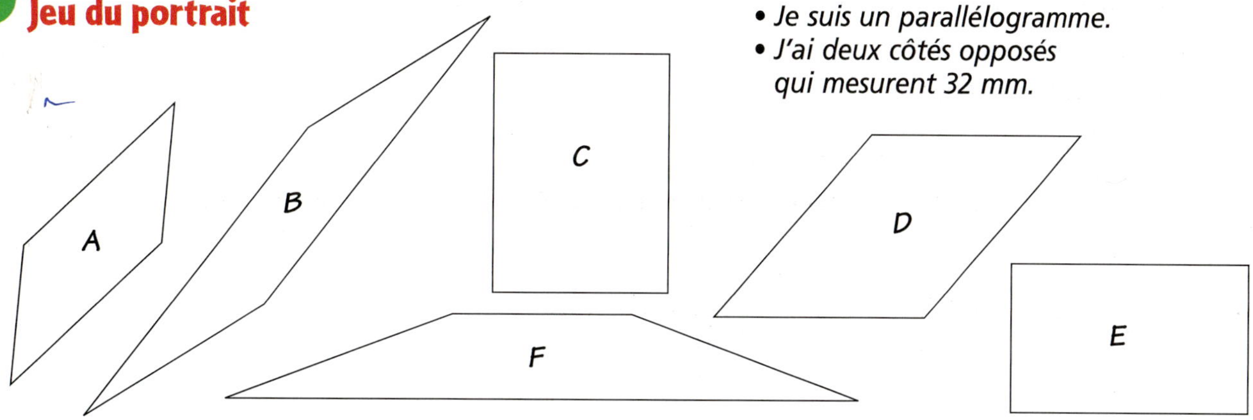

Je deviens performant

A Compare ces fractions en utilisant les signes >, < ou =.

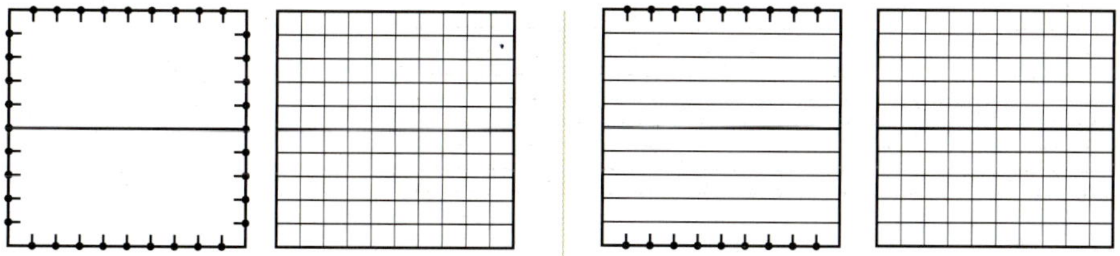

$\frac{1}{2}$ … $\frac{45}{100}$

$\frac{1}{2}$ … $\frac{63}{100}$

$\frac{1}{2}$ … $\frac{30}{100}$

$\frac{6}{10}$ … $\frac{38}{100}$

$\frac{2}{10}$ … $\frac{82}{100}$

$\frac{7}{10}$ … $\frac{1}{100}$

B Calcule.

1 073 627 : 8 ?

1 612 : 250 ?

58 : 9 ?

306 : 40 ?

231 : 25 ?

189 : 2 ?

❶ à ❸ Dans le langage quotidien, il est fréquent de dire d'une figure qu'elle n'est pas un parallélogramme parce qu'il s'agit d'un rectangle. En géométrie, les rectangles, ayant toutes les propriétés des parallélogrammes, doivent être considérés comme des parallélogrammes particuliers (c'est le cas dans le *Jeu du portrait*).

SÉQUENCE

70 Comparer des fractions inférieures à l'unité (2)

Calculs proposés par écrit au tableau

Divisions par 60 de nombres inférieurs à 720 ($q \leq 12$). Quand $q < 10$, usage des divisions élémentaires par 6 (voir p. 11).

Je découvre

1 **Fichier d'activités page 18**

J'ai appris

- Pour comparer $\frac{3}{4}$ et $\frac{82}{100}$, il faut savoir que $\frac{3}{4}$ c'est $\frac{75}{100}$.
- Pour comparer $\frac{1}{2}$ et $\frac{4}{10}$, il faut savoir que...

Voici les principales équivalences qu'il faut connaître :

Connaître $\frac{1}{2}$.

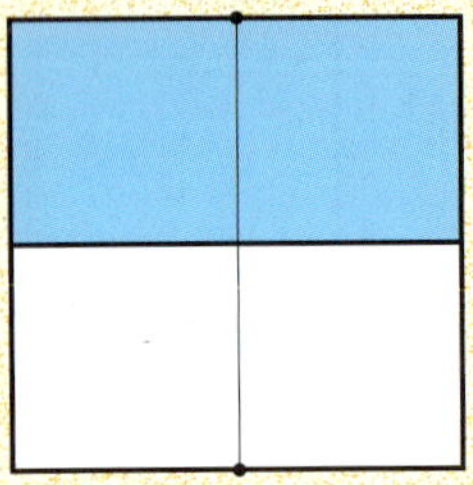

$\frac{1}{2} = \frac{2}{4}$

$\frac{1}{2} = \frac{5}{10}$

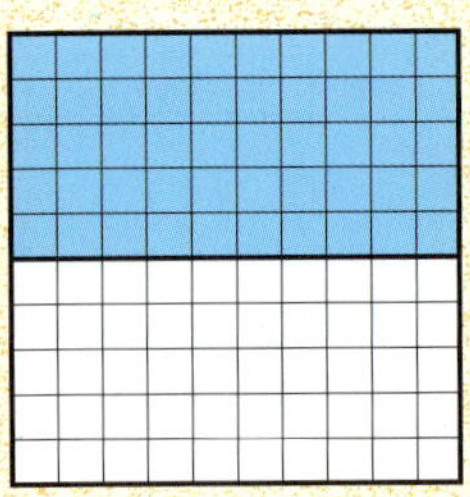

$\frac{1}{2} = \frac{50}{100}$

Connaître $\frac{1}{4}$ et $\frac{3}{4}$.

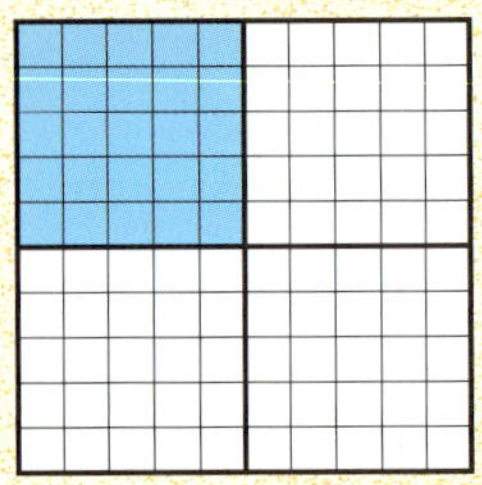

$\frac{1}{4} = \frac{25}{100}$

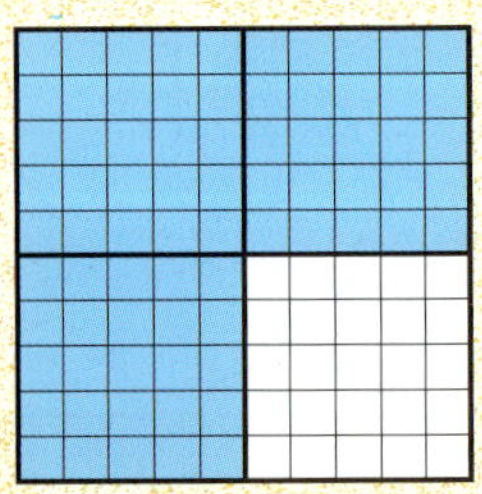

$\frac{3}{4} = \frac{75}{100}$

Connaître les dixièmes.

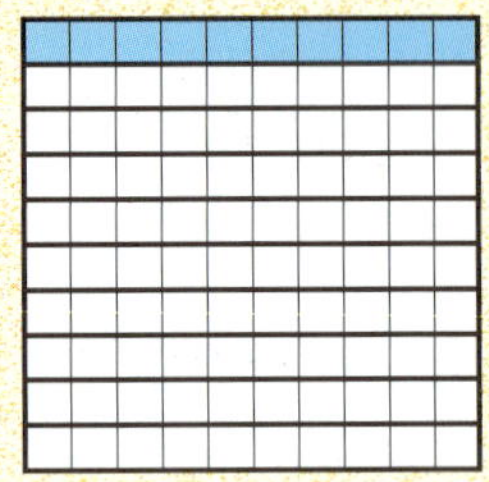

$\frac{1}{10} = \frac{10}{100}$

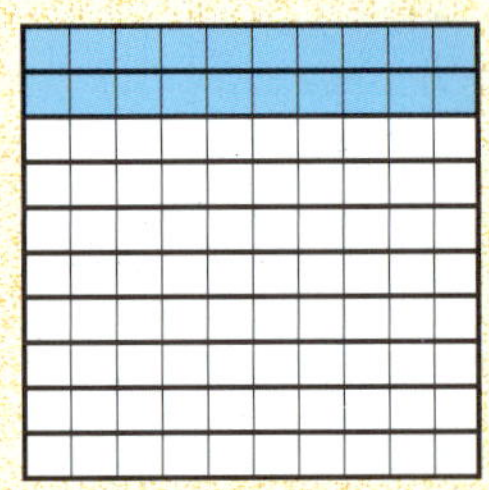

$\frac{2}{10} = \frac{20}{100}$

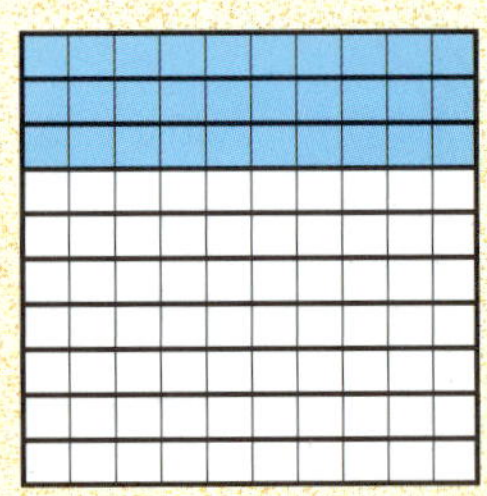

$\frac{3}{10} = \frac{30}{100}$, etc.

2 Aide-toi de ces équivalences pour comparer ces fractions (utilise les signes >, < ou =).

$\frac{3}{10}$ ... $\frac{24}{100}$ $\quad$ $\frac{60}{100}$ ... $\frac{1}{2}$ $\quad$ $\frac{4}{10}$ ... $\frac{1}{2}$ $\quad$ $\frac{7}{10}$ ... $\frac{69}{100}$ $\quad$ $\frac{5}{10}$ ... $\frac{1}{2}$

$\frac{68}{100}$ ... $\frac{3}{4}$ $\quad$ $\frac{1}{10}$ ... $\frac{8}{100}$ $\quad$ $\frac{96}{100}$ ... 1 $\quad$ $\frac{3}{4}$ ... $\frac{75}{100}$ $\quad$ $\frac{1}{100}$ ... $\frac{1}{4}$

1 et **2** Les élèves construisent deux nouvelles équivalences privilégiées : 1/4 = 25/100 et 3/4 = 75/100. En 2, à l'aide d'un tableau récapitulatif des équivalences privilégiées abordées jusqu'ici, les enfants doivent comparer des fractions diverses. On les incite à mémoriser les équivalences privilégiées.

A Jeu du très grand nombre mystérieux

$1\ 254\ 687 + \frac{3}{9}$ | $1\ 280\ 679 + \frac{4}{7}$ | $1\ 302\ 608 + \frac{5}{7}$

1 410 445 | $1\ 411\ 445 + \frac{1}{9}$ | 1 411 446

$\frac{9\ 118\ 261}{7}$ $\frac{9\ 873\ 115}{7}$

$\frac{8\ 964\ 757}{7}$ $\frac{11\ 292\ 186}{9}$

$\frac{12\ 703\ 006}{9}$

B Jeu du portrait

- *Je suis un parallélogramme.*
- *Deux de mes côtés mesurent 52 mm.*

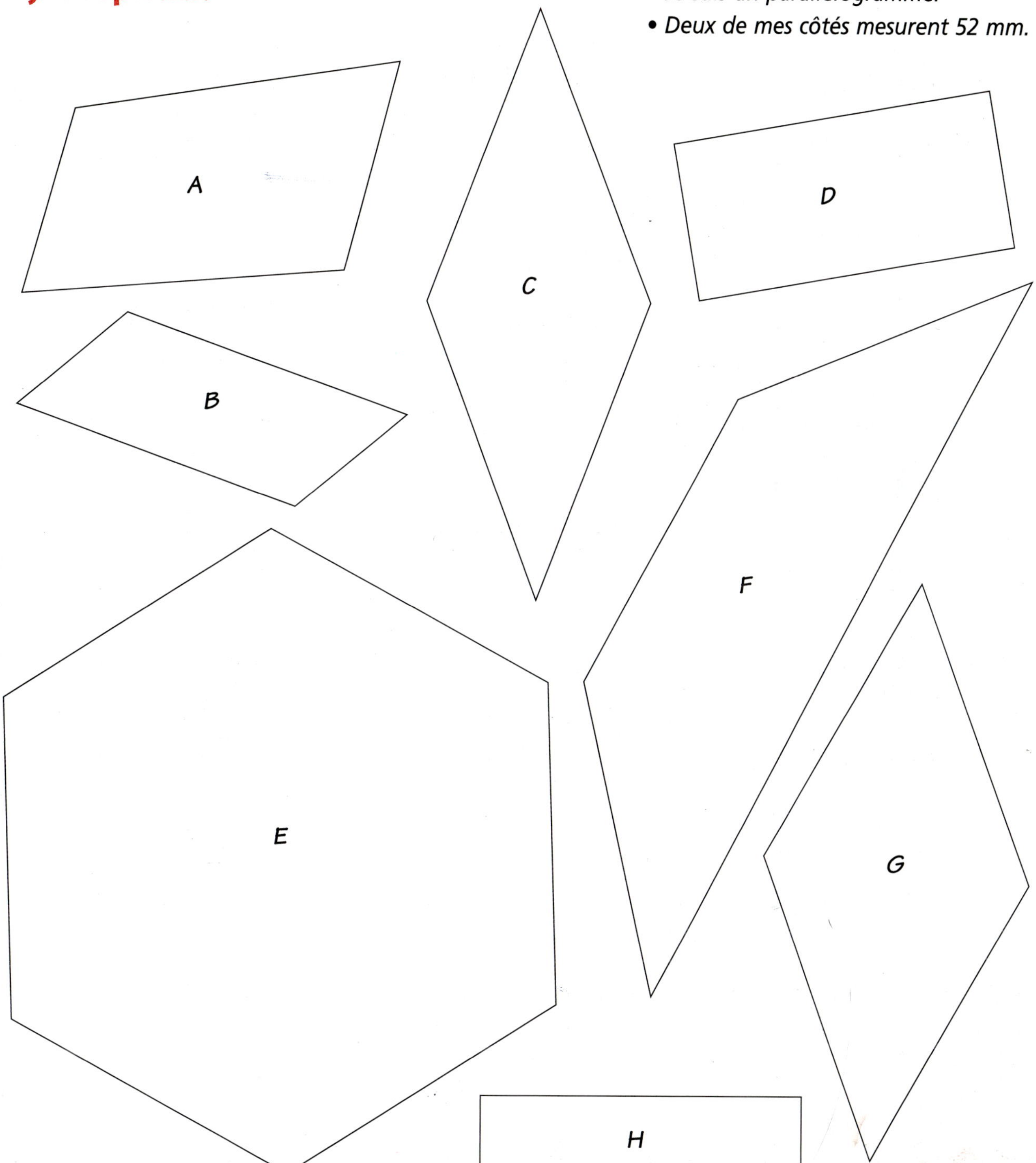

« Cent trente-cinq quarts », c'est aussi « 135 divisé par 4 »

Calculs proposés par écrit au tableau
Divisions par 70 de nombres inférieurs à 840 ($q \leq 12$). Quand $q < 10$, usage des divisions élémentaires par 7 (voir p. 11).

Je découvre

1 Gino et Fino dessinent et calculent *onze quarts*.

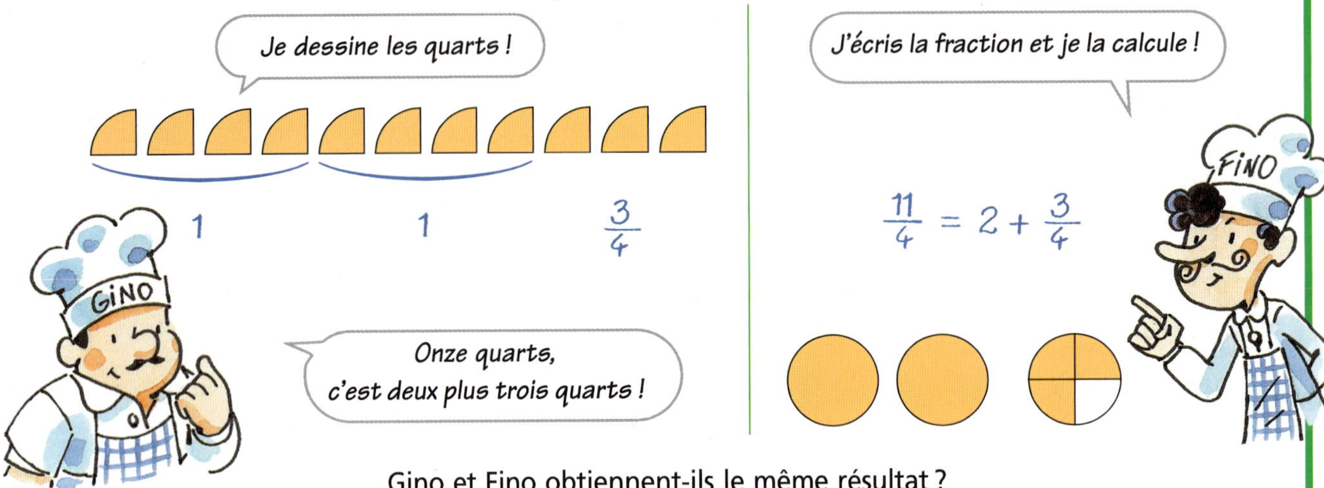

Gino et Fino obtiennent-ils le même résultat ?

2 Montre comment s'y prendraient Gino et Fino pour *vingt-trois quarts*.

3 Gino a commencé à dessiner *cent cinquante-cinq tiers*.

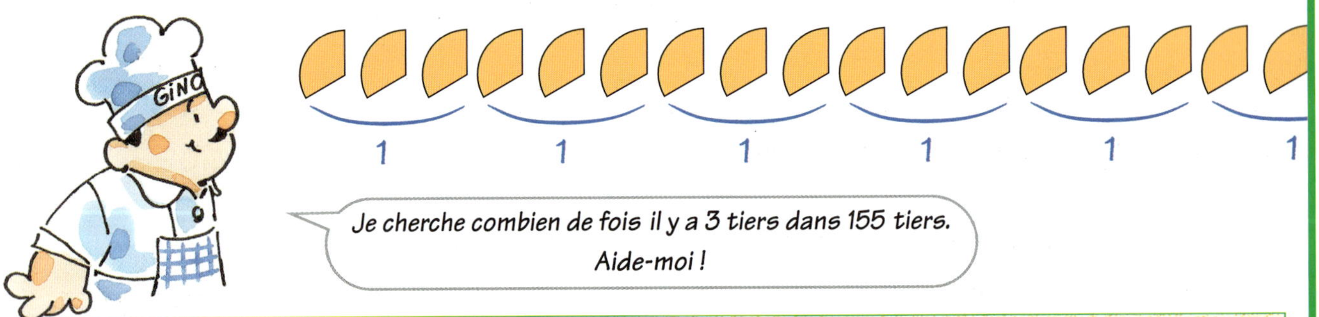

J'ai appris

Pour calculer *trois cent vingt-huit sixièmes*,
Gino cherche combien de fois il y a 6 dans 328.
Il fait la même division que Fino : $\frac{328}{6}$.

4 Calcule comme Fino :

- *cent quarante-huit tiers*
- *treize tiers*
- *huit cent cinquante-quatre dixièmes*
- *quatre cent trente-huit centièmes*
- *cent six dixièmes*
- *sept mille deux cent quarante-trois sixièmes*
- *quatre quarts*
- *trois demis*

5 **Problèmes**

1 ▶ Un restaurateur commande 68 quarts de tarte à un pâtissier.
Combien de tartes celui-ci doit-il fabriquer ?

2 ▶ On a vidé une bonbonne de jus de fruit en remplissant 21 pichets contenant $\frac{1}{3}$ de litre chacun.
Quelle quantité de jus de fruit cette bonbonne contenait-elle ?

❶ à ❹ L'équivalence des deux sens d'une fraction est étendue ici aux cas des fractions > 1 : « onze quarts », c'est aussi « 11 divisé par 4 ». Les fractions sont proposées sous forme littérale (cent cinquante-cinq tiers, par ex. et non 155/3). Sinon, les enfants iraient directement à la division sans se préoccuper de l'équivalence des deux sens.

SÉQUENCE 72

Fractions inférieures, égales ou supérieures à 1

Calculs proposés par écrit au tableau
Divisions par 80 de nombres inférieurs à 960 ($q \leq 12$). Quand $q < 10$, usage des divisions élémentaires par 8 (voir p. 10).

Je découvre

1 Fino veut savoir pour quelles commandes il a besoin de plus d'une pizza.
Aide-le en écrivant les fractions suivantes dans un tableau.

- Mme Lefloc'h — deux tiers
- Mme Anton — cinq quarts
- M. De Carvalho — treize dixièmes
- Mme Caron — neuf demis
- Mme Lafaurie — sept dixièmes
- M. Jamétal — trois quarts
- Mme Picard — cent vingt-quatre centièmes
- M. Vatinet — deux demis
- Mme Alberti — quatre quarts
- M. Vermeulen — quatre-vingt-cinq centièmes
- Mme Calero — dix dixièmes
- M. Dubuisson — trois demis
- M. Brinkane — cent centièmes

Fractions < 1	Fractions = 1	Fractions > 1
$\frac{2}{3}$, ...	....	....

Essaie d'énoncer une règle qui permet de savoir si une fraction est plus petite que 1, égale à 1 ou plus grande que 1.

2 Fais un nouveau tableau et écris chaque fraction dans la colonne qui convient :

- trois tiers
- onze dixièmes
- cinq tiers
- cinq cinquièmes
- cinq huitièmes
- deux cent cinquante-sept centièmes
- neuf cents millièmes
- vingt-sept neuvièmes
- quatre-vingt-dix-huit centièmes
- six sixièmes
- seize vingtièmes
- deux dixièmes

Je deviens performant

A Imagine les quadrillages et compare ces fractions (utilise les signes >, < ou =).

$\frac{7}{10}$ ... $\frac{1}{2}$

$\frac{31}{100}$ ... $\frac{1}{4}$

$\frac{87}{100}$ ... 1

$\frac{69}{100}$ ... $\frac{3}{4}$

$\frac{40}{100}$ ... $\frac{1}{2}$

$\frac{1}{10}$ ... $\frac{9}{100}$

$\frac{4}{10}$ ... $\frac{37}{100}$

$\frac{2}{4}$ ... $\frac{1}{2}$

B **Le compte est bon**

273 : 3 6 9 50

982 : 4 8 10 250

157 : 2 7 25 50

297 : 5 7 8 250

❶ et ❷ En considérant les fractions n / d comme des divisions de n par d, les enfants sont capables de situer toute fraction par rapport à l'unité : quand $n < d$, la fraction est plus petite que 1, quand $n = d$, la fraction est égale à 1, quand $n > d$, elle est supérieure à 1.

ARP Atelier de résolution de problèmes

Calculs proposés par écrit au tableau
Divisions par 90 de nombres inférieurs à 1 080 ($q \leq 12$). Quand $q < 10$, usage des divisions élémentaires par 9 (voir p. 11).

1

Problème : Un athlète s'entraîne au javelot. Il fait un lancer de 69 mètres exactement.
Son jeune frère lance le javelot tout de suite après et fait un lancer 4 fois moins long.
À quelle distance a-t-il lancé le javelot ?

Voici les solutions de Sébastien, Mélanie et Cécile.

Sébastien

69 m

Je cherche 4 x … = 69
J'essaie 15 m
4 x 15 = 60 C'est plus
J'essaie 17 m
4 x 17 = 68 C'est plus
J'essaie 18 m
4 x 18 = 72 C'est moins

?

Le frère a lancé le javelot à une distance comprise entre 17 m et 18 m.

Mélanie

69 – 4 = 65

Le jeune frère a lancé son javelot à 65 m.

Cécile

69 m

4 fois moins que 69, c'est le quart de 69.
C'est 69 divisé par 4.

d u	
~~69~~	4
29	d u
1	1 7

?

Le frère a lancé le javelot à 17 m + $\frac{1}{4}$ de m ou encore à 17 m et 25 cm.

Quelle(s) solution(s) conviennent ? Pourquoi la ou les autres ne conviennent-elles pas ?

2

Problèmes

1 ▶ Un enfant part pendant 4 semaines en séjour en colonie de vacances. Cette colonie coûte à sa famille 17 € par jour.
Quel est le coût total de ce séjour ?

2 ▶ Un réfrigérateur neuf coûte 293 €. Le même réfrigérateur d'occasion est vendu 2 fois moins cher.
Quel est le prix du réfrigérateur d'occasion ?

3 ▶ Voici les longueurs des côtés d'un parallélogramme : un grand côté mesure 7 cm, un petit côté mesure 4 cm.
Quel est le périmètre de ce parallélogramme ?

4 ▶ 30 personnes se partagent équitablement toutes les dragées d'un paquet. Chacune reçoit 258 dragées.
Quel est le nombre total de dragées ?

5 ▶ 80 personnes se partagent équitablement une boîte de 412 truffes en chocolat.
Combien chaque personne aura-t-elle de truffes en chocolat ?

6 ▶ Un Parisien jette en moyenne 586 kg d'ordures ménagères par an. Dans un immeuble parisien vivent 78 personnes.
Quelle quantité d'ordures ces habitants jettent-ils en un an ? Combien de camions d'ordures cela représente-t-il si chacun peut contenir 5 000 kg d'ordures ?

❶ Évaluer 3 résolutions d'un même problème. L'explication des erreurs est une tâche difficile. Elle peut être traitée collectivement, par ex. : « *Cette solution conviendrait si le problème était…, mais ce n'est pas le problème posé.* »

❷ Résolution de problèmes variés.

ARP Atelier de résolution de problèmes

Calculs proposés oralement
Soustractions (*idem* sq n° 23).

1

Voici trois opérations que Grégory, élève de CM2, a calculées pour résoudre un problème :

$27 \times 2 = 54$ $\quad$ $54 + 18 = 72$ $\quad$ $100 - 72 = 28$

L'énoncé de ce problème commençait ainsi :

Problème : Dimanche, la mère de Karine va au marché pour faire des courses. Elle dispose de 100 €. Elle achèt

Mais la suite a été déchirée.
Parmi les trois suites ci-dessous, laquelle ou lesquelles conviendraient ?
Pourquoi la ou les autres ne peuvent-elles convenir ?

e deux kilos de roti à 27 € le kilo et un gateau à 18 €.
Combien lui reste-t-il d'argent ?

e une jupe à 27 € et deux chemisiers à 18 €.
Combien lui reste-t-il d'argent ?

e 27 roses à 2 € la rose et 18 tulipes à 1 € pièce.
Combien lui reste-t-il d'argent ?

2

Problèmes

1 ▶ *Combien de quiches entières faut-il pour obtenir 112 huitièmes de quiche ?*

2 ▶ Un club de 147 personnes âgées veut monter au 56ᵉ étage de la tour Montparnasse à Paris. L'ascenseur est limité à 23 personnes.
Combien de groupes ce club doit-il former pour accéder au 56ᵉ étage de la tour ?

3 ▶ Une entreprise achète 5 ordinateurs identiques pour un coût total de 1 985 €.
Quel est le prix de ces ordinateurs à l'unité ?

4 ▶ Dans une grande ville, on a recensé 1 347 768 personnes de sexe féminin et 1 285 097 personnes de sexe masculin.
Combien d'habitants compte cette ville ?

5 ▶ Une sonde spatiale va de la Terre à la Lune. En tout, elle doit parcourir 384 150 km. Elle a déja parcouru le tiers de cette distance.
Combien de km a-t-elle parcourus ?
Combien lui en reste-t-il à parcourir ?

6 ▶ Un côté d'un losange mesure 68 mm.
Quel est le périmètre de ce losange ?

❶ Chercher à quelle question est susceptible de répondre une suite de calculs, lorsqu'on ne connaît que le début de l'énoncé.

❷ Résolution de problèmes variés.

SÉQUENCE 75

Somme de fractions décimales : 1/2 et dixième (1)

Calculs proposés oralement
Soustractions (*idem* sq n° 23).

Je découvre

1 **Fichier d'activités page 19**

2 Voici l'image en réduction d'un verre doseur qui peut contenir 1 litre de liquide.
Vérifie que les graduations correspondent à des dixièmes.

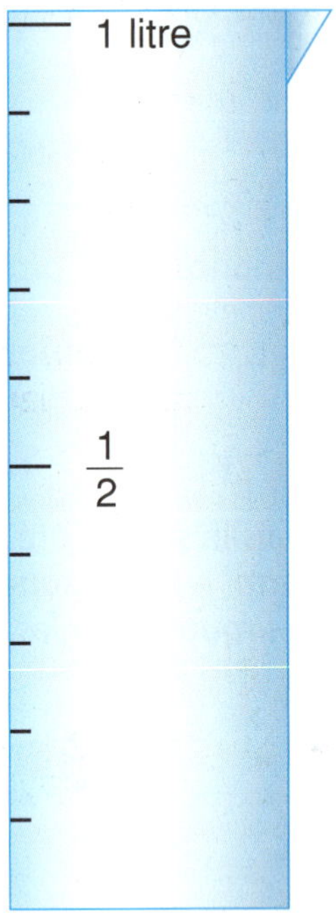

a Montre avec ton doigt le niveau atteint si on verse :

$\frac{1}{10}$ de litre, $\frac{2}{10}$ de litre, $\frac{5}{10}$ de litre, $\frac{8}{10}$ de litre, $\frac{9}{10}$ de litre et $\frac{10}{10}$ de litre.

b Imagine qu'on verse $\frac{3}{10}$ de litre, puis $\frac{6}{10}$ de litre.

Indique avec ton doigt le niveau atteint.
Retrouve ce résultat en faisant la somme des deux fractions.

c Que se passe-t-il si :

- on verse $\frac{6}{10}$ de litre, puis $\frac{4}{10}$ de litre ?
- on verse $\frac{1}{2}$ de litre, puis $\frac{7}{10}$ de litre ?

Calcule à chaque fois la somme des deux fractions.

J'ai appris

Additionner des dixièmes entre eux, c'est facile :

$\frac{9}{10} + \frac{3}{10} + \frac{2}{10} = \frac{14}{10}$ ou $1 + \frac{4}{10}$

Pour additionner des demis et des dixièmes,
je transforme les demis en dixièmes : $\frac{1}{2} = \frac{5}{10}$

3 Calcule ces sommes de fractions.

$\frac{1}{2} + \frac{2}{10}$ $\frac{7}{10} + \frac{1}{2}$ $\frac{3}{10} + \frac{9}{10}$ $\frac{4}{10} + \frac{6}{10}$ $\frac{9}{10} + \frac{9}{10} + \frac{3}{10}$ $\frac{1}{2} + \frac{1}{10}$

4 Compare ces nombres. Utilise les signes >, < ou =.

$\frac{37}{10}$ … $3 + \frac{8}{10}$ $\frac{15}{10}$ … $1 + \frac{1}{2}$ $\frac{29}{10}$ … 3 $5 + \frac{1}{2}$ … $5 + \frac{4}{10}$

Je deviens performant

A **Jeu du nombre mystérieux**

$179 + \frac{1}{8}$ $197 + \frac{2}{6}$ $207 + \frac{5}{6}$ $213 + \frac{7}{8}$

mille sept cent onze huitièmes
mille deux cent quarante-sept sixièmes
mille quatre cent trente-trois huitièmes

❶ à ❹ L'addition est introduite dans deux contextes : tablettes de chocolat (en 1) et niveaux de liquide dans un verre doseur gradué en 1/10 l (en 2). On se limite ici à des cas du type 3/10 + 5/10, 1/2 + 4/10, etc. : soit on ajoute deux fractions exprimées en dixièmes (cas facile), soit on ajoute 1/2 et n/10 (il faut transformer 1/2 en 5/10).

SÉQUENCE 76

Somme de fractions décimales : 1/2 et dixième (2)

Calculs proposés oralement
Ajouter, retirer 19, 29, 39... (voir p. 11).

Je découvre

1 Détache ta règle n° 1 de ton fichier d'activités.
Vérifie que cette règle est graduée en stylo, demi-stylo et dixième de stylo.
À partir du repère « 0 » de cette règle, montre les longueurs suivantes exprimées en stylo :

1 stylo	$\frac{1}{10}$ de stylo	$\frac{3}{10}$ de stylo	$\frac{5}{10}$ de stylo
$\frac{6}{10}$ de stylo	$\frac{9}{10}$ de stylo	$\frac{10}{10}$ de stylo	$\frac{13}{10}$ de stylo

2 Un enfant a voulu tracer deux segments, un segment long de $\frac{3}{10}$ de stylo et un autre segment long de $\frac{2}{10}$ de stylo. A-t-il réussi ?

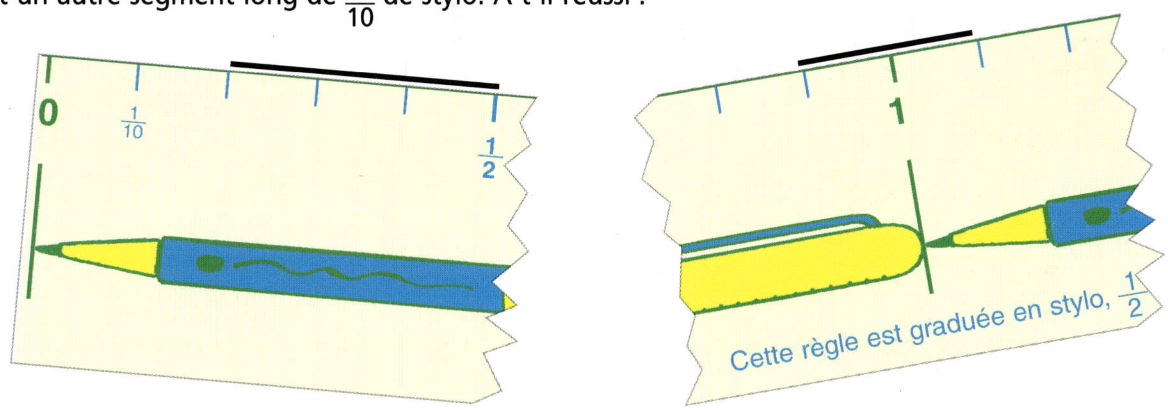

Sur cette règle n° 1, montre entre tes doigts et à différents endroits :

- une longueur de $\frac{4}{10}$ de stylo
- une longueur de $\frac{1}{2}$ stylo
- une longueur de $\frac{9}{10}$ de stylo.

3 *Quelle est la ligne brisée la plus longue ?*
Fais un pari, puis vérifie en mesurant avec ta règle n° 1, graduée en stylo, demi et dixième de stylo.

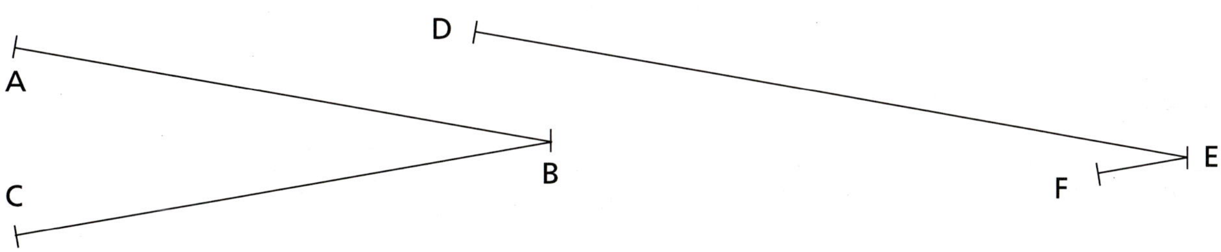

Laquelle de ces deux longueurs est la plus proche de 1 stylo ?

4

Quel est le nombre le plus proche de 2 ?	Quel est le nombre le plus proche de 3 ?	Quel est le nombre le plus proche de 5 ?
$1 + \frac{1}{2}$ ou $2 + \frac{4}{10}$	$\frac{29}{10}$ ou $3 + \frac{2}{10}$	$4 + \frac{8}{10}$ ou $\frac{51}{10}$

5 Calcule, puis range ces nombres du plus petit au plus grand.

$\frac{13}{10}$ 1 $\frac{8}{10}$ $\frac{24}{10}$ 2 14 $\frac{1}{2}$ | $\frac{9}{10}$ $\frac{148}{10}$ 15 $\frac{137}{10}$ $\frac{153}{10}$

1 à **5** La mesure de longueurs de lignes brisées constitue un troisième contexte pour introduire les additions de fractions. On utilise ici une règle graduée en « stylo », « demi-stylo » et « dixième de stylo » et non une situation de mesure en m, demi-m et dixièmes de m (voir présentation pages 4 et 5).

SÉQUENCE 77

Somme de fractions décimales : 1/2, *n* / 4 et *n* / 100 (1)

Calculs proposés oralement
Compléments à 100 (*idem* sq n° 15).

Je découvre

1 **Fichier d'activités page 20**

2 Voici l'image en réduction d'un verre doseur qui peut contenir 1 litre de liquide.
Vérifie que les graduations correspondent à des centièmes.

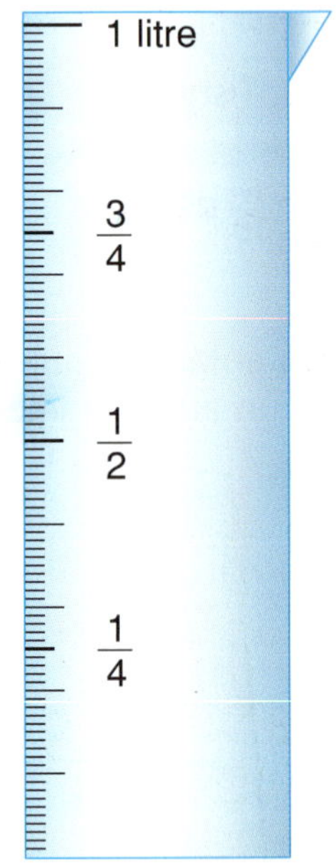

Quel niveau le liquide atteint-il si...

a ... on verse $\frac{1}{4}$ de litre puis $\frac{29}{100}$ de litre ?

Trouve-le en faisant la somme des deux fractions.

b ... on verse $\frac{1}{2}$ litre puis $\frac{48}{100}$ de litre ?

Trouve-le en faisant la somme des deux fractions.

c ... on verse $\frac{1}{2}$ litre puis $\frac{71}{100}$ de litre ?

Trouve-le en faisant la somme des deux fractions.

J'ai appris

- On peut additionner des centièmes :
  $\frac{52}{100} + \frac{73}{100} = \frac{125}{100}$, c'est-à-dire $1 + \frac{25}{100}$ ou $1 + \frac{1}{4}$.
- Pour additionner des centièmes, des quarts et des demis, je dois transformer les demis et les quarts en centièmes, j'utilise les égalités : $\frac{1}{2} = \frac{50}{100}$ et $\frac{1}{4} = \frac{25}{100}$.

3 Calcule ces additions de fractions.

$\frac{1}{2} + \frac{28}{100}$ $\frac{1}{4} + \frac{71}{100}$ $\frac{3}{4} + \frac{28}{100}$ $\frac{65}{100} + \frac{1}{2}$ $\frac{63}{100} + \frac{8}{100}$

Je deviens performant

A **Jeu du nombre mystérieux**

$39 + \frac{12}{100}$ $40 + \frac{13}{100}$ $41 + \frac{17}{100}$

$41 + \frac{2}{10}$ $41 + \frac{7}{10}$ $45 + \frac{3}{10}$

quatre mille treize centièmes
quatre cent douze dixièmes
quatre mille cent dix-sept centièmes
quatre cent cinquante-trois dixièmes
trois mille neuf cent douze centièmes

B Effectue ces conversions : il faut convertir dans une unité tantôt plus petite, tantôt plus grande.

30 jours *(il faut faire apparaître les semaines)*
50 semaines *(il faut faire apparaître les jours)*
8 530 m *(il faut faire apparaître les mm)*
3 027 m *(il faut faire apparaître les hm)*

❶ à ❸ Addition de deux fractions quand l'une est exprimée en demi ou quart et l'autre en centièmes (mêmes activités que sq n° 75).

SÉQUENCE 78

Somme de fractions décimales : 1/2, *n* / 4 et *n* / 100 (2)

Calculs proposés oralement
Ajouter, retirer 19, 29, 39... (voir p. 11).

Je découvre

1 Détache ta règle n° 2 de ton fichier d'activités.
Vérifie que cette règle est graduée en stylo, demi, quart et centième de stylo.
À partir du repère « 0 », montre les longueurs suivantes exprimées en stylo :

1 stylo	$\frac{1}{100}$ de stylo	$\frac{5}{100}$ de stylo	$\frac{25}{100}$ de stylo	$\frac{50}{100}$ de stylo
$\frac{75}{100}$ de stylo	$\frac{99}{100}$ de stylo	$\frac{120}{100}$ de stylo	$\frac{175}{100}$ de stylo	$\frac{200}{100}$ de stylo

2 Deux enfants ont voulu tracer un segment long de $\frac{25}{100}$ de stylo. Ont-ils réussi ?

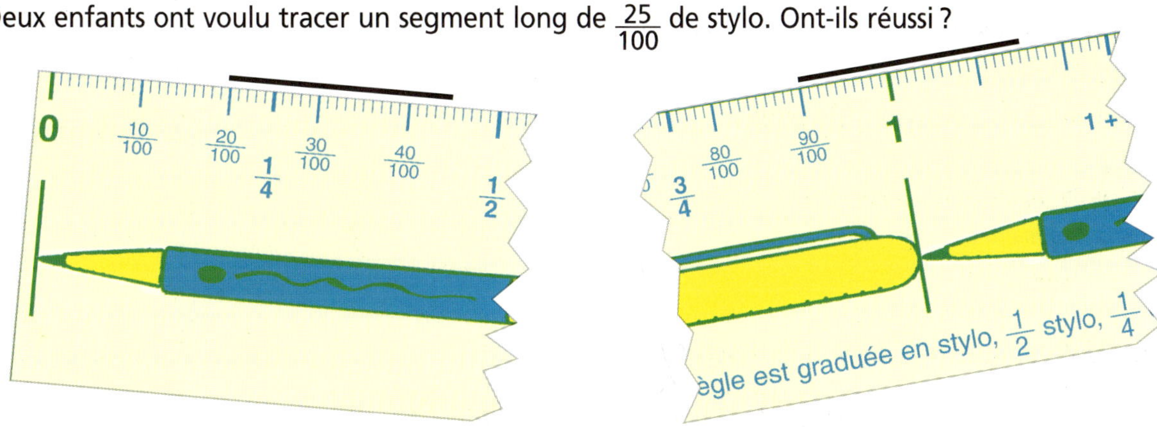

Sur cette règle n° 2, montre entre tes doigts et à différents endroits :

- une longueur de $\frac{1}{2}$ stylo
- une longueur de $\frac{1}{4}$ de stylo
- une longueur de $\frac{5}{100}$ de stylo.

3 *Quelle est la ligne brisée la plus longue ?*
Fais un pari, puis vérifie en mesurant avec ta règle n° 2, graduée en centième, demi et quart de stylo.

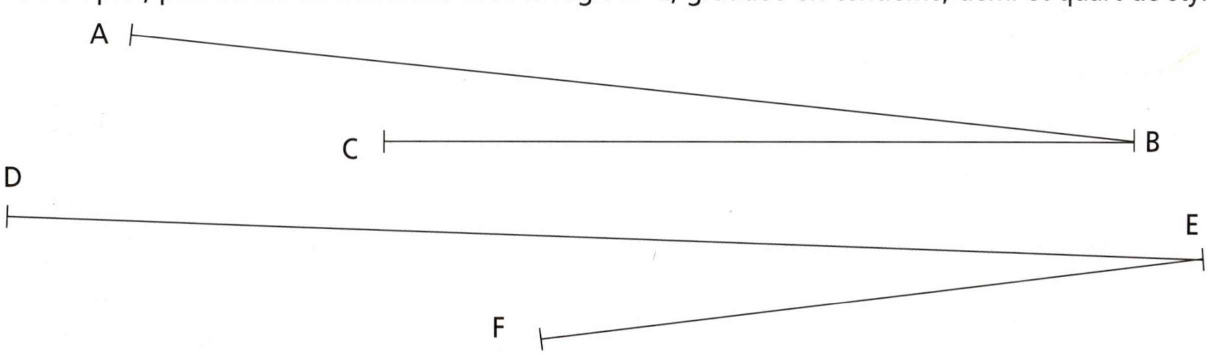

Laquelle de ces deux longueurs est la plus proche de 2 stylos ?

4

Quel est le nombre le plus proche de 1 ?
$\frac{78}{100}$ ou $1 + \frac{1}{4}$

Quel est le nombre le plus proche de 2 ?
$1 + \frac{61}{100}$ ou $2 + \frac{1}{2}$

Quel est le nombre le plus proche de 5 ?
$4 + \frac{3}{4}$ ou $5 + \frac{16}{100}$

5 Calcule, puis range ces nombres du plus petit au plus grand.

1 $\frac{167}{100}$ $\frac{85}{100}$ 2 $\frac{3}{4}$ | 6 $5 + \frac{1}{2}$ $\frac{567}{100}$ 5 $\frac{635}{100}$ $\frac{499}{100}$

❶ à ❺ Addition de deux fractions quand l'une est exprimée en demi ou quart et l'autre en centièmes (mêmes activités que sq n° 76). Le second stylo de la règle n'est pas numéroté en centièmes. Ainsi, pour repérer 127 / 100, par ex., plutôt que de compter des centièmes, les élèves sont amenés à utiliser le repère 1 + 1/4.

SÉQUENCE 79

Technique de la division : diviseur de 2 chiffres (1)

Je découvre

1 Le chef des brigands a 1 443 pièces d'or.

Je veux les partager équitablement entre mes 25 brigands. C'est difficile de savoir combien chacun en aura !

Observe comment Mathilde et Mathieu calculent cette division

On va la calculer par partages successifs des milliers, des centaines, des dizaines et des unités.

```
1 4 4 3 | 2 5
        |------
        |
        | ..........
```

1. Préparation de

14 est plus petit que 25. On ne peut pas donner de centaines à chacun. Je calcule 144 dizaines divisées par 25.

```
  d   u
1 4 4 3 | 2 5
        |------
        | d u
        | ..........
```

J'écris d. u.

Calculs proposés oralement
Divisions par 25 jusqu'à $q \leq 12$ (voir p. 10).

et comment Monsieur Cubus effectue le même partage avec des cubes.

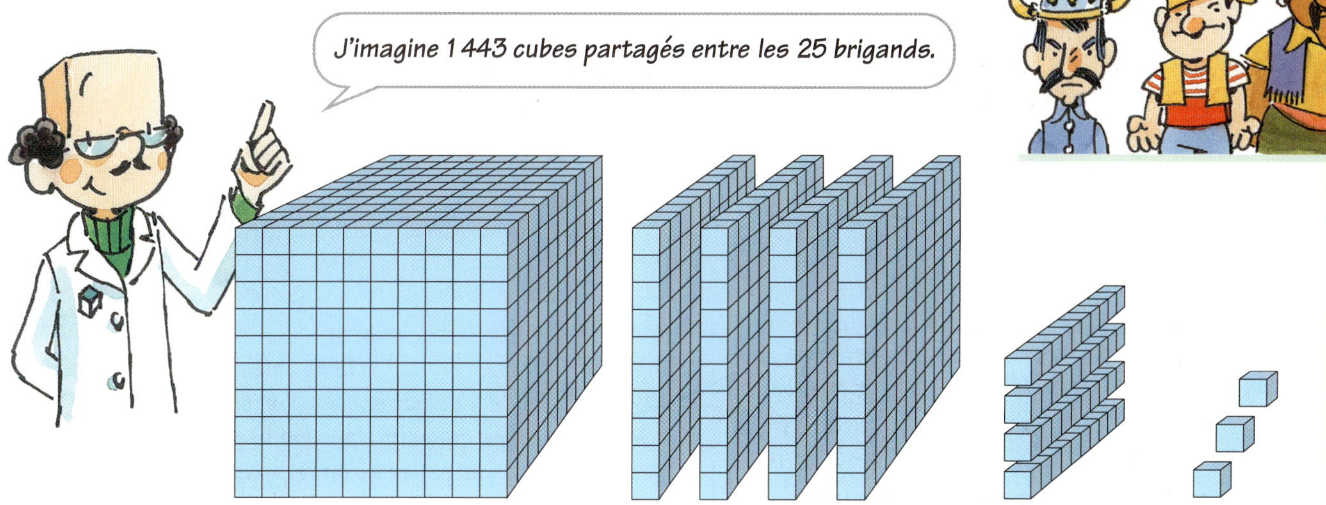

la division :

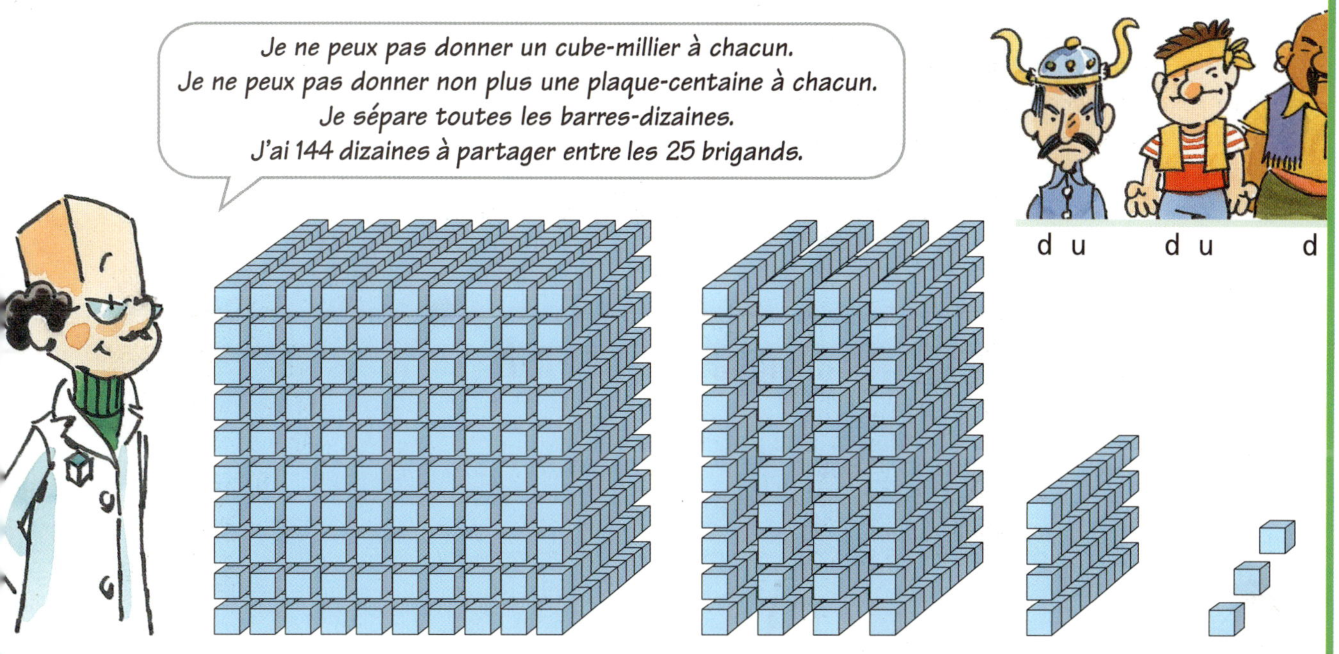

SUITE

2. Partage

3. Partage

Continue le travail de Mathilde et Mathieu. N'oublie pas de faire la preuve de la division.

2 Calcule ces deux divisions avec reste.

1 939 : 25 ?

14 392 : 25 ?

3 **Jeu du nombre mystérieux**

$345 + \frac{24}{25}$ $357 + \frac{6}{25}$ $376 + \frac{18}{25}$

$378 + \frac{6}{25}$ $389 + \frac{7}{25}$

$\frac{9\,418}{25}$ $\frac{8\,649}{25}$

$\frac{9\,732}{25}$ $\frac{8\,931}{25}$

❶ à ❹ Introduction de la technique dans le cas particulier d'une division par 25 pour que le calcul des produits partiels soit facile. La situation globale est un partage successif des centaines, etc. (division-partition), comme dans la technique de la division par un nombre < 10. Cependant, pour trouver le résultat des différents partages, des dizaines :

des unités :

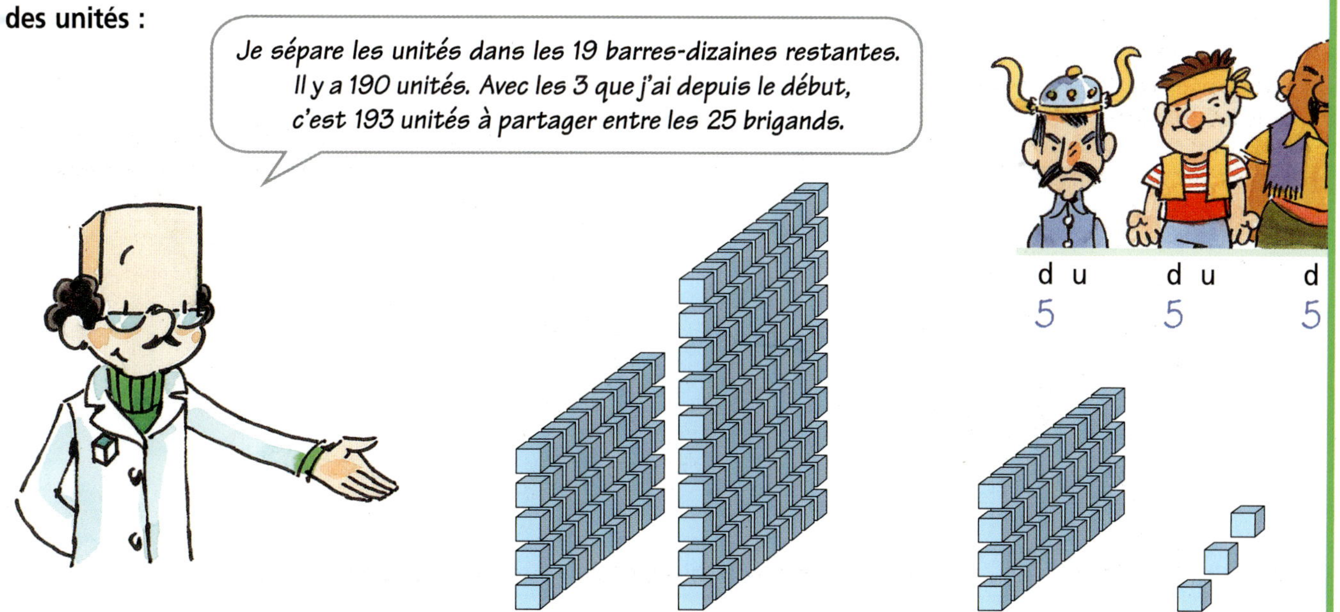

4 Problèmes

1 ▶ La distance de Dijon à Marseille par la route est 25 fois plus petite que le diamètre de la Terre. Le diamètre de la Terre est de 12 800 km.

Quelle est la distance de Dijon à Marseille ?

2 ▶ Une mairie doit envoyer une lettre aux 101 853 électeurs de la commune. Elle achète des enveloppes par paquets de 25.

Combien de paquets d'enveloppes la mairie doit-elle acheter pour cet envoi ?

on se demande, par exemple : « en 144 combien de fois 25 ? » (division-quotition). Cette technique impose ainsi de coordonner les sens partition et quotition de la division avec reste. Les soustractions partielles sont posées et non effectuées directement pour améliorer la fiabilité de la technique et la rendre plus «transparente».

Étendue ou aire d'une figure

Calculs proposés par écrit au tableau
Divisions par 20 et 30 de nombres inférieurs à 240 et 360 ($q \leq 12$). Quand $q < 10$, usage des divisions élémentaires par 2 et 3 (voir p. 11).

Je découvre

1 *Tu vas apprendre à comparer l'étendue de deux figures.*

Découpe une feuille blanche de format ordinaire en 4 rectangles blancs égaux et détache le rectangle bleu et le rectangle jaune de ton fichier d'activités.

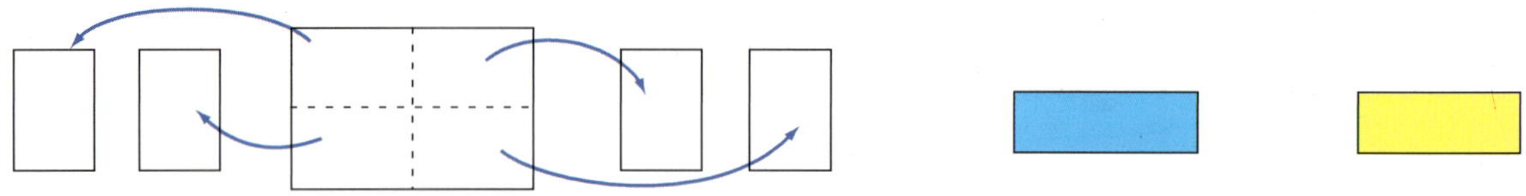

2 *Mathilde compare l'étendue d'un rectangle blanc et celle du rectangle bleu.*

En découpant le rectangle blanc, montre qu'il est moins étendu que le bleu.

Trouve une autre manière de découper le rectangle blanc.

Mathieu compare l'étendue d'un rectangle blanc et celle du rectangle jaune.

En découpant le rectangle blanc, montre qu'il a la même étendue que le jaune.

Là encore, trouve une autre manière de découper le rectangle blanc.

3 Pour les activités suivantes, tu auras besoin de découper des rectangles.
Voici une méthode pour le faire rapidement,
avec l'exemple d'un rectangle A représenté ci-contre en réduction.
Il te faut pour cela une feuille ordinaire.

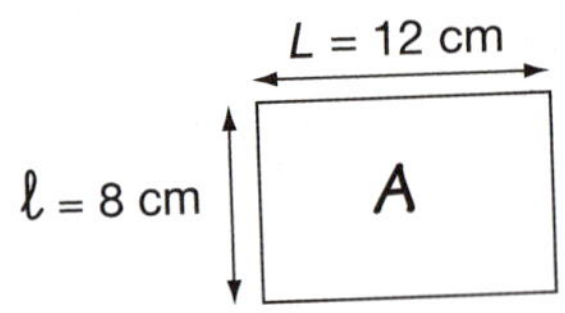

A

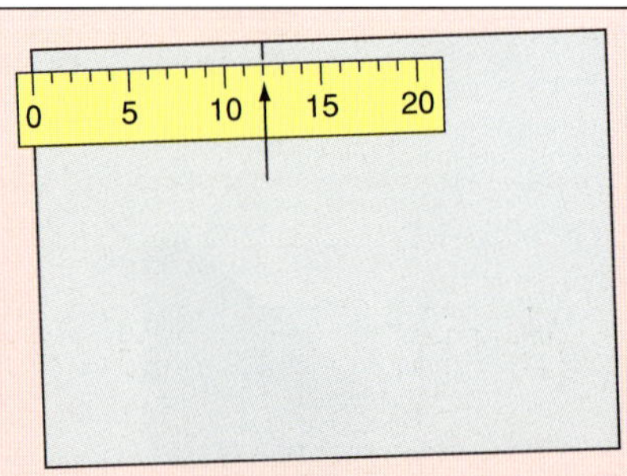

Reporte la longueur L (12 cm) sur la feuille.

B

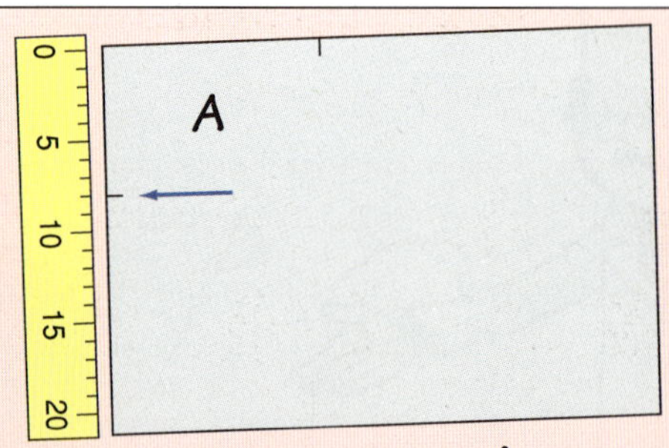

Reporte la largeur ℓ (8 cm).

C

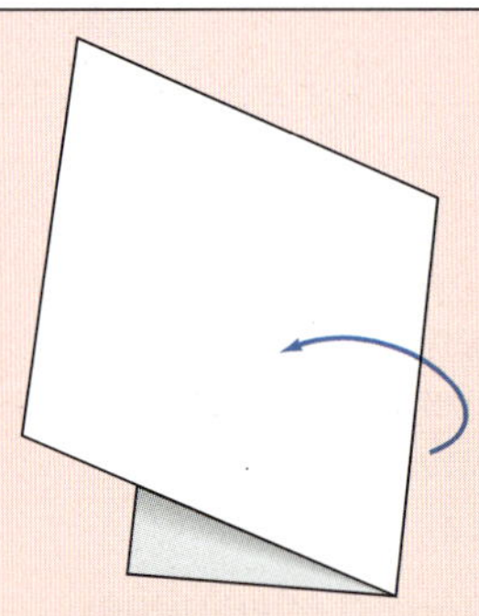

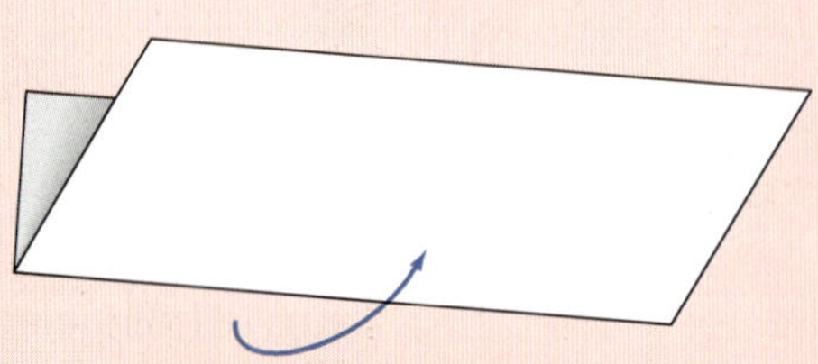

Forme les côtés du rectangle par pliage…

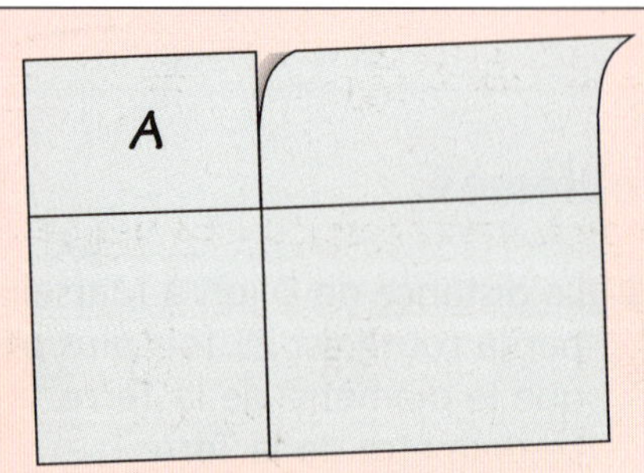

… puis découpe selon les plis.

Selon la même méthode, fabrique deux autres rectangles de mêmes dimensions.

❶ à ❺ La notion d'aire est abordée dans une situation de comparaison. On utilise ici un procédé de superposition. C'est seulement sq n° 88 qu'on recourra à une

4 Prends un des rectangles que tu viens de fabriquer.
Imagine qu'on le découpe en deux parties égales, comme ci-dessous, suivant les pointillés, pour former un rectangle B… … ou un rectangle C :

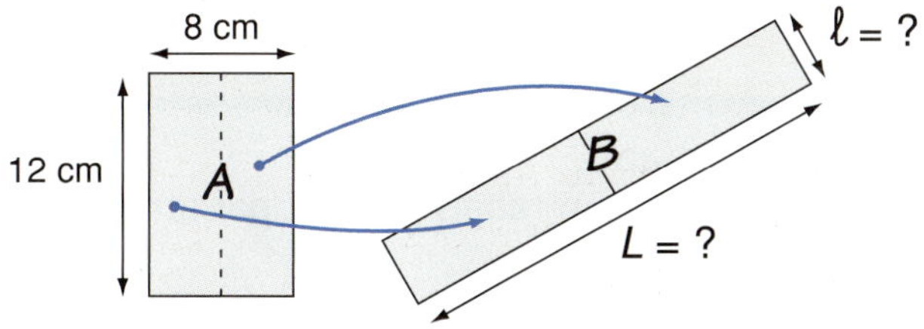

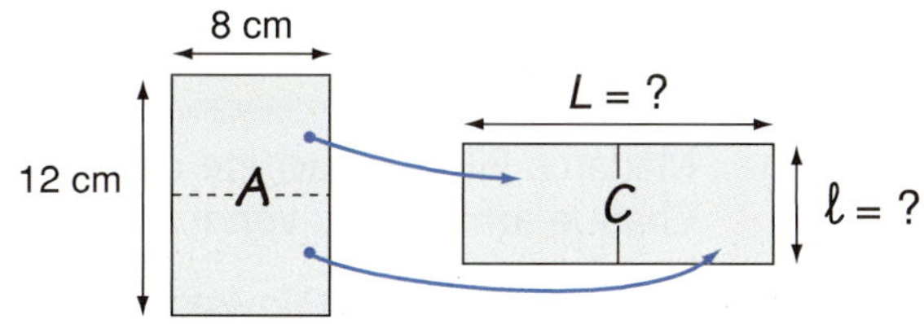

Quelles seront les dimensions de ces deux nouveaux rectangles B et C ?
Vérifie tes réponses en formant ces deux nouveaux rectangles.
Que peut-on dire de l'étendue des rectangles A, B et C ?

J'ai appris

À partir d'un rectangle, on peut en former beaucoup d'autres qui ont la même étendue :

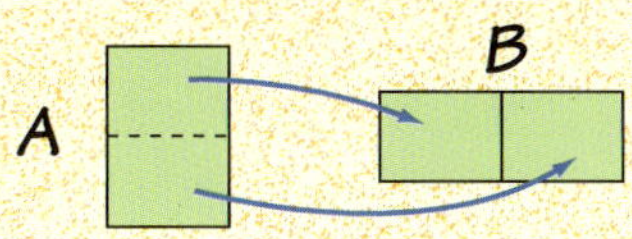

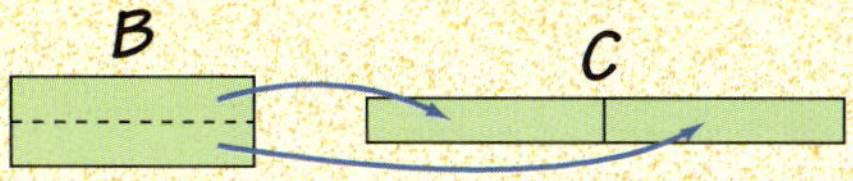

5 Imagine qu'on découpe le rectangle D pour former un rectangle E de même étendue…
Quelles seront les dimensions du rectangle E ?
Si tu n'es pas sûr(e), construis d'abord le rectangle D, puis forme le rectangle E.

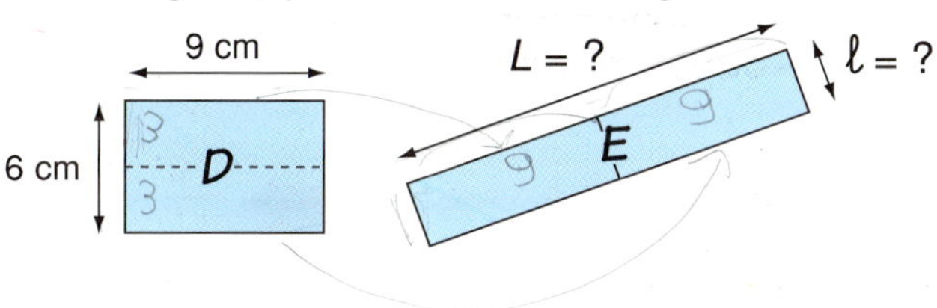

Imagine qu'on découpe le carré F pour former un rectangle G de même étendue…

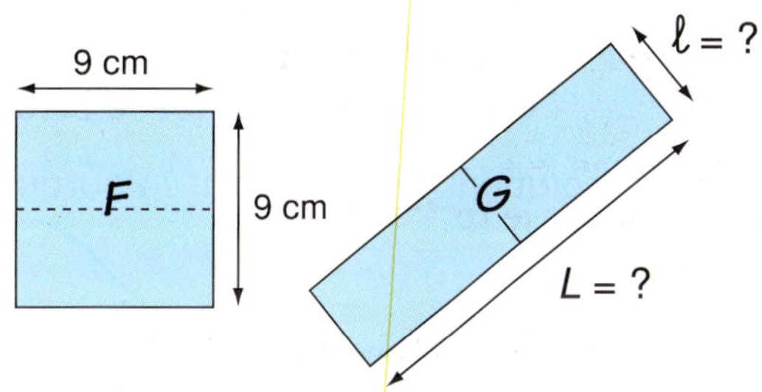

Je deviens performant

A **Fichier d'activités page 21**

B Calcule.

$\frac{1}{4} + \frac{82}{100}$ $\frac{7}{10} + \frac{16}{100}$ $\frac{68}{100} + \frac{7}{100}$ $\frac{42}{100} + \frac{3}{4}$ $\frac{1}{2} + \frac{7}{10} + \frac{14}{100}$

C Compare ces nombres. Utilise les signes >, < ou =.

$\frac{48}{100}$ … $\frac{4}{10} + \frac{8}{100}$ $\frac{8}{10}$ … $\frac{1}{2} + \frac{2}{10}$ $7 + \frac{89}{100}$ … $7 + \frac{9}{10}$ $12 + \frac{3}{4}$ … $12 + \frac{70}{100}$

D Range ces nombres du plus petit au plus grand.

$\frac{48}{100}$ 3 $\frac{349}{100}$ $\frac{28}{100}$ 4 | 34 $\frac{84}{10}$ $\frac{3\,408}{100}$ 35 $\frac{351}{100}$ $\frac{346}{10}$

E Calcule ces divisions avec reste.

24 143 : 25 ? 9 328 749 : 25 ? 90 650 : 25 ? 1 873 451 : 25 ? 32 807 499 : 25 ?

mesure en cm². Mais les activités 4 et 5 préparent dès maintenant les enfants à comprendre qu'un cm², ce n'est pas seulement l'étendue d'un carré de 1 cm de côté.

ARP Atelier de résolution de problèmes

Calculs proposés par écrit au tableau
Divisions par 40 et 50 de nombres inférieurs à 480 et 600 ($q \leq 12$). Quand $q < 10$, usage des divisions élémentaires par 4 et 5 (voir p. 11).

1

Problème : Madame Pilowsky achète deux armoires pour ses enfants.
Chaque armoire est vendue 349 €. Le marchand lui fait un rabais de 75 € par armoire.

Combien madame Pilowsky doit-elle payer ?

Voici les solutions de Sébastien, Mélanie et Cécile.

Sébastien

Prix d'une armoire après rabais :

$$\begin{array}{r} 3\,{}_1 4\,9 \\ -\;{}_1\,7\,5 \\ \hline 2\,7\,4 \end{array}$$

Prix de 2 armoires après rabais :

274 x 2 = 548

Madame Pilowsky doit payer 548 €.

Mélanie

Prix de 2 armoires avant rabais :

349 x 2 = 698 — *698 €*

Économie grâce au rabais :

75 x 2 = 150 — *150 €*

Prix après rabais :

698 – 150 = 548

Madame Pilowsky doit payer 548 €.

Cécile

Prix de 2 armoires avant rabais :

349 x 2 = 698 — *698 €*

Prix après rabais :

$$\begin{array}{r} 6\,9\,8 \\ -\;\;7\,5 \\ \hline 6\,2\,3 \end{array}$$

Madame Pilowsky doit payer 623 €.

Quelle(s) solution(s) conviennent ? Pourquoi la ou les autres ne conviennent-elles pas ?

2

Problèmes

1 ▶ Un magasin vend des kimonos à 99 € le kimono. Un jour, il organise des soldes et affiche : « Rabais de 24 € par kimono ». Un club de judo achète 6 kimonos.
Quelle sera la dépense pour cet achat ? Quelle économie ce club réalise-t-il ?

2 ▶ Un chalutier breton a pêché pendant 9 semaines. En moyenne, il a pêché 8 750 kg de poissons par jour.
Combien de kg de poissons ce chalutier a-t-il pêché durant ces 9 semaines ?

3 ▶ Au départ d'une étape d'un rallye, on partage équitablement 2 425 litres d'essence entre les 25 concurrents.
Combien de litres d'essence aura chaque concurrent ?

4 ▶ Le périmètre d'un parallélogramme est 32 cm. Son grand côté mesure 10 cm.
Quelle est la longueur d'un petit côté de ce parallélogramme ?

5 ▶ Pendant une course cycliste, 4 coureurs ont bu les quantités d'eau suivantes :

coureur A : 1 litre + $\frac{3}{4}$ de litre ;

coureur B : 2 litres + $\frac{3}{10}$ de litre ;

coureur C : 2 litres + $\frac{1}{4}$ de litre ;

coureur D : $\frac{170}{100}$ de litre.

Range ces quantités de liquide de la plus petite à la plus grande.

6 ▶ 8 planches identiques mises bout à bout forment une longueur totale de 32 m.
Quelle est la longueur d'une planche ?

❶ Évaluer 3 résolutions d'un même problème. L'explication des erreurs est une tâche difficile. Elle peut être traitée collectivement, par ex. : « *Cette solution conviendrait si le problème était... mais ce n'est pas le problème posé.* »

❷ Résolution de problèmes variés.

ARP Atelier de résolution de problèmes

Calculs proposés par écrit au tableau
Divisions par 60 et 70 de nombres inférieurs à 720 et 840 ($q \leq 12$). Quand $q < 10$, usage des divisions élémentaires par 6 et 7 (voir p. 11).

1 Dans ce tableau, on présente les 9 planètes de notre système solaire dans l'ordre alphabétique :

	Jupiter	Mars	Mercure	Neptune	Pluton	Saturne	Terre	Uranus	Vénus
Diamètre (en km)	142 880	6 800	4 878	48 600	2 500	120 660	12 800	50 800	12 104
Rotation *	10 h	1 j et $\frac{1}{2}$	59 j	16 h	6 j et 9 h	10 h et $\frac{1}{2}$	1 j	15 h et $\frac{1}{2}$	243 j
Distance au Soleil **	779	228	58	4 500	5 913	1 427	150	2 870	108
Présence d'anneaux	oui	non	non	oui	non	oui	non	oui	non

* *Un tour sur elle-même en… heures (h) ou… jours terrestres (j).* ** *Distance moyenne en millions de km.*

1 ▶ *Quelle est la planète qui a le plus petit diamètre ?… le plus grand ? Quel est le rayon de la Terre ?*

2 ▶ *Quelle est la planète dont la rotation est la plus lente ? Quelle est celle qui tourne sur elle-même le plus rapidement ?*

3 ▶ *Ordonne les planètes de la plus proche du Soleil à la plus éloignée.*

4 ▶ *Combien de planètes ont des anneaux ? Combien n'en ont pas ?*

5 ▶ *Dans la fiche d'identité de Mercure, une donnée manque. Laquelle ?*

Mercure est la planète la plus proche du Soleil (58 millions de km).

Dépourvue d'anneaux, elle tourne lentement sur elle-même : il lui faut 59 jours terrestres pour effectuer une rotation !

Voici des fiches documentaires sur des animaux :

L'éléphant d'Asie est herbivore.
Il ne peut avoir qu'un petit à la fois.
On le dresse pour le faire travailler.
Il pèse en moyenne 4 000 kg et mesure 4 m de long.

Le **requin blanc** mange d'autres poissons et s'attaque parfois à l'homme.
Un adulte pèse environ 2 000 kg et mesure plus de 4 m.
La femelle pond jusqu'à 4 œufs par an.

Le **faucon gerfaut** mange des petits rongeurs, des serpents et des oiseaux.
Il peut avoir 4 petits par an.
On peut le dresser pour la chasse.
Il mesure 60 cm environ et pèse 1 500 g.

La **vipère péliade** est longue de 70 cm à l'âge adulte et pèse environ 800 g.
Cet animal se nourrit surtout d'insectes et de petits rongeurs.
La femelle a une quinzaine de petits.

Le **crocodile du Nil** mange des poissons et des oiseaux.
Il pèse environ 350 kg et mesure plus de 5 m de la tête à la queue.
La femelle pond 60 œufs.

Le **dauphin** mange des poissons.
On peut le dresser pour des spectacles.
Il mesure entre 2 et 3 m et pèse 150 kg environ.
Il n'a qu'un petit à la fois.

Construis un tableau pour présenter ces informations. Sur la première ligne, indique d'abord les noms de ces 6 animaux ; cherche ensuite quels titres tu peux donner aux lignes que tu mettras en dessous.

1 Traiter les informations contenues dans un tableau à double entrée (propriétés des planètes) ; prendre conscience que ces informations auraient pu figurer dans des fiches documentaires (exemple de Mercure) et, enfin, organiser des informations contenues dans des fiches documentaires en un tableau (propriétés d'animaux).

SÉQUENCE 83

Somme de fractions décimales : 1/2, *n* / 4, *n* / 10, *n* / 100 (1)

Calculs proposés par écrit au tableau

Divisions par 80 et 90 de nombres inférieurs à 960 et 1080 ($q \leq 12$). Quand $q < 10$, usage des divisions élémentaires par 8 et 9 (voir p. 11).

Je découvre

1 **Fichier d'activités page 21**

2 Voici l'image en réduction d'un verre doseur qui peut contenir 1 litre de liquide.
Vérifie que les graduations les plus courtes correspondent aux centièmes et les plus longues aux dixièmes.

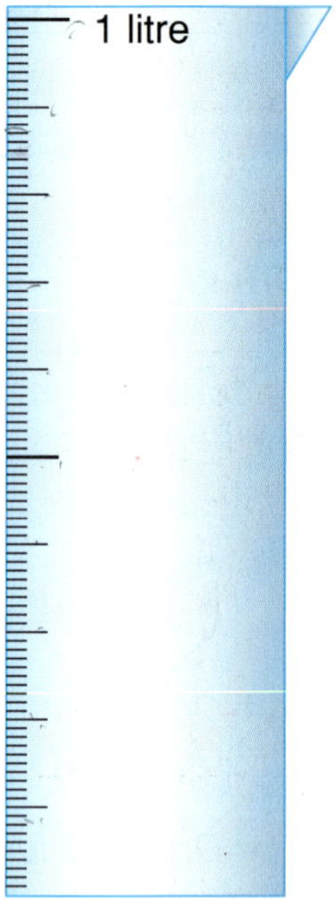

a Imagine qu'on verse $\frac{3}{10}$ de litre, puis $\frac{9}{100}$ de litre.

Montre avec ton doigt où est le niveau du liquide.
Comment s'exprime-t-il en centièmes ?
Retrouve ce résultat en faisant la somme des deux fractions.

b Fais de même pour les cas suivants :

- On verse $\frac{5}{10}$ de litre, puis $\frac{37}{100}$ de litre.
- On verse $\frac{62}{100}$ de litre, puis $\frac{13}{100}$ de litre.
- On verse $\frac{9}{10}$ de litre, puis $\frac{12}{100}$ de litre.

J'ai appris

- Additionner des centièmes entre eux, c'est facile : $\frac{46}{100} + \frac{32}{100} = \frac{78}{100}$
- Pour additionner des centièmes et des dixièmes, je transforme les dixièmes en centièmes : $\frac{6}{10} + \frac{32}{100} = \frac{60}{100} + \frac{32}{100} = \frac{92}{100}$

3 Calcule.

$\frac{1}{10} + \frac{9}{100}$ $\frac{6}{10} + \frac{34}{100}$ $\frac{4}{10} + \frac{7}{10}$ $\frac{59}{100} + \frac{3}{10}$

$\frac{3}{4} + \frac{26}{100}$ $\frac{16}{100} + \frac{59}{100}$ $\frac{1}{2} + \frac{45}{100}$ $\frac{85}{100} + \frac{9}{10}$

Je deviens performant

A Imagine qu'on découpe le rectangle A pour former un rectangle B de même étendue (ces deux rectangles sont représentés à leur taille réelle).

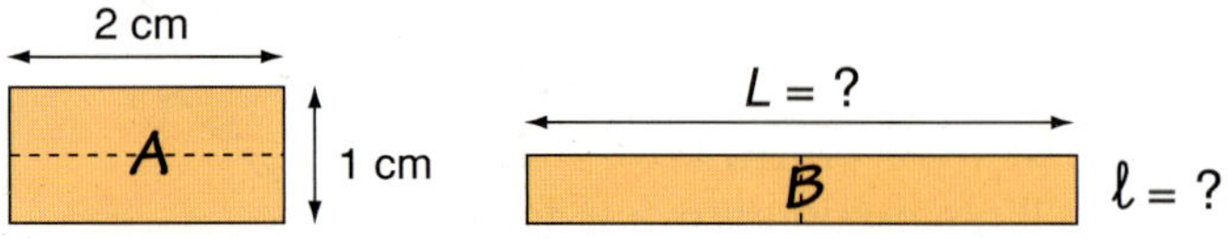

Quelles seront les dimensions du rectangle B ?
Vérifie ta réponse en mesurant ses côtés.

B Calcule ces divisions avec reste.

14 418 : 25 ? 19 396 : 25 ?

42 897 : 25 ? 134 008 : 25 ?

26 429 : 25 ? 27 148 : 25 ?

❶ à ❸ Mêmes activités que sq nos 75 et 77, la nouveauté résidant dans le fait qu'il faut additionner ici des 1/10 et des 1/100.

SÉQUENCE **84**

Somme de fractions décimales : 1/2, *n* / 4, *n* / 10, *n* / 100 (2)

Calculs proposés oralement
Conversions jours ↔ semaines où tantôt on convertit en jours, tantôt en semaines avec n = 10, 20, 30... 60, 70 (voir p. 11).

Je découvre

1 Détache ta règle n° 3 de ton fichier d'activités.
Vérifie qu'elle est graduée en centième et dixième de stylo.
À partir du repère « 0 », montre les longueurs suivantes, puis exprime chaque fraction en dixièmes et centièmes :

$\frac{12}{100}$ de stylo $\quad \frac{20}{100}$ de stylo $\quad \frac{25}{100}$ de stylo $\quad \frac{53}{100}$ de stylo $\quad \frac{75}{100}$ de stylo $\quad \frac{125}{100}$ de stylo

2 **Fichier d'activités page 22**

3 *Quelle est la ligne brisée la plus longue ?*
Fais un pari, puis vérifie en mesurant avec ta règle n° 3 graduée en centième et dixième de stylo.

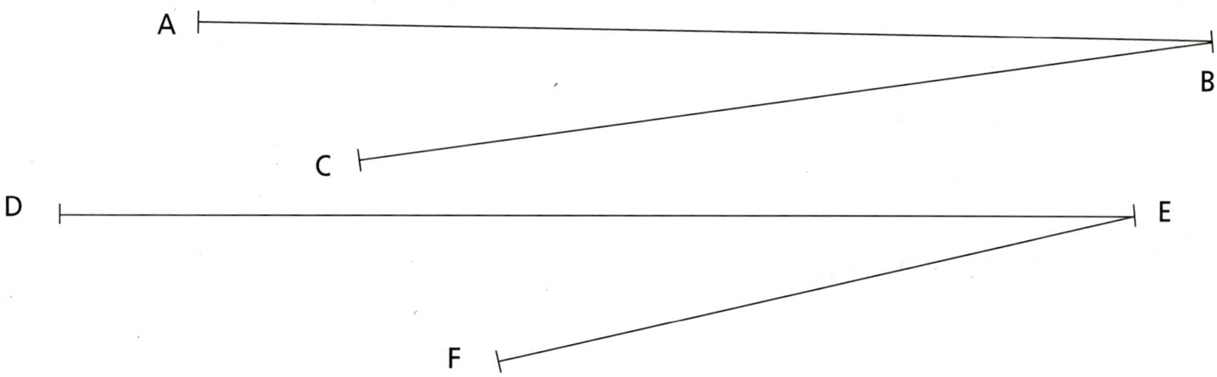

Laquelle de ces deux longueurs est la plus proche de 2 stylos ?

4

Quel est le nombre le plus proche de 2 ?	Quel est le nombre le plus proche de 3 ?	Quel est le nombre le plus proche de $5 + \frac{1}{2}$?
$1 + \frac{85}{100}$ ou $2 + \frac{2}{10}$	$\frac{295}{100}$ ou $3 + \frac{1}{10} + \frac{4}{100}$	$5 + \frac{38}{100}$ ou $5 + \frac{6}{10} + \frac{7}{100}$

5 Compare ces nombres (utilise les signes >, < ou =).

$\frac{63}{100} \ldots \frac{6}{10} + \frac{3}{100} \qquad \frac{51}{10} \ldots 5 + \frac{4}{100} \qquad \frac{293}{100} \ldots 3 \qquad \frac{508}{100} \ldots 5 + \frac{8}{10}$

$\frac{309}{100} \ldots \frac{31}{10} \qquad \frac{134}{100} \ldots 1 + \frac{3}{100} + \frac{4}{100} \qquad 5 + \frac{37}{100} \ldots 5 + \frac{4}{10} \qquad 7 + \frac{4}{10} \ldots 7 + \frac{1}{2}$

6 Calcule, puis range ces nombres du plus petit au plus grand.

$\frac{13}{10} \quad 1 \quad \frac{128}{100} \quad \frac{13}{100} \quad 2$ | $18 \quad \frac{9}{100} \quad \frac{1\,875}{100} \quad 19 \quad \frac{1\,799}{100} \quad \frac{191}{10}$

Je deviens performant

A **Jeu du nombre mystérieux**

$1\,786 + \frac{16}{25} \quad 2\,977 + \frac{19}{25} \quad 3\,222 + \frac{11}{25} \quad 3\,504 + \frac{3}{25} \quad 3\,964 + \frac{11}{25}$

$\frac{87\,603}{25} \quad \frac{99\,111}{25} \quad \frac{74\,444}{25} \quad \frac{44\,666}{25}$

❶ à ❻ Mêmes activités que dans les sq n°s 76 et 78 avec des cas où une fraction est exprimée en 1/10 et l'autre en 1/100. Les stylos de la règle ne sont pas numérotés en centièmes. Ainsi, pour tracer 63 / 100 de stylo, par ex., en s'appuyant sur le repère 6/10, les enfants sont amenés à utiliser la décomposition 63 / 100 = 6/10 + 3 / 100.

SÉQUENCE 85

Technique de la division : diviseur de deux chiffres (2)

Calculs proposés oralement

Jeu du furet de 15 en 15 ; puis même jeu de 15/100 en 15/100 (voir p. 11).

Je découvre

1

Tu vas apprendre à diviser un grand nombre par 39, 58, 87…

Calcul de 21 354 : 39 ? ou « *en 21 354 combien de fois 39 ?* ».

Mathilde et Mathieu ont déjà préparé la division. Ils cherchent le chiffre des centaines.

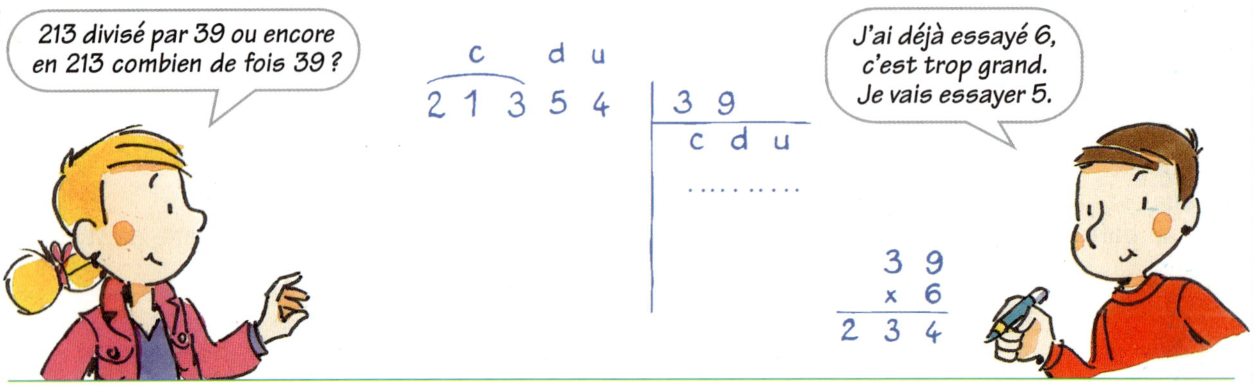

Continue le travail de Mathilde et Mathieu.
Tu peux faire des essais à côté ou dans la division (dans ce cas, écris au crayon).
N'oublie pas de faire la preuve de la division.

2 Jeu des *q* et *r* mystérieux

q = 204, r = 0

q = 215, r = 10

q = 215, r = 9

q = 430, r = 9

q = 430, r = 12

9 899 : 46 ?

10 812 : 53 ?

15 492 : 36 ?

11 619 : 27 ?

3 Problèmes

1 ▶ Un mareyeur doit remplir des bourriches avec des huîtres. Dans chaque bourriche, il doit mettre 91 huîtres.
En tout, il a 12 025 huîtres.

Combien de bourriches peut-il remplir ?

2 ▶ Un organisateur de rallye automobile veut relier 2 villes distantes de 16 972 km en 13 étapes de même longueur.

Combien de km devrait faire chaque étape ?

1 à 3 Les enfants ont appris la technique écrite par un nombre de 2 chiffres, dans le cas où le diviseur est 25 (sq n° 79). On l'étend ici au cas général, du moins quand tous les chiffres du quotient sont inférieurs ou égaux à 5 (le calcul approché des quotients partiels s'en trouve facilité).

SÉQUENCE 86

Le carré : un losange et un rectangle particuliers

Calculs proposés oralement
Conversions jours ↔ semaines où tantôt on convertit en jours, tantôt en semaines avec n = 10, 20, 30... 60, 70 (voir p. 11).

Je découvre

1 Trace ce losange (représenté en réduction).

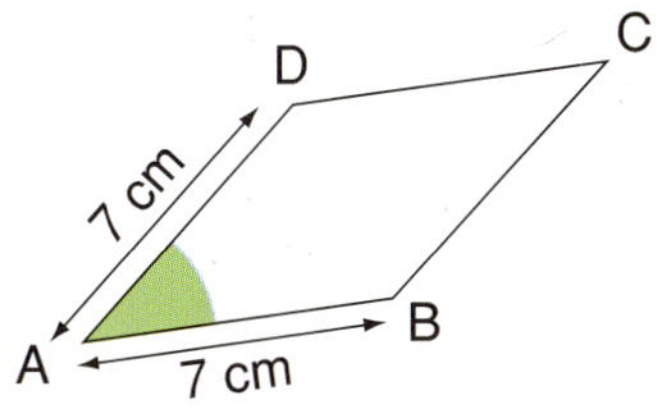

Trace maintenant un autre losange EFGH en remplaçant l'angle vert clair par l'angle droit.
Quelle figure viens-tu de tracer ?

Trace ce rectangle (représenté en réduction).

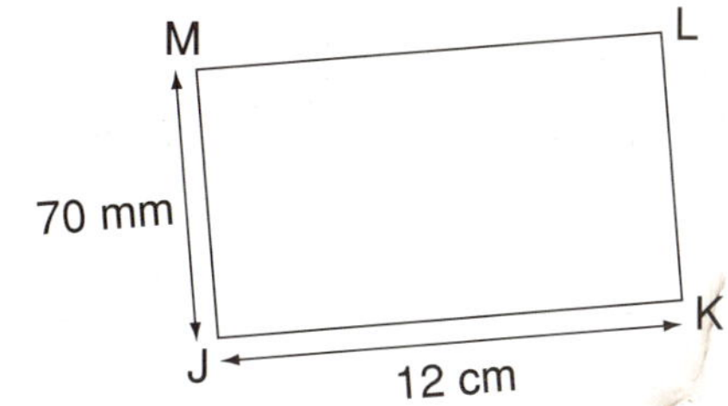

Trace un autre rectangle NOPQ avec les longueurs suivantes : NO = 7 cm et OP = 70 mm.
Quelle figure viens-tu de tracer ?

J'ai appris

Un carré est un losange particulier : c'est un losange dont les angles sont droits.

Un carré est un rectangle particulier : c'est un rectangle dont les 4 côtés ont même longueur.

2 Trace un carré de 12 cm de côté.

3 **Jeu du portrait**

- *Je suis un losange.*
- *Mes côtés mesurent 21 mm.*

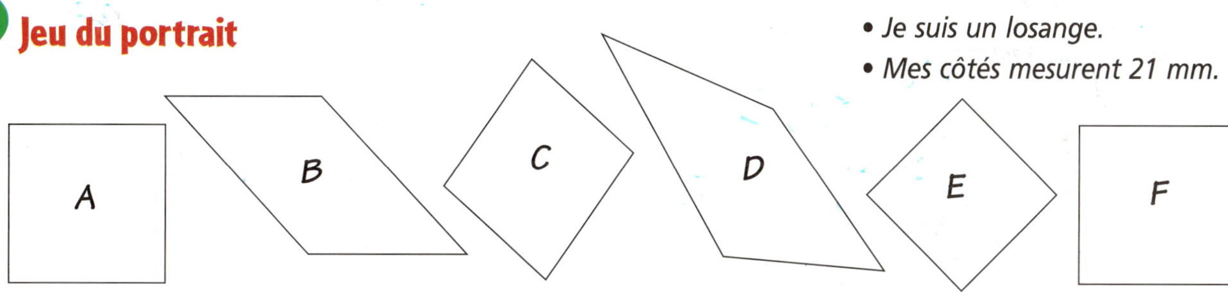

4 **Jeu du portrait**

- *Je suis un rectangle.*
- *Un de mes côtés mesure 25 mm.*

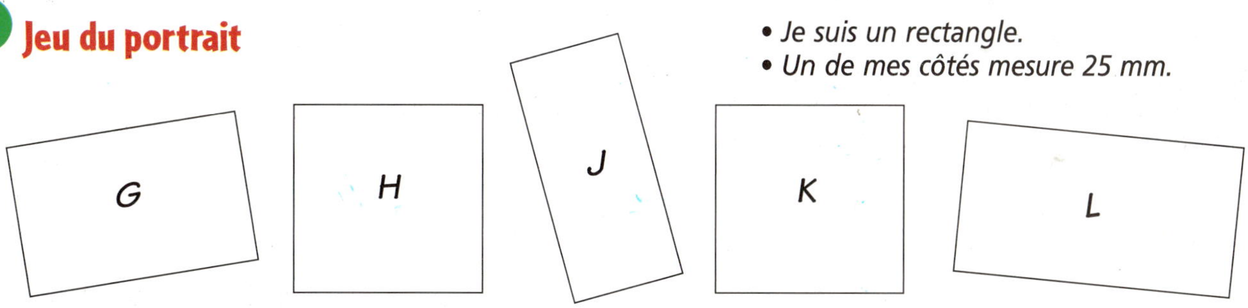

Je deviens performant

A Compare ces nombres (utilise les signes >, < ou =).

$\frac{5}{10} + \frac{70}{100}$ ... $\frac{75}{100}$ $\frac{318}{100}$ ... $3 + \frac{2}{10}$ $\frac{59}{10}$ ... 6

Quel est le nombre le plus proche de 6 ?

$5 + \frac{71}{100}$ ou $6 + \frac{3}{10}$

B Calcule, puis range ces nombres du plus petit au plus grand.

$\frac{175}{100}$ 2 $\frac{21}{10}$ $\frac{301}{100}$ 3

25 $\frac{2\,607}{100}$ $\frac{70}{100}$ 24 $\frac{195}{10}$ $\frac{301}{10}$

❶ à ❹ Dans le langage quotidien, on dit souvent d'une figure qu'elle n'est pas un losange (ni un rectangle) parce qu'il s'agit d'un carré. En géométrie, le carré, ayant toutes les propriétés du losange et du rectangle, doit être considéré comme un losange et un rectangle particuliers (c'est le cas dans les *Jeux du portrait*).

SÉQUENCE 87

La proportionnalité (1) : situations de comparaison

Calculs proposés oralement
Jeu du furet de 15 en 15 ; puis même jeu de 15/100 en 15/100 (voir p. 11).

Je découvre

1 M. Garcia consulte le catalogue *La grande vaisselle*. Aide-le à choisir.

Je cherche les modèles les moins chers.

A ▶ *Quelles assiettes choisir ? Versailles ou Ming ?*

Assiettes *Versailles*

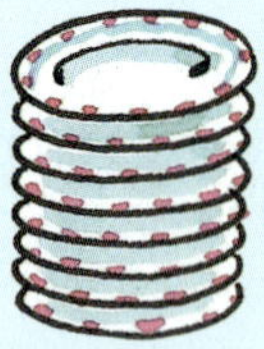

Les 8 assiettes : 192 €

Assiettes *Ming*

Les 6 assiettes : 192 €

B ▶ *Quels verres choisir ?*

Verres en cristal *Aska*

Les 6 verres : 78 €

Verres en cristal *Gèbre*

Les 6 verres : 91 €

C ▶ *Quels vases choisir ?*

Vases *Pise*

3 vases pour 69 €

Vases *New York*

6 vases pour 26 €

D ▶ *Quels plats choisir ?*

Plats *Louis XIV*

4 plats : 128 €

Plats *Henri IV*

7 plats : 217 €

J'ai appris

Si des objets sont vendus par lots, pour savoir lequel de 2 achats est le plus avantageux, je peux chercher le prix des objets à l'unité en calculant les 2 divisions. Mais je peux souvent le savoir sans faire de calcul.

2 Une ville va organiser une course cycliste. Pour empêcher les gens d'aller sur la route, on installera des barrières métalliques. Le maire, Mme Colin, consulte divers catalogues afin de choisir le modèle de barrières que la ville achètera.

A ▶ *Quelle est la barrière la plus longue, dans le catalogue « Équip'Ville » ?*

20 barrières *Solido*
Longueur totale : 600 dm

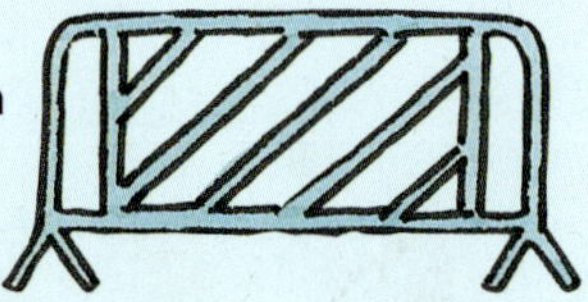

20 barrières *Costo*
Longueur totale : 570 dm

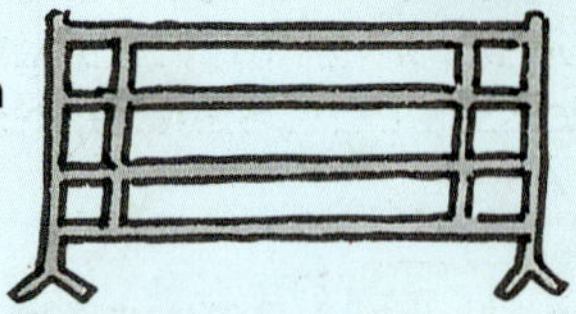

B ▶ *Quelle est la barrière la plus longue, dans le catalogue « Ma commune » ?*

10 barrières *Féro*
Longueur totale : 280 dm

12 barrières *Enalu*
Longueur totale : 280 dm

❶ à ❸ Lorsque l'on compare 2 mélanges, l'un de 2 l d'eau et 5 sucres, l'autre de 4 l d'eau et 9 sucres, comprendre la proportionnalité, c'est comprendre que le mélange qui contient le plus de sucre n'est pas forcément le plus sucré. Pour introduire à un tel raisonnement, on utilise ici des grandeurs familières où les

C ▶ *… dans le catalogue « Tout pour votre ville » ?*

8 barrières *Métalor*
Longueur totale : 200 dm

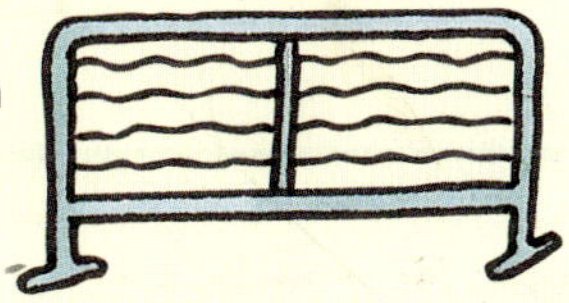

5 barrières *Alufort*
Longueur totale : 130 dm

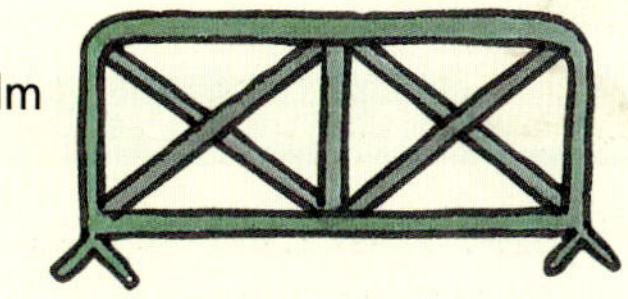

D ▶ *… et dans le catalogue « La Commune heureuse » ?*

12 barrières *Tubulex*
Longueur totale : 360 dm

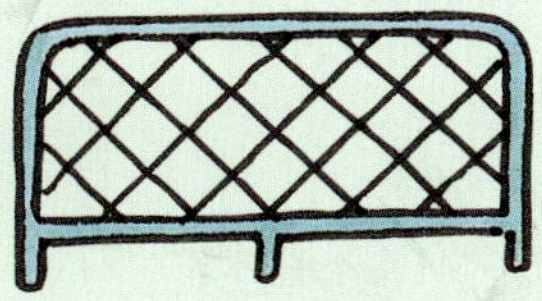

15 barrières *Robustex*
Longueur totale : 340 dm

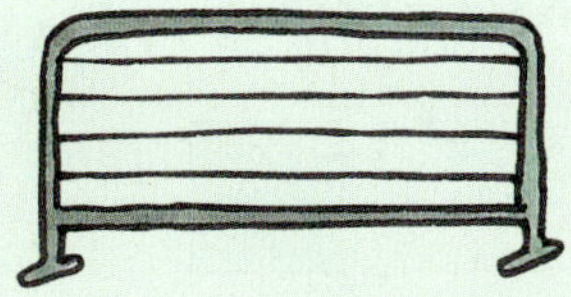

3 M. Tréhot fait de l'alpinisme…

Je transporte mes portions repas dans mon sac à dos !

A ▶ *Quel est le produit le plus léger, dans le catalogue « Prépa-Rando » ?*

20 portions *Stopfaim*

Poids total : 2 500 g

16 portions *Vitos*

Poids total : 2 500 g

B ▶ *… dans le catalogue « Hauts Pics » ?*

6 portions *Tibet*

Poids total : 810 g

9 portions *Alpa*

Poids total : 1 170 g

C ▶ *… dans le catalogue « L'escalade » ?*

15 portions *Cébon*

Poids total : 1 810 g

12 portions *Miam*

Poids total : 1 900 g

D ▶ *… et dans « Belle montagne » ?*

13 portions *Monto*

Poids total : 1 400 g

13 portions *Grimpo*

Poids total : 1 600 g

Je deviens performant

A Imagine qu'on découpe le carré A de 1 cm de côté pour former un rectangle B de même étendue (ces 2 figures sont représentées à leur taille réelle).

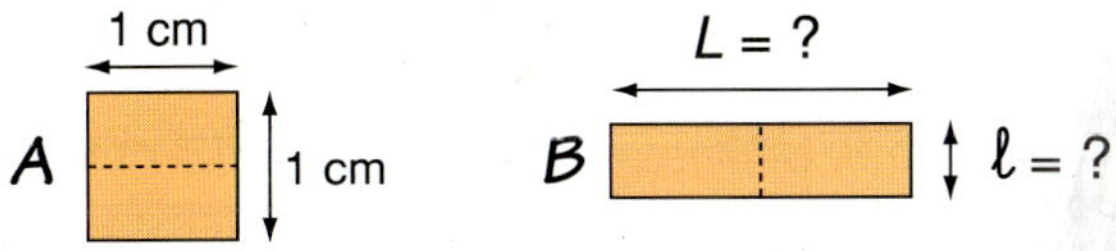

Quelles seront les dimensions du rectangle B ?
Vérifie ta réponse en mesurant ses côtés.

B Compare ces nombres. Utilise les signes >, < ou =.

$\frac{63}{100} \dots \frac{6}{10} + \frac{3}{100}$ $\qquad$ $\frac{73}{10} \dots 7 + \frac{3}{100}$ $\qquad$ $9 \dots \frac{895}{100}$

C **Jeu des *q* et *r* mystérieux**

q = 23
r = 25

q = 185
r = 5

q = 25
r = 26

q = 605
r = 24

q = 1 185
r = 5

1 651 : 65 ? $\qquad$ 29 669 : 49 ?

1 819 : 78 ? $\qquad$ 32 000 : 27 ?

questions : quel est le plus cher, le plus long ?… posent le même type de problème. Le plus souvent, ici, ces comparaisons ne nécessitent pas de calcul, constituant ainsi une approche intuitive de la proportionnalité. Dans les autres cas, la solution s'obtient par la recherche de la valeur de l'unité.

SÉQUENCES
88/89

Mesure d'aires : le cm^2

Calculs proposés par écrit au tableau

1. Divisions par 2 de $n < 200$ (voir p. 11).
2. Divisions par 3, 4... dans des cas (ceux de la sq n° 55) où q = 10, 25, 50, 100...

Je découvre

1 **Fichier d'activités pages 22 et 23**

J'ai appris Pour comparer l'étendue de deux figures sans les découper, je peux chercher combien elles contiennent de cm^2 (« cm carrés »).

1 cm^2, c'est l'étendue d'un carré de 1 cm de côté :

1 cm^2, c'est aussi l'étendue d'un rectangle comme celui-ci :

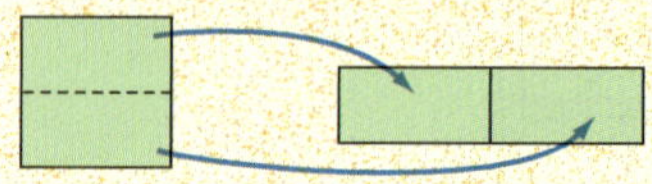

1 cm^2, c'est aussi l'étendue d'un triangle comme celui-ci :

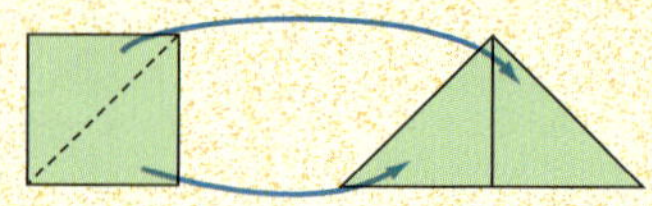

Etc.

Je deviens performant

A Compare ces nombres. Utilise les signes >, < ou =.

$5 + \frac{4}{10} + \frac{6}{100}$ ... $5 + \frac{46}{100}$ $\frac{539}{100}$ ... $5 + \frac{4}{10}$ $\frac{3}{10} + \frac{30}{100}$ ... 3 $\frac{630}{100}$ ... $6 + \frac{3}{10}$

B

Quel est le nombre le plus proche de 13 ?	Quel est le nombre le plus proche de 28 ?	Quel est le nombre le plus proche de 31 ?
$12 + \frac{5}{10}$ ou $13 + \frac{46}{100}$	$27 + \frac{1}{100}$ ou $28 + \frac{9}{10}$	$30 + \frac{3}{10}$ ou $31 + \frac{75}{100}$

C Range ces nombres du plus petit au plus grand.

3 $2 + \frac{75}{100}$ $2 + \frac{8}{10}$ $2 + \frac{85}{100}$ $3 + \frac{6}{100}$

$\frac{1\,571}{10}$ $156 + \frac{3}{10}$ $156 + \frac{29}{100}$ 157

D **Jeu des *q* et *r* mystérieux**

q = 52, r = 82 — q = 124, r = 0 — q = 203, r = 32 — q = 303, r = 32 — q = 352, r = 16

6 324 : 51 ?

6 000 : 17 ?

6 731 : 33 ?

4 502 : 85 ?

E **Jeu du portrait**

- *Je suis un parallélogramme.*
- *Deux de mes côtés mesurent 18 mm.*

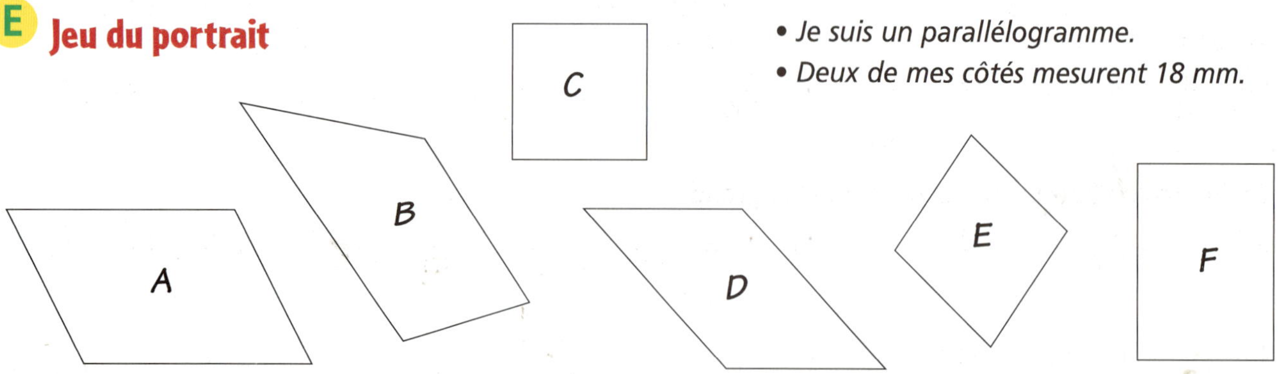

❶ Les élèves déterminent combien de fois une étendue de 1 cm^2 est contenue dans une autre. Ils ont à délimiter les unités par un tracé plutôt que de compter les carreaux d'un quadrillage déjà réalisé. Ils sont ainsi amenés à utiliser des exemplaires du cm^2 dont la forme n'est pas nécessairement carrée.

SÉQUENCE 90

Des nombres affichés par la calculette

Calculs proposés par écrit au tableau

1. Divisions par 2 de $n < 200$ (voir p. 11).
2. Divisions par 3, 4... dans des cas (ceux de la sq n° 55) où q = 10, 25, 50, 100...

Je découvre

1 Calcule ces opérations « à la main », puis vérifie-les avec ta calculette.
Recopie le tableau ci-dessous pour noter les nombres.

	3 248 + 485 654	264 973 – 146 528	876 x 352
Résultats « à la main »			
Affichage de la calculette			

2 ### Problèmes

Résous ces quatre problèmes et vérifie tes calculs à la calculette.

1 ▶ *Quelle est la différence entre l'altitude du mont Blanc (4 807 m) et celle de l'Everest (8 863 m) ?*

2 ▶ *Combien y a-t-il de feutres dans 61 pochettes de 24 feutres ?*

3 ▶ Dans une élection municipale, 3 842 électeurs ont voté pour la liste de Mme Carnot, 2 907 ont voté pour celle de M. Couturier et 34 ont voté blanc.
Combien d'électeurs ont voté ?

4 ▶ 7 enfants se partagent équitablement 22 billes.
Combien de billes aura chaque enfant ? Restera-t-il des billes ?

> **J'ai appris**
>
> La touche ÷ de la calculette ne calcule pas la division avec reste.
>
> Je verrai dans les prochaines séquences qu'elle calcule la division-fraction et j'apprendrai ce que représentent les chiffres après le point.

Je deviens performant

A Compare ces nombres. Utilise les signes >, < ou =.

$10 + \frac{3}{10} + \frac{7}{100}$ ... $10 + \frac{38}{100}$ $\quad$ $\frac{728}{100}$ ... $7 + \frac{3}{10}$ $\quad$ $\frac{6}{10} + \frac{60}{100}$ ... 6 $\quad$ $3 + \frac{80}{100}$ ... $3 + \frac{8}{10}$

B

Quel est le nombre le plus proche de 17 ?
$16 + \frac{8}{10}$ ou $17 + \frac{80}{100}$

Quel est le nombre le plus proche de 35 ?
$34 + \frac{25}{100}$ ou $35 + \frac{7}{10}$

Quel est le nombre le plus proche de 52 ?
$51 + \frac{5}{10}$ ou $52 + \frac{45}{100}$

C Range ces nombres du plus petit au plus grand.

6 $\quad$ $5 + \frac{89}{100}$ $\quad$ $5 + \frac{9}{10}$ $\quad$ $5 + \frac{75}{100}$ $\quad$ $6 + \frac{6}{100}$

$240 + \frac{19}{100}$ $\quad$ $\frac{2\,389}{10}$ $\quad$ 239 $\quad$ $240 + \frac{2}{10}$

D **Fichier d'activités page 23**

❶ et ❷ Cette séquence prépare les sq n°s 93 et 95 où il s'agira de comprendre ce qu'affiche la calculette quand on tape 36 ÷ 10 (sq n° 93), puis 368 ÷ 100 (sq n° 95). Ici, il s'agit seulement de poser le problème : la touche ÷ de la calculette conduit à des écritures qui sont souvent difficiles à interpréter (par exemple ici : 22 ÷ 7 = 3.1428571429).

Bilan terminal de la 3e période

1 Calcule.

1 083 – 620	637 x 12	48 403 : 5 ?	$\frac{847}{4}$
13 183 – 9 728	2 648 x 34	13 248 : 25 ?	$\frac{53}{100}$
5 842 048 + 597 + 3 542	7 089 x 97	13 614 : 41 ?	$\frac{33\,215}{7}$

2 Construis ce triangle et ce parallélogramme représentés en réduction :

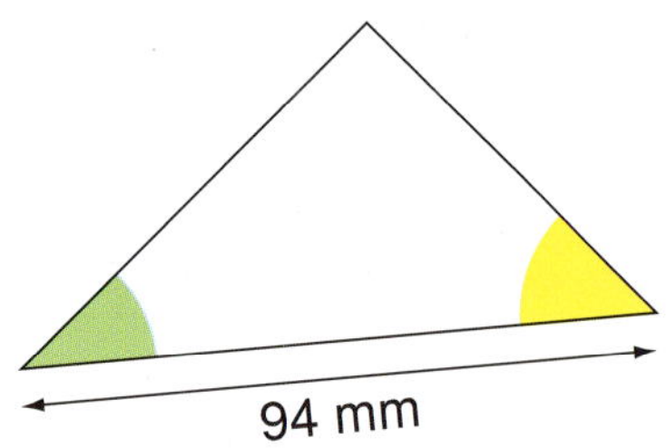

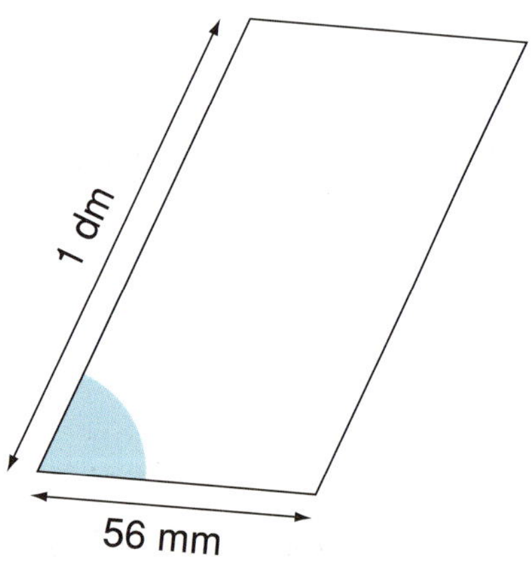

3 **Jeu du portrait**

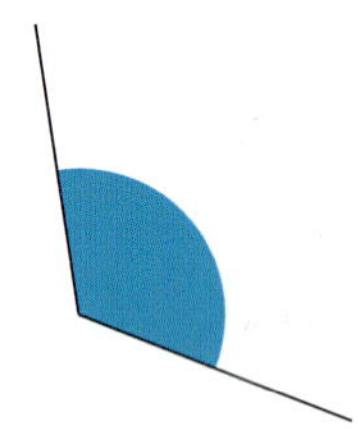

- *C'est un parallélogramme.*
- *Un de ses angles est égal à l'angle bleu foncé de ton calque.*
- *Un de ses côtés mesure 27 mm.*

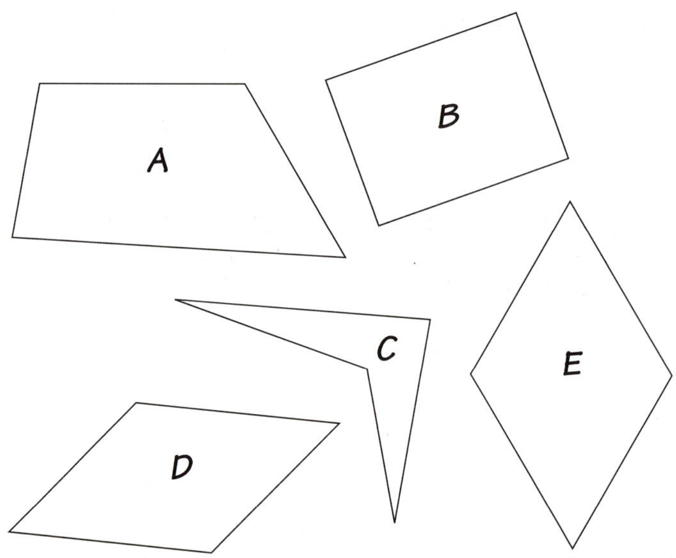

4

Problèmes

1 ▶ 12 647 supporters du club de rugby de Brive se sont inscrits pour aller soutenir leur équipe à Toulouse. Ils s'y rendront en autocar. Chaque autocar peut emmener 53 personnes.

Combien d'autocars faut-il ?

2 ▶ Dans un magasin de musique, M. Drum veut acheter une batterie. Le prix affiché est 1 147 €. Mais après rabais, M. Drum l'achète pour 869 €.

Quelle économie a-t-il réalisée ?

3 ▶ Range ces trois vélos du plus léger au plus lourd :

- *Supercyclostar : 8 kg +* $\frac{72}{100}$ *kg*
- *Rapidélo : 8 kg +* $\frac{3}{4}$ *kg*
- *Kifil : 8 kg +* $\frac{7}{10}$ *kg*

4 ▶ Un restaurant propose :
- entrée : *crudités ou charcuterie* ;
- plat chaud : *poisson, viande ou raviolis* ;
- dessert : *flan, tarte ou fruit.*

Combien de menus différents peut-on composer ?

5 Effectue ces conversions : il faut convertir dans une unité tantôt plus petite, tantôt plus grande.

60 jours *(il faut faire apparaître les semaines)*
70 semaines *(il faut faire apparaître les jours)*
60 pieds *(il faut faire apparaître les pouces)*
50 pouces *(il faut faire apparaître les pieds)*
650 dal *(il faut faire apparaître les l)*
180 l *(il faut faire apparaître les dal)*

6 Compare ces nombres. Utilise les signes >, < ou =.

$\frac{6}{10} \dots \frac{3}{4}$ $\frac{32}{100} \dots \frac{1}{4}$ $8 + \frac{6}{10} \dots \frac{85}{10}$ $\frac{53}{100} \dots \frac{5}{10} + \frac{3}{100}$

$\frac{8}{10} \dots \frac{76}{100}$ $\frac{704}{100} \dots 7 + \frac{4}{10}$ $9 + \frac{1}{4} \dots \frac{925}{100}$ $17 + \frac{6}{10} \dots 17 + \frac{1}{2}$

7 Calcule.

sept tiers *trois mille six cent dix-sept centièmes* *huit huitièmes*
douze dixièmes *trente-sept quarts* *deux cent trente-sept dixièmes*

8

Quel est le nombre le plus proche de 9 ?
$8 + \frac{7}{10}$ ou $9 + \frac{1}{4}$

Quel est le nombre le plus proche de 45 ?
$44 + \frac{8}{10}$ ou $45 + \frac{19}{100}$

Quel est le nombre le plus proche de 61 ?
$60 + \frac{3}{4}$ ou $61 + \frac{3}{10}$

9 Range ces nombres du plus petit au plus grand.

8 $\frac{819}{100}$ $\frac{83}{10}$ 9 $\frac{805}{100}$

$154 + \frac{27}{100}$ $\frac{1\,542}{10}$ 153 $154 + \frac{3}{10}$

10

Problèmes

1 ▶ Le périmètre d'un jardin carré est 75 m.
Quelle est la longueur d'un côté ?

2 ▶ Un lundi, les 42 secrétaires d'une entreprise de vente par correspondance se partagent les commandes reçues le matin. Chacune a 378 commandes et il reste 29 commandes.
Combien de commandes cette entreprise a-t-elle reçues ce matin-là ?

3 ▶ M. Duval a oublié de fermer un robinet. Ce robinet a coulé pendant 8 heures. Chaque minute, 7 litres d'eau ont ainsi été perdus.
Combien de litres d'eau ont été perdus durant ces 8 heures ?

4 ▶ Un champion d'haltérophilie a soulevé un poids de 245 kg. « C'est exactement 7 fois mon poids ! », s'exclame Rachid.
Quel est le poids de Rachid ?

5 ▶ Dans un conte, on dit que 15 sirènes se partagent équitablement les perles contenues dans un coffre. Chaque sirène reçoit 133 perles et il reste 5 perles.
Combien de perles y avait-il dans le coffre ?

Je découvre

1 *Cette activité va te permettre de comprendre certains nombres affichés par la calculette, ceux qui ont un chiffre après le point (par exemple : 3.7 ou 14.1).*

a Recopie et complète ce tableau :

	$\frac{46}{10}$	$\frac{32}{4}$	$\frac{157}{10}$	$\frac{108}{10}$	$\frac{14}{10}$	$\frac{7}{2}$	$\frac{3}{10}$	$\frac{1}{2}$
Tes calculs	$4 + \frac{6}{10}$	8						
Affichage de la calculette								

b Compare les résultats obtenus.

J'ai appris

13,6 signifie **13** + $\frac{6}{10}$ ou $\frac{136}{10}$.

Sur les machines, la virgule est souvent remplacée par un point.

Ce nombre s'appelle un nombre **décimal**.
Le chiffre à droite de la virgule désigne les dixièmes.
13,6 se dit « **treize virgule six dixièmes** ».

2 Calcule ces divisions-fractions.
Écris le résultat en utilisant le système de la virgule, puis vérifie avec ta calculette.

$\frac{14}{10}$ $\frac{136}{10}$ $\frac{9}{2}$ $\frac{49}{10}$ $\frac{23}{10}$ $\frac{7}{10}$ $\frac{597}{10}$ $\frac{48}{6}$

3 Prends ta règle n° 1, graduée en stylo et $\frac{1}{10}$ de stylo, et trace les segments qui ont ces longueurs :

[AB] : 1,3 stylo [CD] : 1,9 stylo [EF] : 0,5 stylo [GH] : 0,9 stylo

4 Écris le nombre correspondant à la partie colorée en utilisant le système de la virgule.

A

B

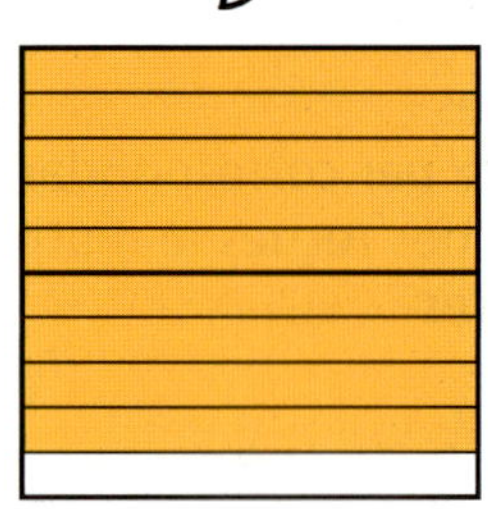

C

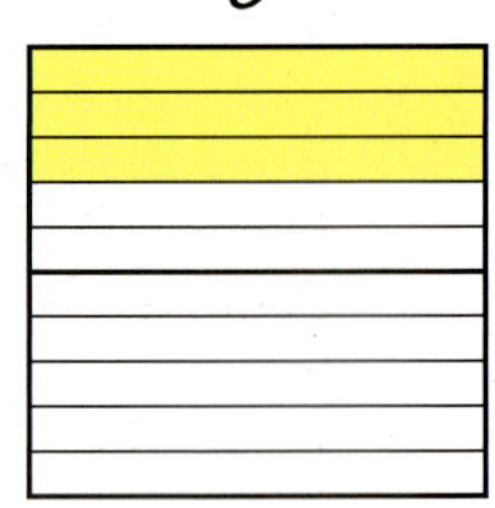

5 Range ces nombres du plus petit au plus grand.

6 5,8 5 5,1 3,7 | 13 12,8 19 11,9 12 12,3

6

Quel est le nombre le plus proche de 3 ?	Quel est le nombre le plus proche de 8 ?	Quel est le nombre le plus proche de 12 ?
2,9 ou 3,2	7,4 ou 8,5	11,8 ou 12,3

1 à **6** Dans la sq n° 90, l'usage de la calculette pour un calcul tel que 74/10 aura permis d'observer dans le résultat 7.4 que le chiffre 7 représente le quotient de cette division. Il s'agit ici de comprendre que l'écriture 7.4 est un abrégé de l'écriture, familière aux élèves, 7 + 4/10. Il est fondamental de dire 7,4 sous

Écritures décimales : les dixièmes

Calculs proposés oralement

Sq n° 93 : *n* / *10* et *n* / *2*, énoncés tantôt : « *n divisé par 10* » ou « *...par 2* », tantôt : « *n dixièmes* » ou « *n demis* ». L'élève écrit le résultat ainsi : *a* + *b* / 10 ou *a* + *b* / 2.

Sq n° 94 : *idem*, mais le résultat est écrit avec une virgule.

Je deviens performant

A Dans quel catalogue, « Ludika » ou « J'y joue », trouve-t-on chaque fois le jouet le moins cher ?

1

LUDIKA

6 dinosaures

Prix total : **9 €**

J'Y JOUE

7 dinosaures

Prix total : **9 €**

2

LUDIKA

7 poupées

Prix total : **33 €**

J'Y JOUE

7 poupées

Prix total : **34 €**

3

LUDIKA

8 voitures

Prix total : **16 €**

J'Y JOUE

10 voitures

Prix total : **20 €**

4

LUDIKA

16 calots

Prix total : **7 €**

J'Y JOUE

18 calots

Prix total : **6 €**

B **Problèmes**

1 ▶ *Si on partage équitablement 2 litres de jus d'orange entre 10 enfants, quelle quantité de jus d'orange chaque enfant recevra-t-il ?*

2 ▶ Dix personnes se partagent équitablement 24 tablettes de chocolat.

Quelle est la part de chaque personne ?

3 ▶ On partage 9 biscuits en 2 parts égales.

Combien de biscuits y a-t-il dans une part ?

4 ▶ *Si on découpe le rectangle A en suivant les pointillés, quelles sont les dimensions du rectangle B ?*

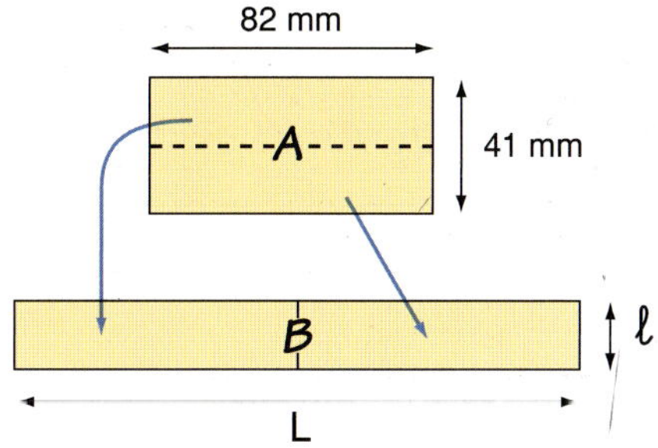

C **Jeu des *q* et *r* mystérieux**

14 849 : 39 ?

17 358 : 43 ?

14 357 : 36 ?

17 560 : 47 ?

q = 373 r = 29	q = 380 r = 29	q = 387 r = 29	q = 398 r = 29	q = 403 r = 29

la forme « 7 virgule 4 dixièmes », voire « 7 plus 4 dixièmes », et non « 7 virgule 4 » (voir présentation p. 4 à 5). Cette façon de dire 7,4 aide les élèves à prendre conscience que les activités 2 à 6 sont très faciles parce qu'ils doivent seulement s'approprier un changement de notation écrite. Les écritures du type 7,48 seront interprétées sq n° 95.

SÉQUENCES **95/96**

Écritures décimales : les dixièmes et les centièmes

Calculs proposés oralement

Sq n° 95 : *idem* sq n° 93, avec *n / 10, n / 2, n / 100 et n / 4*. Le résultat est écrit : *a + b* / 10, *a + b* / 2, *a + b* / 100, …

Sq n° 96 : *idem* sq n° 94, mais le résultat est écrit avec une virgule, par ex. 2,75 pour « *onze quarts* ».

Je découvre

1

a Recopie et complète ce tableau :

	$\frac{35}{7}$	$\frac{432}{100}$	$\frac{56}{100}$	$\frac{25}{4}$	$\frac{307}{100}$	$\frac{3}{4}$	$\frac{240}{100}$	$\frac{1}{4}$
Tes calculs	*5*	$4 + \frac{32}{100}$						
Affichage de la calculette								

b Compare les résultats obtenus.

J'ai appris

23,67 signifie **23** + $\frac{6}{10}$ + $\frac{7}{100}$ ou **23** + $\frac{67}{100}$ ou $\frac{2\,367}{100}$

Le premier chiffre après la virgule désigne les dixièmes.
Le second chiffre après la virgule désigne les centièmes.

- **23,67** se dit **« vingt-trois virgule six dixièmes et sept centièmes »** ou **« vingt-trois virgule soixante-sept centièmes »**.
- **3,07** se dit **« trois virgule sept centièmes »**.

2 Calcule ces divisions-fractions.
Écris le résultat en utilisant le système de la virgule, puis vérifie avec ta calculette.

$\frac{1}{2}$ $\frac{4}{100}$ $\frac{59}{100}$ $\frac{60}{100}$ $\frac{99}{100}$ $\frac{100}{100}$

$\frac{107}{100}$ $\frac{110}{100}$ $\frac{143}{100}$ $\frac{150}{100}$ $\frac{200}{100}$ $\frac{201}{100}$

3 Même activité.

$\frac{137}{100}$ $\frac{209}{100}$ $\frac{7}{2}$ $\frac{73}{100}$ $\frac{23}{4}$ $\frac{48}{6}$ $\frac{2\,674}{100}$ $\frac{380}{100}$

4 Prends ta règle n° 3 graduée en stylo et $\frac{1}{100}$ de stylo, et trace les segments qui ont ces longueurs :

[AB] : 1,23 stylo [CD] : 1,09 stylo [EF] : 0,76 stylo [GH] : 0,80 stylo [IJ] : 1,40 stylo

5 Écris le nombre correspondant à la partie colorée en utilisant le système de la virgule.

A

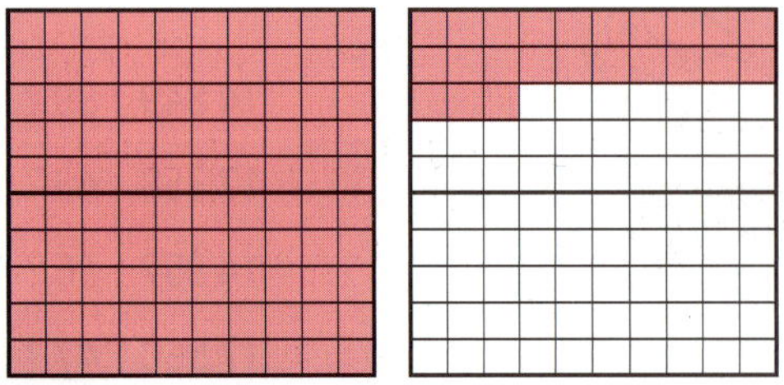

B

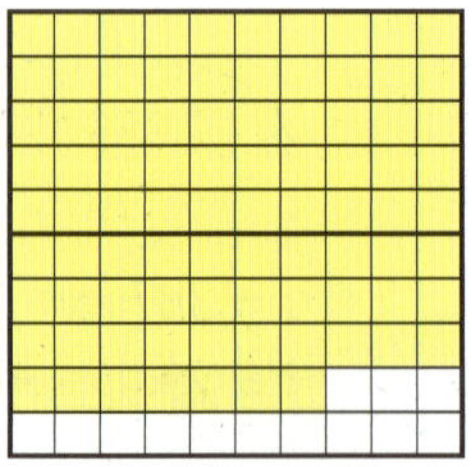

C

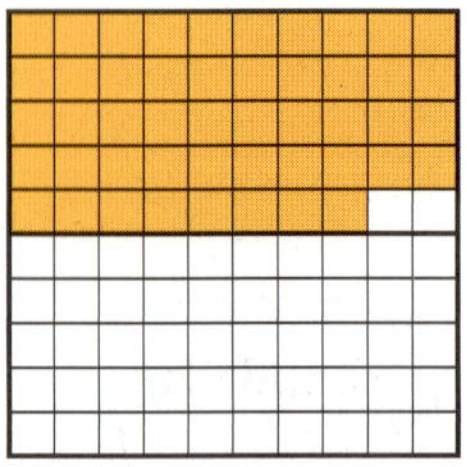

❶ à ❿ Cette séquence a la même structure que la séquence n° 93, consacrée aux seuls dixièmes (voir note de cette sq). Une écriture du type 7,48 est donc interprétée comme synonyme de *7 + 4/10 + 8 / 100* et de *7 + 48 / 100*. Là encore, il est fondamental de lire 7,48 ainsi : « 7 virgule *4 dixièmes et 8 centièmes* », ou « 7 virgule

6 Range ces nombres du plus petit au plus grand.

7	6,08	7,18	6	6,3	13	13,2	19	13,09	14	13,17
2	1,8	2,45	0,92	3	23,7	24	23	23,61	9,85	23,09

7 Compare ces nombres en utilisant les signes >, < ou =.

$2 + \frac{6}{10}$ … 2,6 $3 + \frac{4}{10}$ … 3,04 $5 + \frac{9}{10}$ … 5,90 $12 + \frac{1}{2}$ … 12,05

8 Compare ces nombres en utilisant les signes >, < ou =.

3,6 … 3,60 5,68 … 5,7 19,3 … 19,25 26,09 … 26,14

9

Quel est le nombre le plus proche de 5 ?
4,91 ou 5,1

Quel est le nombre le plus proche de 9 ?
8,86 ou 9,16

Quel est le nombre le plus proche de 15 ?
14,8 ou 15,17

10 **Problèmes**

1 ▶ *Si on partage 130 tablettes de chocolat en 100 parts égales, quelle est la valeur d'une part ?*

2 ▶ *Si on répartit équitablement 11 litres de liquide entre 4 récipients, combien y aura-t-il de litres de liquide dans chaque récipient ?*

3 ▶ *Si on partage équitablement 5 pizzas entre 2 personnes, quelle est la part de chaque personne ?*

Je deviens performant

A Construis ces polygones représentés en réduction.
Assemble-les pour former un triangle.

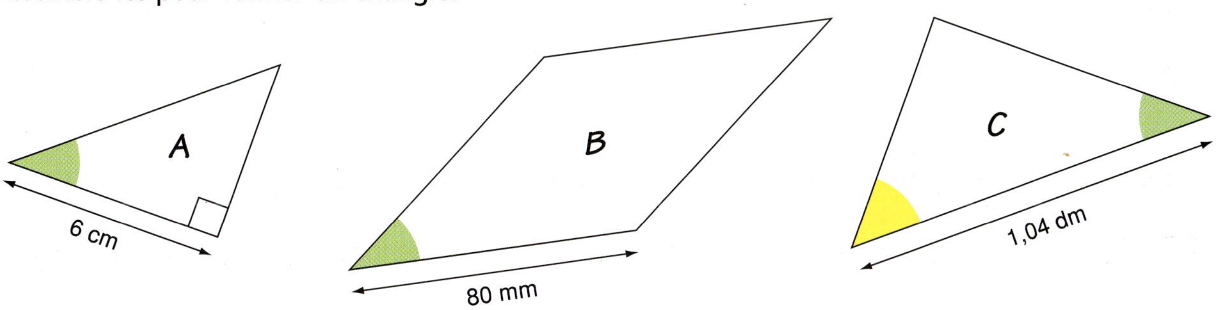

B **Jeu du très grand nombre mystérieux**

2 247 130 2 267 120 2 389 120

2 538 570 2 569 110 2 605 130

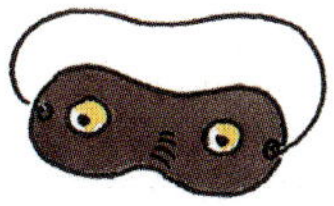

2 304 521 + 587 + 264 002

23 429 408 – 21 040 288

4 059 531 – 1 812 401

34 305 x 74

4 306 x 605

48 centièmes », voire « *7 plus 48 centièmes* », et non « 7 virgule 48 ». 0,08 peut même être lu directement : « *8 centièmes* », de même que 0,8 : « *8 dixièmes* ».
On se limite, au CM1, à l'étude des écritures décimales avec 2 chiffres après la virgule. Celles comportant plus de 2 chiffres après la virgule seront vues au CM2.

SÉQUENCE 97

Mesures d'aires : le dm²

Dictée de quelques décimaux

… et surtout de cas difficiles, par ex. : « 5 virgule 8 centièmes » (0 aux dixièmes), « 13 centièmes » (0 aux entiers), « 4 centièmes » (0 aux entiers et dixièmes).

Je découvre

1

a Il n'est pas facile de mesurer en cm² de grandes étendues comme celle d'une table.
Il vaut mieux utiliser une plus grande unité : le dm².

***1 dm²**, c'est l'étendue d'un carré dont les côtés mesurent 1 dm, comme celui-ci :*

b Dans une feuille A4, fabrique-toi 4 carrés de 1 dm² comme ceci :

1°) Enlève une bande de 97 mm.

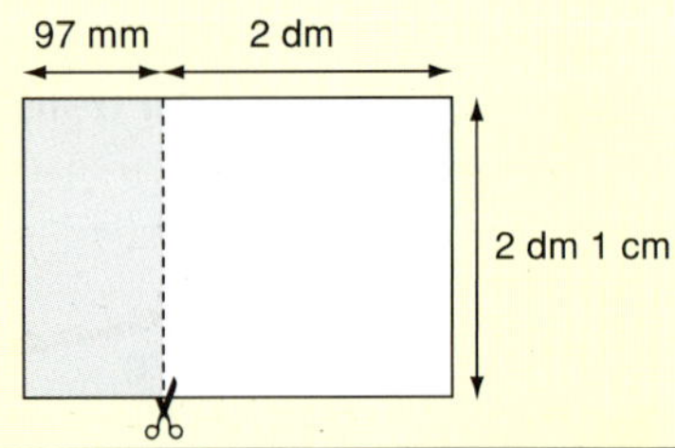

2°) Enlève ensuite une petite bande de 1 cm.

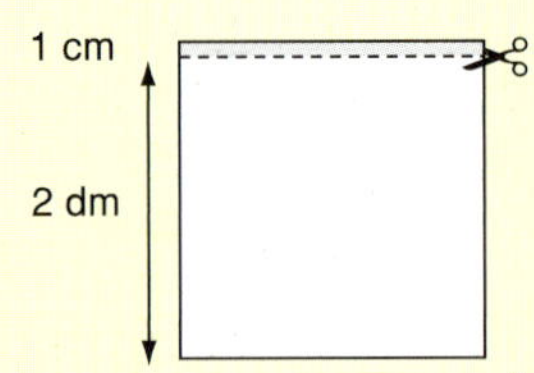

3°) En pliant cette feuille carrée de 2 dm de côté, tu obtiens 4 carrés de 1 dm de côté.

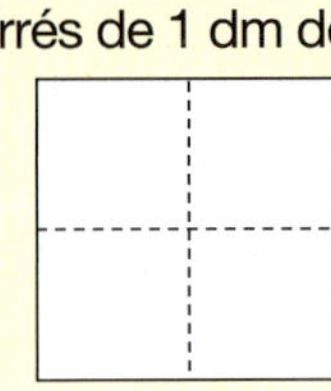

Découpe-les.

c *Quelle est approximativement l'aire de ta table en dm² ?*
Tu peux faire équipe avec d'autres élèves et utiliser les carrés que tu viens de découper.

2 **Fichier d'activités page 24**

J'ai appris

1°) 1 dm² (« 1 décimètre carré »), c'est l'étendue d'un carré de 1 dm de côté.
C'est aussi l'étendue d'un rectangle de 2 dm de longueur et $\frac{1}{2}$ dm de largeur.
C'est aussi l'étendue d'un triangle…

2°) **1 dm² = 100 cm²**

Je deviens performant

A Calcule ces divisions-fractions.
Écris le résultat en utilisant le système de la virgule (tu peux vérifier avec ta calculette).

$\frac{2\,658}{100}$ $\frac{28}{7}$ $\frac{650}{100}$ $\frac{87}{100}$ $\frac{41}{2}$ $\frac{87}{4}$

❶ et ❷ Une aire de 1 dm² (« 1 dm carré ») n'est pas seulement celle d'un carré de 1 dm de côté. On revoit ici, avec le dm², ce que les enfants ont déjà pu concevoir avec le cm² (voir sq n° 88). C'est sq n° 101 qu'ils découvriront que le rapport entre ces deux unités (1 dm² = 100 cm²) est aussi celui entre cm² et mm² (et entre m² et dm²).

SÉQUENCE 98

La proportionnalité (2) : deux modes de calcul…

Dictée de quelques décimaux
Idem séquence n° 97.

Je découvre

1 Dans deux catalogues, *Bellevie* et *Ma Maison*, on trouve les mêmes plats vendus à l'unité :

Catalogue **Bellevie** :

Superbes plats (vendus à l'unité)

Voir prix en pages tarifs

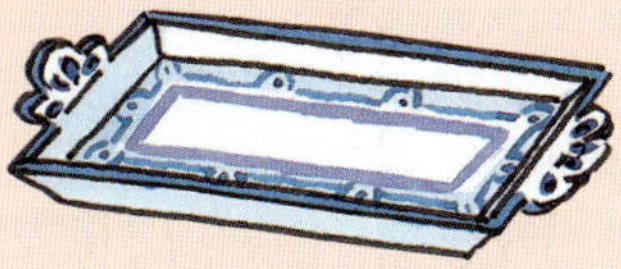

Catalogue **Ma Maison** :

Vendus à l'unité : ces magnifiques plats

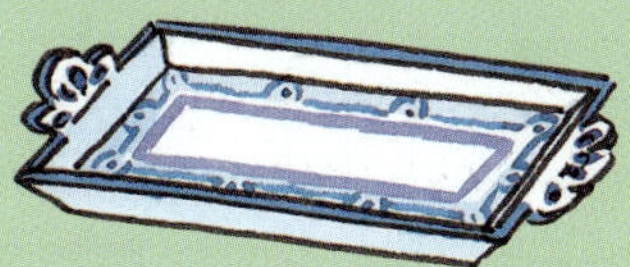

Prix en fin de catalogue

M. Tran achète 7 plats chez *Bellevie* pour 168 €. Mme Nau en achète 5 chez *Ma Maison* pour 120 €.

a *Montre que le prix de ces plats à l'unité est le même dans les deux catalogues.*

b *Calcule de deux façons le prix de 12 plats.*

c *Calcule de deux façons le prix de 14 plats.*

2 Dans ces deux catalogues, on trouve aussi un modèle d'assiettes en porcelaine vendues à l'unité :
Chez *Bellevie*, M. Dubois commande 11 assiettes pour 297 €.
Chez *Ma Maison*, Mme Duchêne en commande 6 pour 162 €.

a *Montre que le prix de ces assiettes à l'unité est le même dans les deux catalogues.*

b *Calcule de deux façons le prix de 17 assiettes.*

c *Calcule de deux façons le prix de 3 assiettes.*

Je deviens performant

A Calcule ces divisions-fractions.
Écris le résultat en utilisant le système de la virgule (tu peux vérifier avec ta calculette).

$\frac{149}{10}$ $\frac{36}{9}$ $\frac{25}{4}$ $\frac{508}{100}$ $\frac{72}{100}$ $\frac{3\,007}{100}$

B **Problèmes**

1 ▶ Denis a un chat noir qui pèse 1,78 kg et un chat blanc qui pèse $1 + \frac{3}{4}$ de kg.

Quel est le chat le plus lourd ?

2 ▶ Une tarte au citron coûte 6,25 €.
Un lot de 4 tartes aux pommes coûte 27 €.

Quelle est la tarte la moins chère ?

3 ▶ Au jeu de *La ligne gagnante*, il faut lancer un palet le plus près possible d'une ligne située à 5 m des lanceurs.
Roxanne a lancé son palet à 5,17 m.
Cédric a lancé son palet à 4,85 m.

Qui a gagné ?

C **Jeu des *q* et *r* mystérieux**

5 781 : 30 ?
4 607 : 24 ?
8 948 : 46 ?
7 163 : 37 ?

q = 191 r = 23	q = 192 r = 21	q = 193 r = 22	q = 194 r = 24	q = 195 r = 26

❶ et ❷ Si le prix à l'unité est constant et s'il faut calculer le prix de *n* objets, on peut soit repasser systématiquement par le prix à l'unité, soit utiliser des relations arithmétiques connues. Par ex, si on connaît le prix de 5 et de 7 objets identiques, il est facile de connaître celui de 12 car c'est 5 + 7, et celui de 14 car c'est 7 x 2.

ARP Atelier de résolution de problèmes

1. Calculs proposés oralement
Ajouter, retirer un nombre proche de 100 ou de 200 (95 ou 195, par ex.). Voir p. 11.

2. Dictée de quelques décimaux
Idem sq n° 97.

1

Problème : Chloé prend un train qui part de Toulon à 9 h 23 et arrivera à Paris à 13 h 18.
Combien de temps durera son voyage ?

Voici les solutions de Sébastien, Mélanie et Cécile.

Sébastien

9 h 23 —(37 min)→ 10 h
10 h —(3 h)→ 13 h
13 h —(18 min)→ 13 h 18

3 h + 37 min + 18 min = 3 h 55 min

En tout, elle mettra 3 h et 55 min.

Mélanie

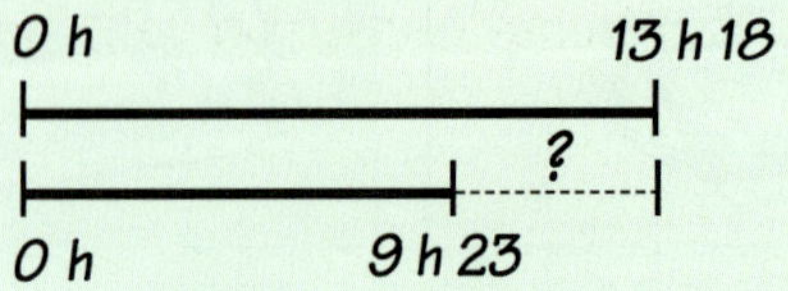

Je calcule la différence entre 13 h 18 et 9 h 23

```
  1 3 h 1 1 8
-     9 h  2 3
      1
  -----------
      3 h  9 5
```

Elle voyagera pendant 3 h et 95 min.

Cécile

Pour pouvoir calculer, je transforme 13 h 18 min en 12 h 78 mn :

```
  1 2      7
  1̶3̶  h  1̶8
-   9  h  2 3
  -----------
    3  h  5 5
```

Son voyage durera 3 h 55 min.

Quelle(s) solution(s) conviennent ? Pourquoi la ou les autres ne conviennent-elles pas ?

2

Problèmes

1 ▶ Le conducteur d'un TGV Paris-Bruxelles regarde sa montre au départ et à l'arrivée de son train.

Paris

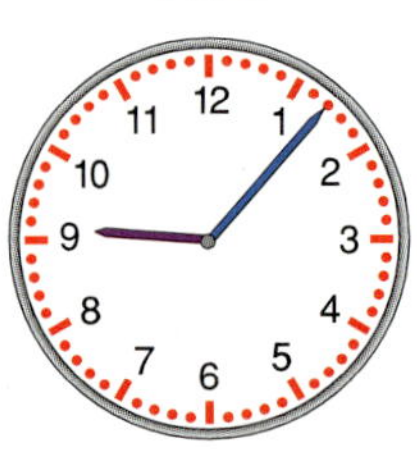

Bruxelles

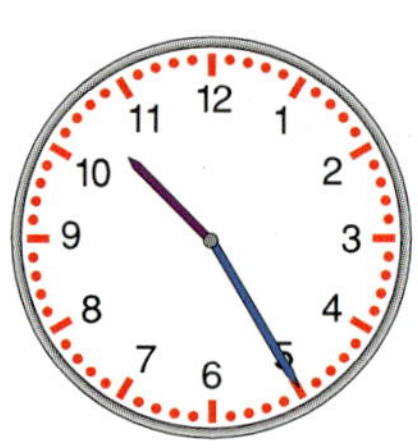

À quelle heure est-il parti ?
À quelle heure est-il arrivé ?
Combien de temps ce TGV a-t-il mis pour faire le trajet Paris-Bruxelles ?

2 ▶ « *Hier soir, j'ai mangé* $\frac{3}{2}$ *de pizza Italo* », dit Amid.
« *Moi aussi, j'ai mangé de la pizza Italo. J'en ai mangé* $\frac{5}{3}$ », répond Marie-Hélène.
Qui a mangé le plus de pizza ?

3 ▶ Une corde mesure 378 pouces.
Quelle est sa longueur exprimée en pieds ?

4 ▶ Un restaurateur a acheté deux sortes de viande. Il a acheté 12 kg de rumsteck pour 216 € et 15 kg de filet pour 270 €.
Montre que le prix au kg est le même pour ces deux sortes de viande.
Calcule de deux manières différentes le prix de 6 kg de viande et celui de 27 kg.

5 ▶ Le chat de M. Minet pèse 3 kg.
« Mon chat pèse 27 fois moins que moi », se dit M. Minet.
Quel est le poids de M. Minet ?

6 ▶ Le périmètre d'un jardin rectangulaire est 46 m. Sa largeur est de 8 m.
Quelle est la mesure de sa longueur ?

❶ Évaluer 3 résolutions d'un même problème. L'explication des erreurs est une tâche difficile. Elle peut être traitée collectivement, par ex. : « *Cette solution conviendrait si le problème était... mais ce n'est pas le problème posé.* »

❷ Résolution de problèmes variés.

ARP Atelier de résolution de problèmes

1. **Calculs proposés oralement**
   « *N* divisé par 10, 2, 100 ou 4 » ou « *n* dixièmes, demis, etc. » Le résultat est écrit avec une virgule.
2. **Ajouter, retirer un nombre proche de 100**
   Idem sq n° 99.

1

Le directeur d'une salle de cinéma a noté le nombre total d'entrées pour chaque mois d'une année :

Mois	Janv.	Fév.	Mars	Avr.	Mai	Juin	Juil.	Août	Sept.	Oct.	Nov.	Déc.
Spectateurs	4 250	4 100	[illegible]	2 750	2 600	1 990	1 750	1 500	1 890	2 740	4 500	4 800

Il a aussi réalisé un histogramme qui représente l'évolution de la fréquentation :

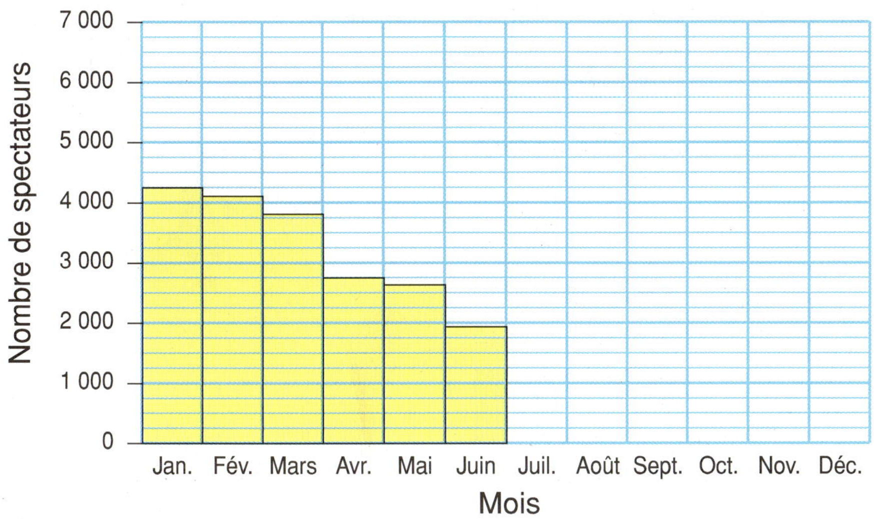

a *Dans le tableau, une tache masque le nombre d'entrées en mars.*
En observant l'histogramme, réponds par vrai *ou* faux *:*
1°) Le nombre d'entrées est de 4 100.
2°) Le nombre d'entrées est plus proche de 3 000 que de 4 000.
3°) Le nombre d'entrées est 3 500.
4°) Le nombre d'entrées est compris entre 3 750 et 4 000.
5°) Le nombre d'entrées est d'environ 3 800.

b *Reproduis cet histogramme (1 carreau = 1 000 entrées) et complète-le.*

c *Quels sont les trois mois de l'année où il y a le plus d'entrées ?*

d *Quels sont les deux mois où il y en a le moins ? Pourquoi ?*

e *Où le voit-on le mieux, dans le tableau ou sur l'histogramme ?*

2

Problèmes

1 ▶ Chez *Borido*, Mme Ugolini achète 14 m de tissu Olympe pour 182 €.
Chez *Supertextil*, M. Poulmarch achète 5 m de ce même tissu pour 65 €.

Montre que le prix au mètre est le même chez ces deux commerçants.

Calcule de deux manières différentes le prix de 19 m de tissu et celui de 9 m.

2 ▶ Le père de Linda mesure 1 m + $\frac{3}{4}$ m.
Son oncle mesure 1,73 m.

Qui est le plus grand ?

3 ▶ 148 personnes participeront au repas annuel d'un comité des fêtes. Au dessert, il y aura $\frac{1}{4}$ de tarte pour chacune.

Combien faudra-t-il de tartes en tout ?

SÉQUENCE
101 Mesures d'aires : mm^2, cm^2, dm^2 et m^2

1. Calculs proposés oralement
« *N* divisé par 10, 2, 100 ou 4 » ou
« *n* dixièmes, demis, etc. » (*idem* sq n° 100).

2. Dictée de quelques décimaux
Idem sq n° 97.

Je découvre

1 *Tu as déjà utilisé deux unités pour mesurer des aires : le cm^2 et le dm^2.*
Tu vas découvrir deux nouvelles unités : le millimètre carré (mm^2) et le mètre carré (m^2).

a Voici un carré de 1 mm de côté : ⟶ ▫
Son étendue est de **1 mm^2**. C'est aussi l'étendue d'un rectangle qui mesure…

b *Combien y a-t-il de mm^2 dans 1 cm^2 ?*

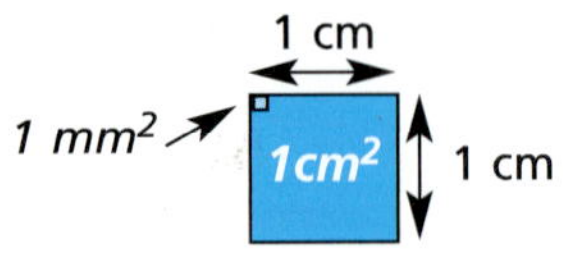

J'imagine des carrés de 1 mm de côté.
Il y en a 10 sur la première ligne,
encore 10 sur la seconde…

2 Rappelle-toi : *combien y a-t-il de cm^2 dans 1 dm^2 ?*

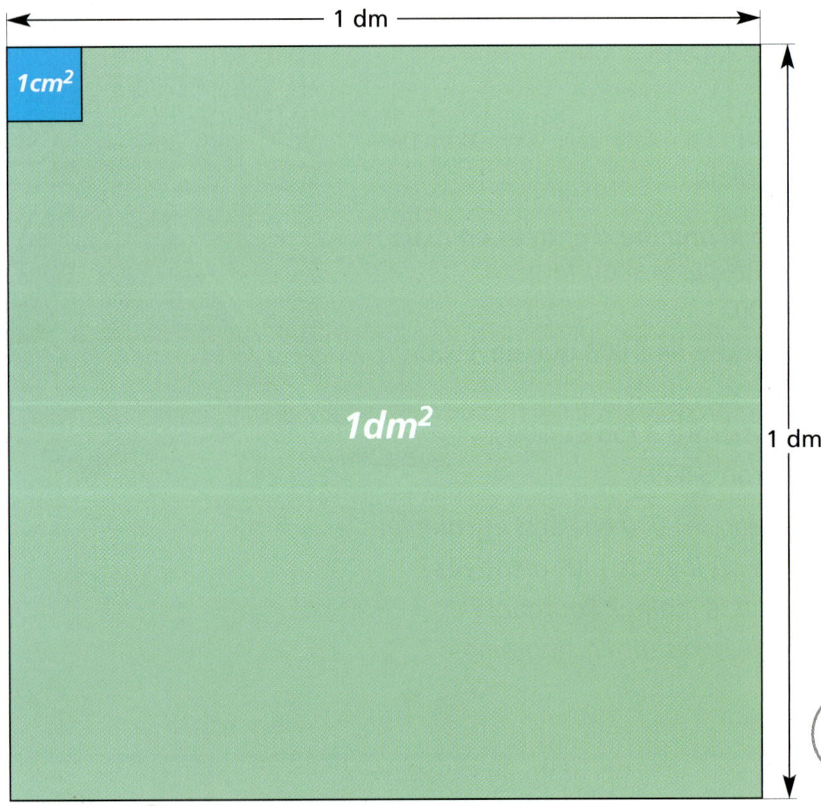

Il y en a 10 sur la première ligne,
encore 10 sur la deuxième…

Je deviens performant

A Écris le résultat en utilisant le système de la virgule (tu peux vérifier avec ta calculette).

$\frac{19}{10}$ $\frac{173}{100}$ $\frac{13}{4}$ $\frac{609}{100}$ $\frac{1\,524}{100}$ $\frac{93}{10}$ $\frac{56}{8}$ $\frac{39}{100}$

B Range ces nombres du plus petit au plus grand.

$9 + \frac{1}{2}$ 9,8 9 9,09 10 13,6 13,08 19 13,59 13,9 14

❶ à ❸ Introduction de deux nouvelles unités de mesure des aires : le mm^2 et le m^2, et découverte du fait que le rapport 100, déjà connu entre le dm^2 et le cm^2, se retrouve plus généralement entre deux unités successives. On se gardera d'introduire un tableau de conversion pour synthétiser les relations entre ces diverses unités

3 **a** **1 m²**, c'est l'étendue d'un carré de 1 m de côté. C'est aussi l'étendue d'un rectangle…
Montre une aire de 1 m^2 environ. Exprime en m^2 l'aire approximative de ta salle de classe.

b *Combien y a-t-il de dm^2 dans 1 m^2 ?*

J'ai appris

1 mm^2 c'est l'étendue d'un carré de 1 mm de côté. C'est aussi…
1 m^2 c'est l'étendue d'un carré de 1 m de côté. C'est aussi…

1 m^2 = 100 dm^2 **1 dm^2 = 100 cm^2** **1 cm^2 = 100 mm^2**

Alors que les **unités de longueur** vont **de 10 en 10**, les **unités d'aire** vont **de 100 en 100.**

C Prends ta règle n° 3, graduée en stylo et $\frac{1}{100}$ de stylo, et trace les segments qui ont ces longueurs :

[AB] : 1,60 stylo [CD] : 1,03 stylo [EF] : 0,29 stylo [GH] : 0,09 stylo

D

Quel est le nombre le plus proche de 7 ?	Quel est le nombre le plus proche de 12 ?	Quel est le nombre le plus proche de 30 ?
6,91 ou 7,08	11,85 ou 12,2	29,6 ou 30,45

car il est préférable, au CM1 et au CM2, avant toute systématisation, d'aider les enfants à développer l'intuition de ces unités. De plus, l'objectif essentiel est l'utilisation de mesures d'aires exprimées sous forme décimale (1 ou 2 chiffres après la virgule) pour enseigner l'addition et la soustraction des décimaux (sq n° 108 et suivantes).

SÉQUENCE 102

Fractions décimales du m, du dm et du cm

Calculs proposés oralement

1. Soustractions (*idem* sq n° 23).
2. « *N* divisé par 10, 2, 100 ou 4 » ou « *n* dixièmes, demis, etc. » (*idem* sq n° 100).

Je découvre

1 Cécile, Mélanie et Sébastien ont mesuré la longueur d'un même ruban. *Sont-ils d'accord ?*

2 **a** Recopie et complète ces égalités (tu peux utiliser le mètre de la classe).

$\frac{1}{4}$ m = … cm $\frac{3}{4}$ m = … cm $\frac{1}{10}$ m = … cm $\frac{1}{100}$ m = … mm

$\frac{1}{2}$ m = … cm $\frac{1}{10}$ m = … dm $\frac{1}{100}$ m = … cm $\frac{1}{1000}$ m = … mm

b Recopie et complète ces autres égalités (tu peux utiliser ton double décimètre).

$\frac{1}{4}$ dm = … mm $\frac{3}{4}$ dm = … mm $\frac{1}{100}$ dm = … mm $\frac{1}{10}$ cm = … mm

$\frac{1}{2}$ dm = … mm $\frac{1}{10}$ dm = … cm $\frac{1}{2}$ cm = … mm $\frac{9}{10}$ cm = … mm

J'ai appris

Le dm, c'est le $\frac{1}{10}$ du m.

Le cm, c'est le $\frac{1}{10}$ du dm ; c'est aussi le $\frac{1}{100}$ du m.

Le mm, c'est le $\frac{1}{10}$ du cm ; c'est aussi le $\frac{1}{100}$ du dm ; c'est aussi le $\frac{1}{1000}$ du m.

Je deviens performant

A Écris le nombre correspondant à la partie colorée en utilisant le système de la virgule.

A *B*

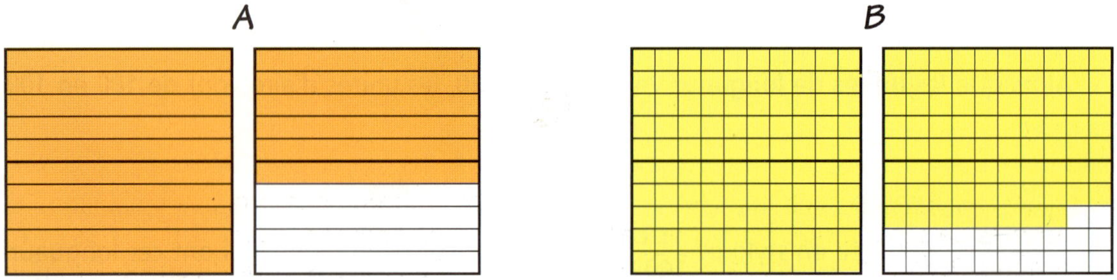

B **Jeu des *q* et *r* mystérieux**

q = 231 r = 53	q = 232 r = 45	q = 234 r = 61	q = 236 r = 49

13 501 : 57 ?

21 767 : 94 ?

17 845 : 76 ?

1 et **2** La situation consistant à exprimer une unité de longueur en fonction d'une unité plus grande (1 dm = 1/10 m, par ex.) est une occasion de revoir que, de façon générale, deux unités de longueur successives sont dans un rapport 10, que le rapport entre m et cm (ou entre dm et mm) est de 100 et que celui entre m et mm est de 1000.

SÉQUENCE 103

Fractions décimales du dm² exprimées en cm²…

1. Dictée de quelques décimaux
Idem sq n° 97.

2. Calculs proposés oralement
Ajouter, retirer un nombre proche de 100
Idem sq n° 99.

Je découvre

1 Mélanie, Cécile et Sébastien ont mesuré l'étendue de ce rectangle vert. *Qui a raison ?*

2 Recopie et complète les égalités.

$\frac{1}{2}$ dm² = … cm² $\quad$ $\frac{1}{10}$ dm² = … cm²

$\frac{1}{4}$ dm² = … cm² $\quad$ $\frac{1}{100}$ dm² = … cm²

$\frac{3}{4}$ dm² = … cm² $\quad$ $\frac{10}{100}$ dm² = … cm²

Rappelle-toi combien il y a de dm² dans 1 m².

$\frac{1}{4}$ m² = … dm² $\quad$ $\frac{1}{10}$ m² = … dm²

$\frac{1}{2}$ m² = … dm² $\quad$ $\frac{1}{100}$ m² = … dm²

$\frac{3}{4}$ m² = … dm² $\quad$ $\frac{10}{100}$ m² = … dm²

J'ai appris

- Le $\frac{1}{10}$ du m², ce n'est pas le dm², c'est une bande de 10 dm².
  1 dm², c'est plus petit que $\frac{1}{10}$ m², **c'est $\frac{1}{100}$ m².**
- Le $\frac{1}{10}$ du dm², ce n'est pas le cm², c'est une bande de 10 cm².
  1 cm², c'est plus petit que $\frac{1}{10}$ dm², **c'est $\frac{1}{100}$ dm².**
- Le $\frac{1}{10}$ du cm², ce n'est pas le mm², c'est une bande de 10 mm².
  1 mm², c'est plus petit que $\frac{1}{10}$ cm², **c'est $\frac{1}{100}$ cm².**

Je deviens performant

A Problèmes

1 ▶ Un catalogue propose deux modèles de barrières de séparation : *Dufort* et *Lafixe*.
15 barrières *Dufort* mises bout à bout forment une longueur de 480 dm et 7 barrières *Lafixe* une longueur de 224 dm.
Montre que ces deux modèles ont la même longueur. Calcule de deux manières différentes la longueur formée par 22 barrières puis celle formée par 5 barrières.

2 ▶ Un catalogue propose deux types de portions-repas : *Good* et *JV*.
16 portions *Good* pèsent 6 848 g ;
7 portions *JV* pèsent 2 996 g.
Montre que ces deux types de portions-repas pèsent le même poids. Calcule de deux manières différentes le poids de 23 portions-repas, puis celui de 8 portions-repas.

❶ et ❷ Les élèves prennent conscience du fait que 1/10 dm², ce n'est pas 1 cm². La situation consistant à exprimer une unité d'aire en fonction d'une unité plus grande (1 cm² = 1/100 dm², par ex.) rend particulièrement saillant le fait que deux unités d'aire et deux unités de longueur successives ne sont pas dans le même rapport.

SÉQUENCES
104/105 Les écritures décimales pour exprimer des mesures

Calculs proposés oralement (sq n°s 104 et 105)

1. Soustractions (*idem* sq n° 23).

2. « *N* divisé par 10, 2, 100 ou 4 » ou « *n* dixièmes, demis, etc. » (*idem* sq n° 100).

Je découvre

1 *Qui a raison ?*

2 Voici un rectangle en réduction.
Sa largeur est de 1 dm et son aire est de 2,1 dm^2.
Trace ce rectangle sur une feuille de format A4.

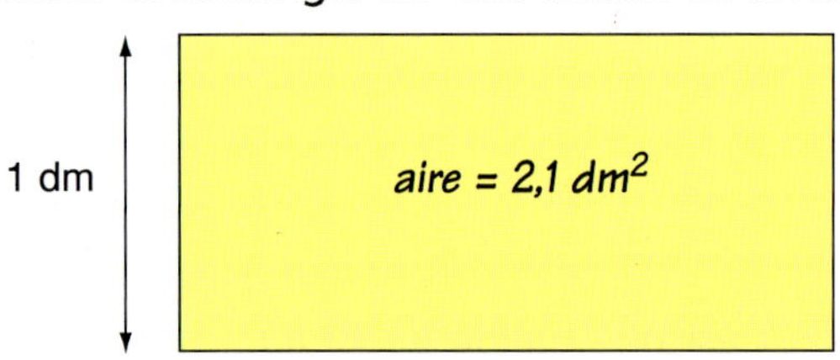

Voici une autre figure en réduction. Un de ses côtés mesure 1 dm et son aire est de 2,35 dm^2.
Trace-la sur une feuille.

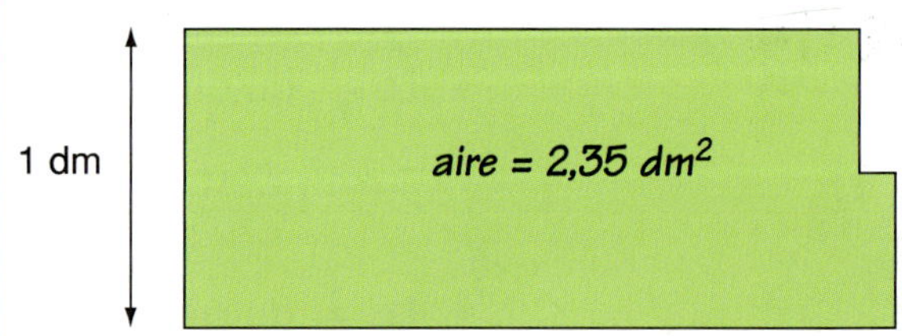

3 Trace un rectangle dont un des côtés mesure 1 dm et dont l'aire est de 0,8 dm^2.

J'ai appris

Pour savoir ce que veut dire **12,7 dm^2**,
il faut le lire « **douze virgule sept dixièmes de décimètre carré** »
et chercher l'étendue qui correspond à 1 dixième de dm^2 : $\frac{1}{10}$ dm^2 = 10 cm^2.

12,7 dm^2 = 12 dm^2 70 cm^2.

4 Recopie et complète les égalités.

0,07 dm^2 = … cm^2 0,24 dm^2 = … cm^2
0,2 dm^2 = … cm^2 0,30 dm^2 = … cm^2

0,1 m^2 = … dm^2 0,05 m^2 = … dm^2
0,3 m^2 = … dm^2 0,83 m^2 = … dm^2

5 Compare ces mesures d'aires (utilise les signes >, < ou =).

1,6 dm^2 … 1 dm^2 6 cm^2 7,01 dm^2 … 7 dm^2 10 cm^2 13,2 dm^2 … 13 dm^2 18 cm^2
4,10 dm^2 … 4 dm^2 1 cm^2 0,6 dm^2 … 59 cm^2 27,06 dm^2 … 27 dm^2 6 cm^2

❶ à ❽ L'usage des écritures décimales pour exprimer des mesures est découvert d'abord avec les aires, puis avec la monnaie et les longueurs. Ce choix vise à prévenir l'erreur fréquente sur les unités d'aire, consistant à écrire par exemple : 3,27 m^2 = 3 m^2 2 dm^2 7 cm^2 sur le modèle des unités de longueurs. En commençant par les

6 Aide Julie.

Aide Guillaume.

7 *Cet enfant a-t-il raison ?*

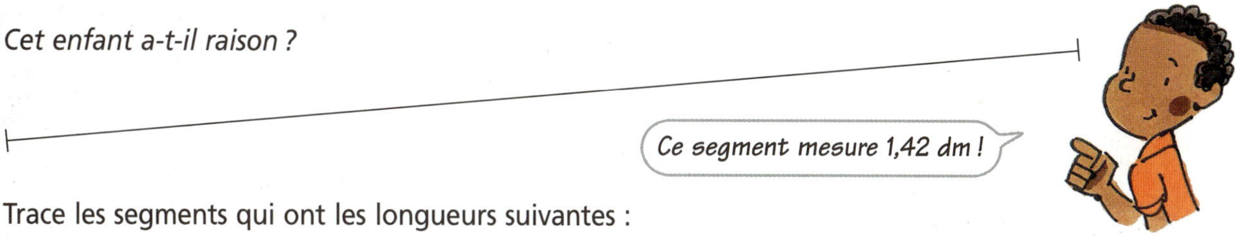

Trace les segments qui ont les longueurs suivantes :

[AB] = 1,3 dm	[CD] = 1,04 dm	[EF] = 1,29 dm	[GH] = 0,3 dm
[IJ] = 12,8 cm	[KL] = 0,09 m	[MN] = 15,6 cm	[OP] = 87,5 mm

8 Exprime en dm les longueurs des segments suivants.

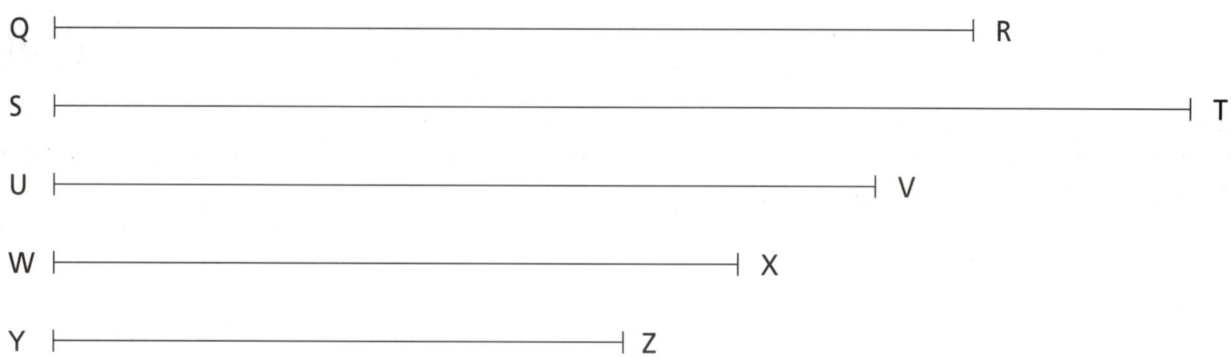

9 Compare en utilisant les signes >, < ou = (c = centime).

405 c ... 4,10 €	3,80 € ... 380 c	0,03 m ... 3 cm
7,4 dm ... 74 cm	1,8 dm ... 108 mm	87 cm^2 ... 8,06 dm^2
0,8 dm^2 ... 79 cm^2	23 cm^2 ... 2,3 dm^2	46,05 € ... 461 c

Je deviens performant

A Jeu du très grand nombre mystérieux

6 232 010 — 6 432 010 — 6 446 820

6 611 340 — 6 752 630 — 6 848 820

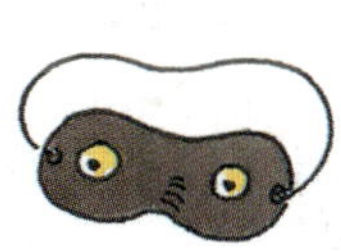

5 852 358 + 648 + 379 004

12 261 013 – 5 829 003

26 340 x 251

2 085 x 3 092

760 980 x 9

unités d'aire, on cherche à ce que les élèves évitent les mécanismes simplificateurs reposant sur la seule succession des unités (m, dm, cm, mm ; g, dg, cg, mg...), mais se ramènent toujours à l'intuition de ces unités.

ARP Atelier de résolution de problèmes

Calculs proposés oralement
Jeu du furet de 15/100 en 15/100 à partir de 2,3 (voir p. 11).

1

Construction géométrique : *1°) Trace un cercle de centre O et de rayon 1,8 cm.*
2°) Sur ce cercle, place un point A et trace (OA).
3°) Sur (OA), place un point B à 1,5 cm de A.
4°) Trace la droite passant par B et perpendiculaire à (OA).

Voici les constructions de Cécile, Sébastien et Mélanie.

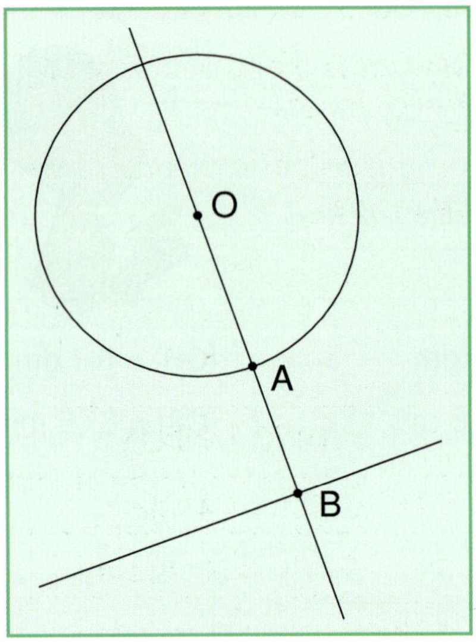

Cécile

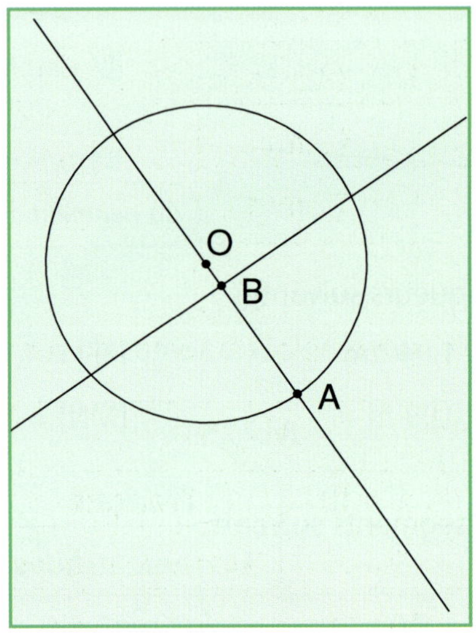

Sébastien

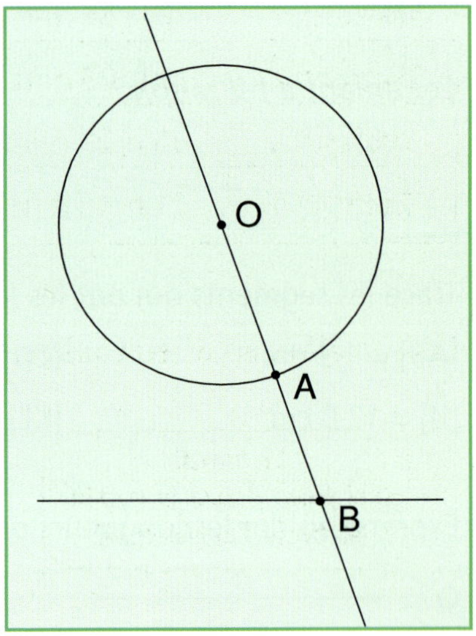

Mélanie

Quelle(s) construction(s) sont correctes ? Pourquoi la ou les autres ne le sont-elles pas ?

2

Problèmes

1 ▶ Deux sortes de bancs, *Confort* et *Skola*, ont la même longueur. 9 bancs *Confort*, mis bout à bout, font une longueur de 288 dm et 7 bancs *Skola* une longueur de 224 dm.

Calcule de deux manières différentes la longueur formée par un alignement de 2 de ces bancs, puis celle d'un alignement de 11 de ces bancs.

2 ▶ *Combien de verres de $\frac{1}{4}$ de litre peut-on remplir avec une bonbonne de 5 litres de jus de pomme ?*

3 ▶ On a 13 filets de 12 clémentines et on veut les partager équitablement entre 31 personnes.

Quelle sera la part de chaque personne ?

4 ▶ M. et Mme Lutz veulent acheter un appartement. Ils hésitent entre un appartement à 65 670 € et un autre à 59 890 €.

Quelle est la différence des deux prix ?

5 ▶ Construction géométrique

1°) Trace le cercle de centre O et de rayon 0,3 dm.

2°) Trace un diamètre de ce cercle. Appelle A et B ses deux extrémités.

3°) Trace la droite perpendiculaire à [AB] et passant par O.

4°) Place sur cette droite un point C à 0,05 m de O.

5°) Trace (AC) et [BC].

❶ Évaluer trois constructions géométriques. Les enfants sont amenés à comprendre qu'il y a deux emplacements possibles pour le point B : il peut se situer de part ou d'autre du point A. De plus, ils revoient la signification du terme « perpendiculaire ».

ARP Atelier de résolution de problèmes

Calculs proposés oralement
Jeu du furet de 15/100 en 15/100 à partir de 2,4 (voir p. 11).

1

Voici un horaire SNCF :

Trains directs d'**Amiens** à **Creil** le matin		
	Départ d'Amiens	**Arrivée à Creil**
Train n° 1	6 h 55 min	7 h 57 min
Train n° 2	9 h 05 min	10 h 04 min
Train n° 3	10 h 20 min	11 h 03 min
Train n° 4	11 h 46 min	12 h 32 min

a *Combien de temps met le train n° 1 pour aller d'Amiens à Creil ?*

b *Un train met 59 minutes pour aller d'Amiens à Creil. Lequel ?*

c *Quel train met le moins de temps pour faire ce trajet ?*

d *Range ces quatre trains du plus rapide au moins rapide.*

Lisa est élève en 6e au collège. Voici son emploi du temps du mardi.

MATIN		APRÈS-MIDI	
8 h 10	**Français**	13 h 20	**Anglais**
9 h 05	**Mathématiques**	14 h 15	**Chorale**
10 h 00	*Récréation*	15 h 20	*Récréation*
10 h 15	**Technologie**	15 h 35	**EPS**
11 h 35	*Repas*	16 h 30	*Sortie*

a *À quelle heure commence le cours de mathématiques ?*

b *À quelle heure se termine-t-il ?*

c *Quelle est sa durée ?*

d *Quelle est la durée de la chorale ?*

2

Problèmes

1 ▶ 4 enfants se partagent équitablement un rouleau de réglisse. Chacun reçoit un morceau de 19 cm et demi.

Quelle était la longueur du rouleau de réglisse ?

2 ▶ L'étendue d'un rectangle A est de 6,25 m^2. Celle d'un rectangle B est de 595 dm^2.

Quel est le rectangle le plus étendu ? Justifie ta réponse.

3 ▶ Un marchand de jouets vend deux types de calots : *Métal* et *Marine*.
8 calots *Métal* pèsent en tout 984 g.
5 calots *Marine* pèsent en tout 615 g.

Montre que les 2 types de calots pèsent le même poids. Calcule de 2 façons différentes le poids de 16 calots, puis de 3 calots.

4 ▶ Une compagnie aérienne doit préparer 4 749 plateaux-repas. Sur chaque plateau, elle veut mettre un tiers de pizza.

Combien faut-il de pizzas en tout ?

❶ Utilisation de deux types d'horaires : dans le premier, on donne l'heure du début et de la fin d'un évènement (déplacement d'un train) ; dans le second, l'heure de la fin d'un évènement est aussi l'heure du début du suivant. Pour déterminer la durée d'un cours, il faut considérer qu'il se termine quand commence le suivant.

SÉQUENCE **108**

Somme de nombres décimaux

1. **Dictée de grands nombres**
   Cf. sq n° 48.
2. **Calculs proposés oralement**
   Ajouter, retirer 19, 29, 39 (voir p. 11).

Je découvre

1 Sur une feuille A4, construis ces deux figures représentées en réduction, puis découpe-les :

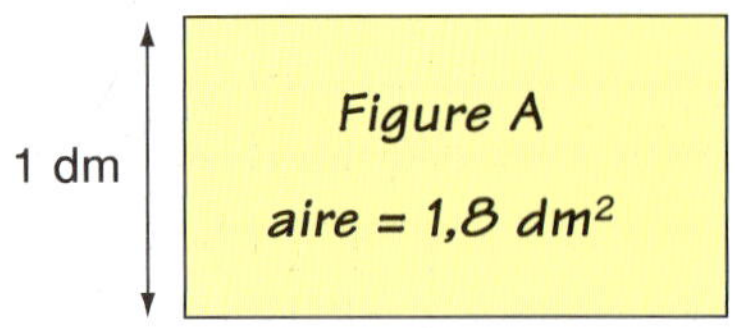

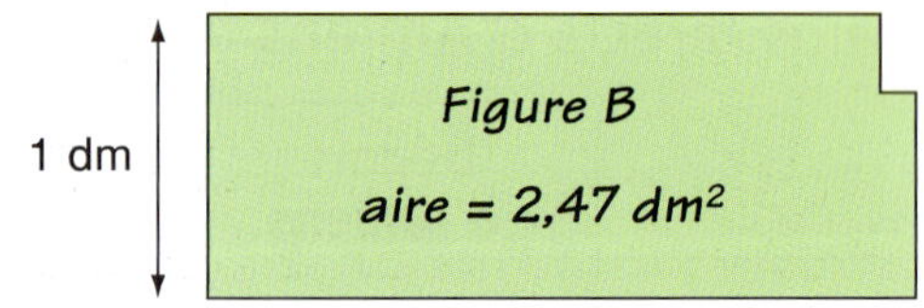

Mets bout à bout ces deux figures. *Quelle est l'étendue de la figure obtenue ?*

2 Observe ce qu'ont fait Romain, Maxime et Alexandra.

J'ai appris

Pour calculer la somme de 2 nombres décimaux (32,76 + 89,4 par exemple), je peux poser l'addition en colonnes en alignant les centièmes sous les centièmes, les dixièmes sous les dixièmes, les unités sous les unités, etc.

Je peux écrire

$$\begin{array}{r} 32,76 \\ +\ 89,4 \\ \hline \end{array} \quad \text{ou} \quad \begin{array}{r} 32,76 \\ +\ 89,40 \\ \hline \end{array}$$

Pour calculer, je commence par additionner les centièmes, puis les dixièmes, etc.

3 Problèmes

1 ▶ Dans une station-service, Mme Lemoine dépense 6,50 € pour un lavage, 49,57 € pour un plein d'essence et 23 € pour une batterie neuve.
Combien dépense-t-elle en tout ?

2 ▶ On met bout à bout deux plinthes.
La première mesure 2,5 m et la seconde 1,75 m.
Quelle est la longueur totale de ces deux plinthes ?

3 ▶ Dans un saladier on verse 0,5 kg de farine, 1,2 kg de fruits, 0,25 kg de sucre et 0,77 kg de fromage blanc.
Combien pèse cette préparation ?

4 Calcule ces additions.
Ne les pose que si nécessaire.

12,34 + 9,6

53,04 + 0,7

37 + 0,68

125,32 + 6,1 + 2,07

341,62 + 78,89

641,03 + 9,6

0,04 + 0,9

435,17 + 19,83

1 à **4** Il est important de verbaliser ces calculs comme Alexandra : « … 8 dixièmes plus 4 dixièmes, 12 dixièmes, je pose 2 dixièmes et je retiens une unité,… » et non : « 8 plus 4, 12,… ». De même, si l'on décide de noter un zéro aux centièmes du nombre 89,4 on dit : « 89 virgule 4 dixièmes, c'est aussi 89 virgule 40 centièmes ».

SÉQUENCE 109

Proportionnalité et non-proportionnalité

Calculs proposés oralement

1. Soustractions (*idem* sq n° 23).

2. Ajouter, retirer un nombre proche de 100, 200, etc. (voir p. 11).

Je découvre

1 Voici le tarif des photocopies couleur d'une librairie :

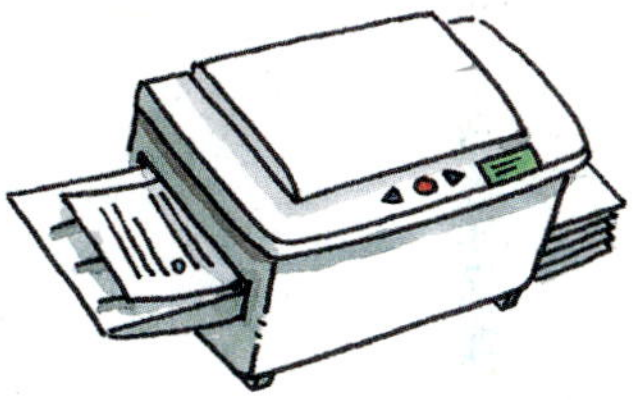

75 centimes
LA PHOTOCOPIE COULEUR

- *Combien coûtent 5 photocopies ?*
- *Combien coûtent 9 photocopies ?*
- *Calcule de 2 façons le prix de 14 photocopies.*
- *Calcule de 2 façons le prix de 90 photocopies.*

2 Voici le tarif d'une autre librairie :

PHOTOCOPIES COULEUR

Quantité achetée	Prix à l'unité
De 1 à 6	85 c.
De 7 à 10	80 c.
De 11 à 20	70 c.
Plus de 21	60 c.

a Calcule le prix de 5 photocopies.

M. Dubois fait 9 photocopies. Le libraire lui demande 7,20 €. Vérifie que le libraire ne s'est pas trompé.

M. Diot fait 15 photocopies. Le libraire lui demande 10,50 €. Vérifie que le libraire ne s'est pas trompé.

Combien coûtent 25 photocopies ?

b On a vu que le prix de 5 photocopies est de 4,25 € et que celui de 9 photocopies est de 7,20 €. *Cela permet-il de calculer le prix de 14 photocopies ?*

c On a vu que le prix de 9 photocopies est de 7,20 €. *Cela permet-il de calculer le prix de 90 photocopies ?*

J'ai appris

- Si le prix d'un objet diminue quand le nombre d'objets achetés augmente, on dit que le prix est **dégressif**.
- Si le prix d'un objet est le même quel que soit le nombre d'objets achetés, on dit que le prix est **proportionnel** au nombre d'objets achetés.
- C'est seulement quand le prix est proportionnel au nombre d'objets qu'on peut calculer facilement le prix de 13 objets si on connaît déjà celui de 5 et celui de 8 objets.

3 Dans chacun de ces exemples, détermine si le prix est proportionnel au nombre d'objets achetés. Justifie tes réponses.

- *Un lot de 3 sucettes coûte 27 c. Un lot de 7 de ces mêmes sucettes coûte 63 c.*
- *Six places à l'Opéra coûtent 258 €. Une carte pour 15 places coûte 585 €.*
- *Un lot de 4 classeurs* Clara *coûte 17 €. Un lot de 10 classeurs* Clara *coûte 40 €.*

4 Dans ces deux problèmes, le prix est proportionnel au nombre d'objets achetés. Calcule le prix demandé. Quand il y a plusieurs méthodes, choisis la plus facile.

- *Chez un grossiste, sept blousons de cuir sont vendus 1 092 €. Combien valent 14 blousons ?*
- *Chez ce même grossiste, huit manteaux sont vendus 2 472 €. Combien valent 13 manteaux ?*

❶ à ❹ Dans diverses situations (relation quantité-prix, -longueur, -poids), les enfants ont utilisé l'équivalence entre 2 modes de calcul : retour systématique à l'unité et usage de relations arithmétiques connues (*cf.* sq n° 98 et suivantes). Il s'agit ici d'introduire le terme « proportionnel » pour catégoriser un tel ensemble de situations.

SÉQUENCES

110/111 Produit d'un nombre décimal par un entier

Calculs proposés oralement (sq n°s 110 et 111)
« *N* divisé par 10, par 2, par 100, par 4 »
ou « *n* dixièmes, *n* demis, *n* centièmes, *n* quarts ».
Le résultat est écrit avec une virgule.

Je découvre

1 Éric a construit 6 figures identiques à celle qui est représentée ci-dessous en réduction. L'aire de chacune est de 2,47 dm^2.

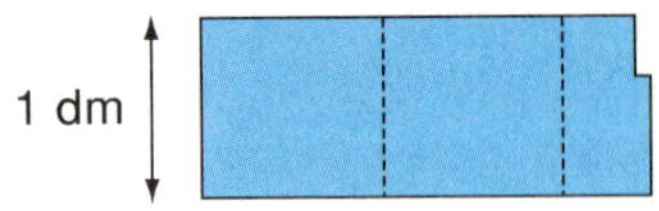

Il les a assemblées comme ci-dessous et cherche l'étendue de la grande figure obtenue.

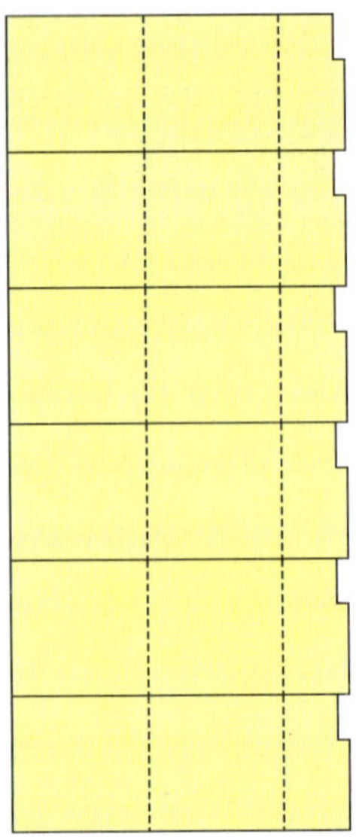

Sans construire les 6 figures, trouve l'étendue de la grande figure en calculant :

$$\left(2 + \frac{4}{10} + \frac{7}{100}\right) \times 6 =$$

Fais le même calcul quand il est disposé ainsi :

```
   2 , 4 7
x  6
```

2 Problèmes

1 ▶ *Combien valent, en euros, 8 crayons à 0,19 € l'un ?*

2 ▶ *Quel est le périmètre d'un rectangle dont la longueur mesure 2,35 m et la largeur 1,26 m ?*

3 ▶ On met bout à bout 9 baguettes qui mesurent chacune 0,68 dm.
Quelle est la longueur totale ?

4 ▶ Un panier en osier pèse 1,2 kg quand il est vide. On y met 4 boîtes de conserves pesant chacune 1,25 kg.
Combien ce panier pèse-t-il alors ?

5 ▶ On a versé tout le contenu d'une bouteille dans 7 verres contenant chacun 0,2 litre de liquide.
Quelle quantité de liquide contenait la bouteille ?

6 ▶ M. Dupin a acheté 9 carrés de moquette mesurant chacun 0,55 m^2.
Quelle étendue de moquette a-t-il achetée ?
Et s'il achète un carré de plus, quelle sera l'étendue totale ?

3 Calcule.

3,48 x 5	8 x 21,3
3 x 6,09	50,97 x 7
10,26 x 4	264,08 x 9
6 x 59,67	5 x 2 486,31

❶ à ❸ Mêmes remarques que pour la technique de l'addition étendue aux décimaux (sq n° 108) : afin de conserver à ces écritures leur signification de fractions décimales, on insistera pour que les élèves verbalisent ces multiplications ainsi : « 6 fois 7 centièmes, 42 centièmes, je pose 2 centièmes et je retiens 4 dixièmes,... »

Je deviens performant

A Dans les deux problèmes ci-dessous, tous les objets ont le même prix (le prix est proportionnel au nombre d'objets achetés).

Calcule le prix demandé. Quand il y a plusieurs méthodes, choisis la plus facile.

1 ▶ *Six croissants sont vendus 3,90 €. Combien valent 10 croissants ?*

2 ▶ *Cinq pizzas sont vendues 41 €. Combien valent 15 pizzas ?*

B Dans les deux autres problèmes ci-dessous, tous les objets ont la même longueur (quand on les met bout à bout, la longueur totale est proportionnelle au nombre d'objets alignés).

Calcule la longueur demandée. Quand il y a plusieurs méthodes, choisis la plus facile.

1 ▶ *Dix bâtonnets mis bout à bout mesurent 8 dm.*
Combien mesurent 12 bâtonnets mis bout à bout ?

2 ▶ *Quatre voitures mises bout à bout mesurent 25 m.*
Combien mesurent 16 voitures mises bout à bout ?

C Dans les deux autres problèmes ci-dessous, tous les objets pèsent autant (quand on les pèse ensemble, le poids total est proportionnel au nombre d'objets pesés).

Calcule le poids demandé. Quand il y a plusieurs méthodes, choisis la plus facile.

1 ▶ *Six balles de tennis pèsent 348 g. Combien pèsent 18 balles de tennis ?*

2 ▶ *Quatre petites boîtes de conserves pèsent 1 500 g. Combien pèsent 10 petites boîtes ?*

D Trace les 2 triangles et les 2 parallélogrammes représentés ici en réduction.
Découpe-les puis assemble-les pour former un rectangle.

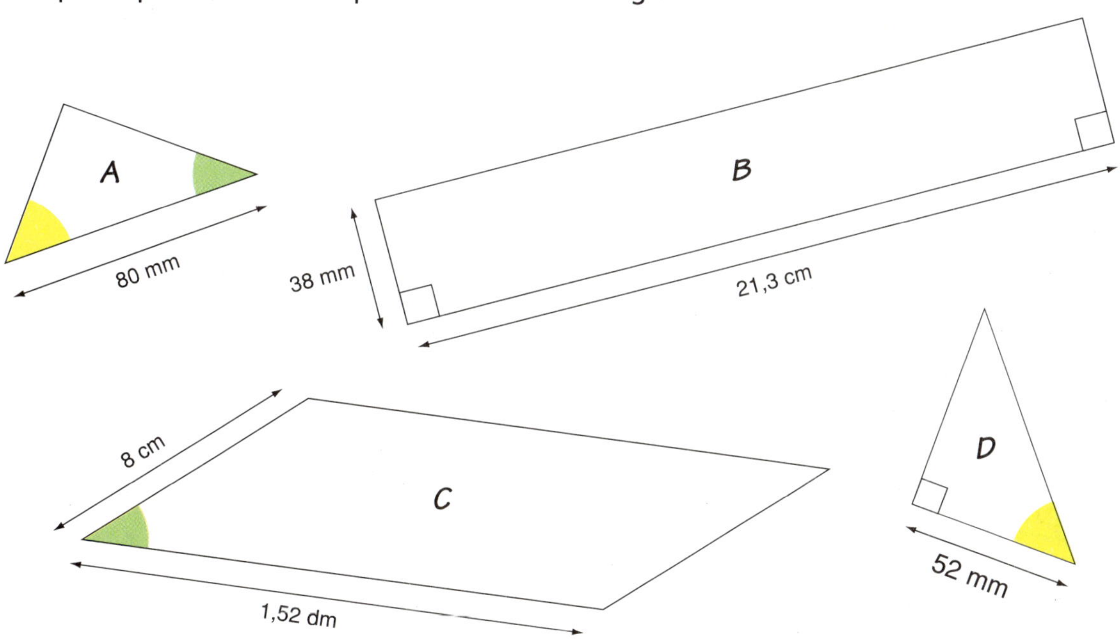

E **Jeu des q et r mystérieux**

q = 115 r = 37	q = 215 r = 27	q = 315 r = 43	q = 415 r = 38

17 053 : 41 ?

13 142 : 61 ?

16 108 : 51 ?

(la retenue se fait sur les doigts). C'est la même raison qui nous a conduits à placer le multiplicateur dans la colonne des unités. On se limite ici à des cas du type *6 fois 15,3*. Les situations du type *15,3 fois 6* (par ex. 15,3 m^2 de tissu à 6 € le m^2) seront étudiées au CM2.

Soustraction de nombres décimaux

Calculs proposés oralement (sq nos 112 et 113)
Conversions jours ↔ semaines où tantôt on convertit en jours, tantôt en semaines avec n = 10, 20, 30... 60, 70 (voir page 11).

Je découvre

1 Sur une feuille A4, construis ces deux figures représentées en réduction, puis découpe-les. Fais apparaître les dm² comme ci-dessous :

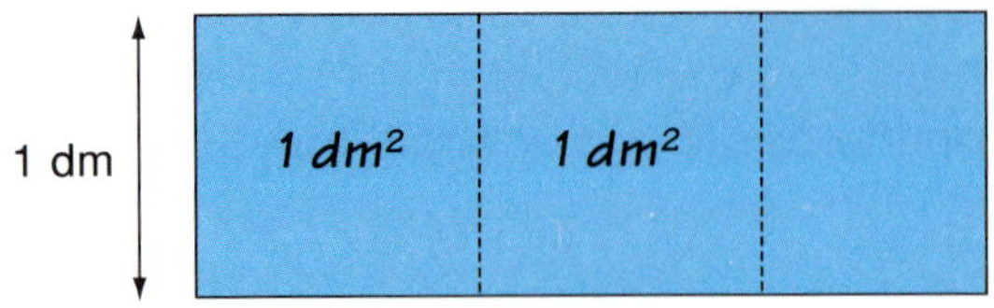

aire = 2,8 dm²

aire = 1,47 dm²

Quelle est la différence d'aire (ou d'étendue) entre ces deux figures ?

2 Observe ce que fait Mathilde et continue son travail.

2,8 – 1,47 = ...

Mathieu a posé la soustraction en colonnes.

Termine son calcul.

J'ai appris

Pour calculer la différence de deux nombres décimaux, je peux poser l'opération en colonnes en alignant les centièmes sous les centièmes, les dixièmes sous les dixièmes, etc.

Pour calculer 34,5 – 26,43 *je pose :*

```
  3 4, 5 0
– 2 6, 4 3
```

Pour calculer, je commence par les centièmes, puis les dixièmes, etc.

3 Calcule.

4,63 – 2,34	26,05 – 14,3	34,78 – 21,7	185,3 – 0,04
13,07 – 9,28	30,9 – 27,81	46 – 0,9	145,28 – 31
24 – 13,5	40 – 6,89	93,07 – 75	207,08 – 195

❶ à ❹ Mêmes remarques que pour les techniques de l'addition et de la multiplication sur les décimaux (sq nos 108 et 110) : afin de conserver à ces écritures leur signification de fractions décimales, on insistera pour que les élèves verbalisent ces soustractions comme Mathieu : « 0 centième moins 7 centièmes, je ne peux pas,

4 Problèmes

1 ▶ David mesure 12,7 dm. Sa sœur Élisa mesure 15,4 dm.
Quelle est la différence de taille entre ces deux enfants ?

2 ▶ Avant de partir en vacances, Mme Larbi achète 6 romans policiers à 10,18 € et 3 romans historiques à 9,20 €. Elle paie avec un billet de 100 €.
Combien d'argent lui rendra-t-on à la caisse ?

3 ▶ Le toit d'un hangar a une étendue de 1 016 m^2. Des couvreurs doivent le recouvrir totalement avec des tuiles. Les tuiles qu'ils ont déjà posées couvrent une étendue de 683,09 m^2.
Quelle étendue doivent-ils encore couvrir ?

4 ▶ Quand il est plein, un pot de sauce tomate pèse 0,7 kg.
Quand il est vide, il pèse 0,18 kg.
Combien pèse la sauce tomate qu'il contient ?

Je deviens performant

A Dans les deux problèmes ci-dessous, tous les objets ont la même longueur (quand on les met bout à bout, la longueur totale est proportionnelle au nombre d'objets).
Calcule la longueur demandée. Quand il y a plusieurs méthodes, choisis la plus facile.

1 ▶ *Douze bancs mis bout à bout mesurent 18 m.*
Combien mesurent 24 bancs mis bout à bout ?

2 ▶ *Vingt barrières mises bout à bout mesurent 50 m.*
Combien mesurent 13 barrières mises bout à bout ?

B Reproduis la construction ci-dessous, tracée à sa taille réelle.
Commence par reproduire le cercle de centre O, puis le rectangle.

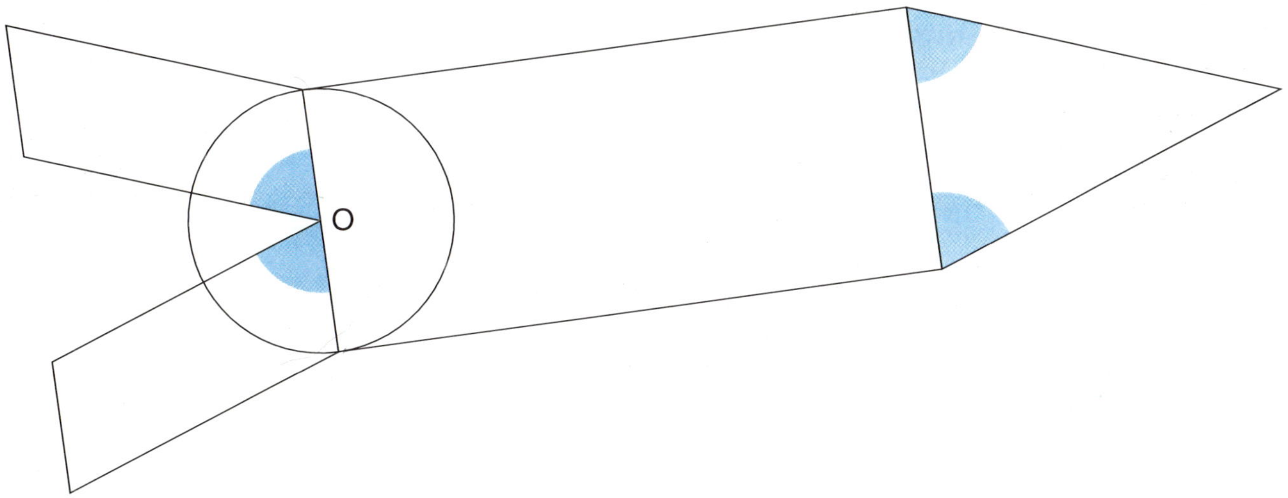

C **Jeu du nombre mystérieux**

426,38	426,88	433,38
433,88	434,38	434,88

48,32 x 9

144,46 x 3

98,61 + 335,77

696,48 – 269,6

2,59 + 385,3 + 45,99

j'ajoute 10 centièmes au grand nombre.... 10 centièmes moins 7 centièmes, 3 centièmes,...». De même, quand il faut noter un zéro aux dixièmes ou aux centièmes de l'un des deux nombres, on verbalise cet aménagement de la même façon que dans le cas de l'addition (voir note sq n° 108).

ARP Atelier de résolution de problèmes

Calculs proposés oralement
Soustractions (*idem* sq n° 23).

1

Problème : Un médecin doit recevoir 4 malades en consultation.
Il dispose de 3 heures et veut consacrer le même temps à chaque malade.

Combien de temps durera la consultation pour chaque malade ?

Voici les solutions de Sébastien, Cécile et Mélanie.

Sébastien

4 : 3 ? *q = 1*
r = 1

Il reçoit chaque malade pendant 1 heure et il reste 1 heure.

Cécile

Pour faire la division, je transforme les heures en minutes :
3 h = 180 minutes
Puis, je calcule 180 : 4 ?

```
 d u
 1̶8̶0  | 4
  2̶0̶  |----
   0  | d u
      | 4 5
```

180 : 4 ? *q = 45*
r = 0

car 180 = 4 x 45

Pour chaque malade, la consultation durera 45 minutes.

Mélanie

C'est la division-fraction 3 divisé par 4 ou $\frac{3}{4}$, c'est-à-dire 3 quarts.

Pour chaque malade, la consultation durera donc $\frac{3}{4}$ d'heure.

Quelle(s) solution(s) conviennent ? Pourquoi la ou les autres ne conviennent-elles pas ?

2

Problèmes

1 ▶ Cédric a fait le plein d'essence de sa mobylette. Dans le réservoir, il a mis 9 litres d'essence à 0,87 € le litre.
Combien doit-il payer ?

2 ▶ Dans ces deux opérations, des chiffres ont disparu.
Recopie les opérations et retrouve les chiffres manquants.

```
  9 3 . 5 8
– 2 . 4 . .
-----------
  . 3 2 6 2
```

```
 c d u
 2 3 . .  | .
          |------
   3 4    | c d u
     . 7  | 4 . .
       .  |
```

3 ▶ Range ces quatre lanceurs de disque suivant les longueurs de leur lancer :

- *lanceur A : 6 dam et 8 dm ;*
- *lanceur B : 59,24 m ;*
- *lanceur C : 63 m et 2 dm ;*
- *lanceur D : $\frac{1}{2}$ hm, 9 m et 43 cm.*

4 ▶ Un lot de 4 chaises de jardin est vendu 53 €.
D'autres sont vendues par lot de 5, au prix de 75 € le lot.
Quel est l'achat le plus avantageux ?
Quelle est la différence de prix à l'unité ?

5 ▶ *Avec 738 trains comprenant 15 wagons de 86 places, combien de voyageurs peut-on transporter ?*

❶ Évaluer trois résolutions d'un même problème. L'explication des erreurs est une tâche difficile. Elle peut être traitée collectivement, par ex. : «*Cette solution conviendrait si le problème était..., mais ce n'est pas le problème posé.*»

❷ Résolution de problèmes variés.

ARP Atelier de résolution de problèmes

Calculs proposés oralement
Divisions avec reste par 10, 25, 50, 100 et 250.

1

Le pont du Gard fut construit par les Romains au 1er siècle après J.-C. Cet aqueduc servait à transporter de l'eau jusqu'à la ville romaine de Nemausus, aujourd'hui Nîmes. D'une hauteur de 49 m, il est considéré comme un chef-d'œuvre de l'architecture romaine.

Photo Abauzit. Office du tourisme d'Uzès (30)

Voici une coupe simplifiée de la partie centrale de cet aqueduc.

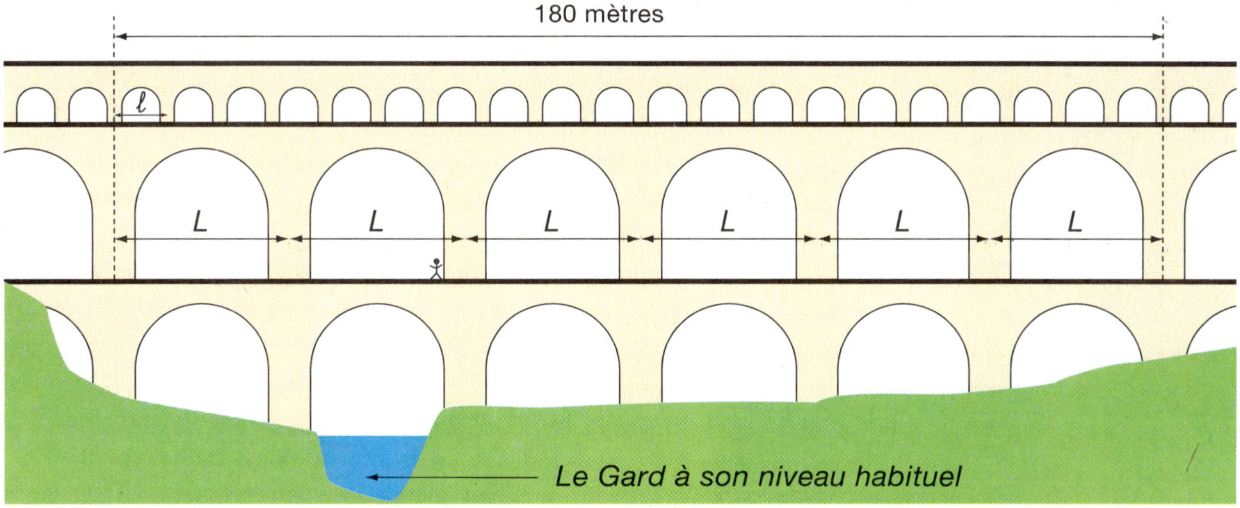

Calcule d'abord la longueur L (du milieu d'un grand pilier au milieu du grand pilier suivant), puis calcule la longueur ℓ (du milieu d'un petit pilier au milieu du petit pilier suivant).

2

Problèmes

1 ▶ *« J'ai aujourd'hui 9 ans. Sachant qu'il y a 365,25 jours par an, combien ai-je de jours ? »* se demande Carole.

2 ▶ Un club de cyclisme achète 7 vélos de compétition à 852 € le vélo et 7 tenues complètes à 148 € la tenue.
Combien ce club dépense-t-il en tout ?

3 ▶ Le périmètre d'un triangle est de 54 cm. Un de ses côtés mesure 16,7 cm, un autre mesure 22,8 cm.
Quelle est la longueur du troisième côté ?

4 ▶ On pèse ensemble un paquet de riz et 3 boîtes de raviolis identiques : la balance indique 2 795 g. Le paquet de riz pèse 500 g.
Combien pèse une boîte de raviolis ?

5 ▶ M. Charlet a acheté 4 serviettes de bain. En tout, il a payé 21 €.
Quel est le prix d'une serviette ?

6 ▶ Pierre a 10 ans de moins que Marc. La somme de leurs âges est de 28 ans.
Quels sont les âges de Pierre et Marc ?

SÉQUENCE **116**

Construire, lire et interpréter des graphiques cartésiens (1)

1. **Dictée de grands nombres**
   Cf. sq n° 48.
2. **Calculs proposés oralement**
   Ajouter, retirer 19, 29, 39 (voir p. 11).

Je découvre

1 En avril, des élèves de CM1 sont allés en classe transplantée en Vendée. Chaque jour à midi, ils ont relevé la température sur un thermomètre. Ils l'ont notée dans un tableau et ont représenté l'état du ciel. Un graphique des températures en degrés Celsius a été commencé (*16°* signifie *16 degrés Celsius*).

Jour	Température	Ciel
L 12	16 °	
M 13	18 °	
M 14	22 °	
J 15	18 °	
V 16	9 °	
S 17		
D 18	14 °	
L 19	21 °	
M 20	23 °	
M 21	22 °	
J 22	18 °	
V 23	17 °	
S 24	17 °	
D 25	15 °	

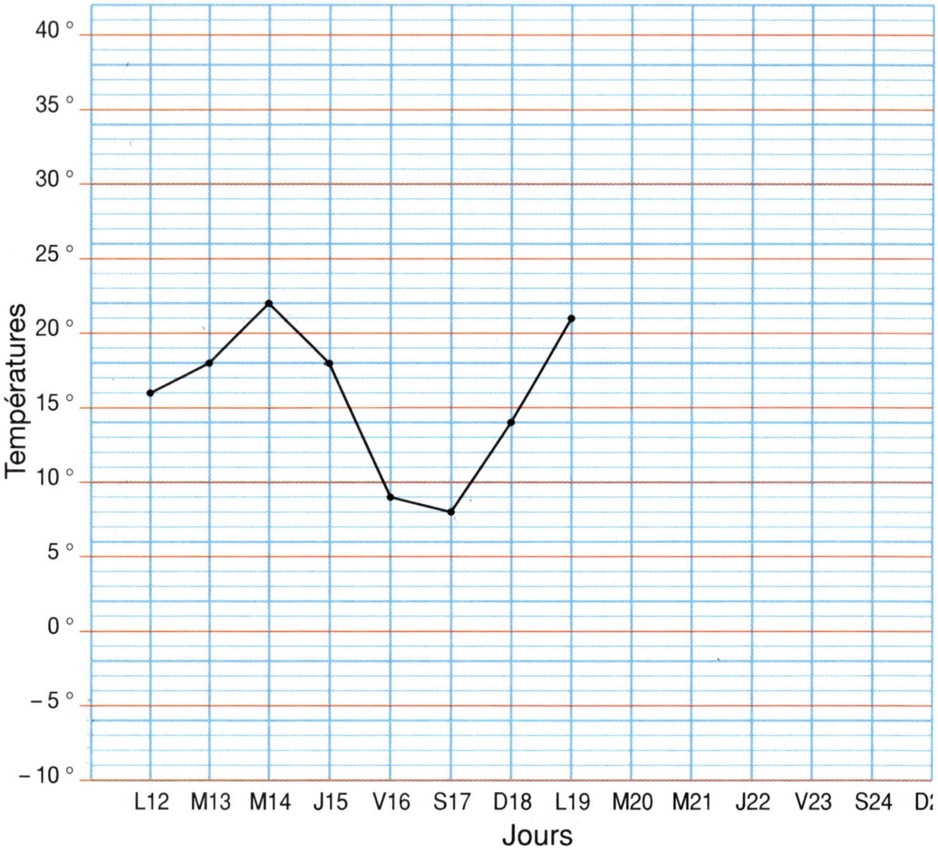

a *Dans le tableau, la température du samedi 17 avril a été masquée par une tache. Retrouve cette température sur le graphique.*

b *Les températures des autres jours ont-elles été correctement représentées sur le graphique ?*

c *Reproduis ce graphique (fais attention, un interligne = 1 degré Celsius) et complète-le.*

d *Quel a été le jour le plus chaud ? Où le voit-on le mieux, dans le tableau ou sur le graphique ?*

e *Quels sont les deux jours entre lesquels la température a le plus diminué ? Où le voit-on le mieux, dans le tableau ou sur le graphique ?*

Je deviens performant

A Jeu du nombre mystérieux

6 718 — 6 718,51 — 6 781

6 817,02 — 6 873,41 — 7 168,92

839,75 x 8

973,86 x 7

7 959,6 – 1 086,19

6 471,07 + 309,93

4 877 + 2 048,5 + 243,42

❶ Dans le cas des histogrammes, les grandeurs sont représentées par les longueurs de rectangles ou de segments qui ont été tracés, tandis que, dans le graphique cartésien, ces longueurs ne sont plus matérialisées. Il faut donc reconstituer mentalement les longueurs correspondantes.

SÉQUENCE

117 Construire, lire et interpréter des graphiques cartésiens (2)

Calculs proposés oralement

1. Soustractions (*idem* sq n° 23).
2. Ajouter, retirer un nombre proche de 100, 200, etc. (voir p. 11).

Je découvre

1 La ligne rouge ci-dessous dit combien de voitures sont passées à un péage d'autoroute.
La ligne bleue dit combien de camions sont passés au même péage.
Ces graphiques représentent les nombres de passages entre le 29 juin et le 19 juillet.

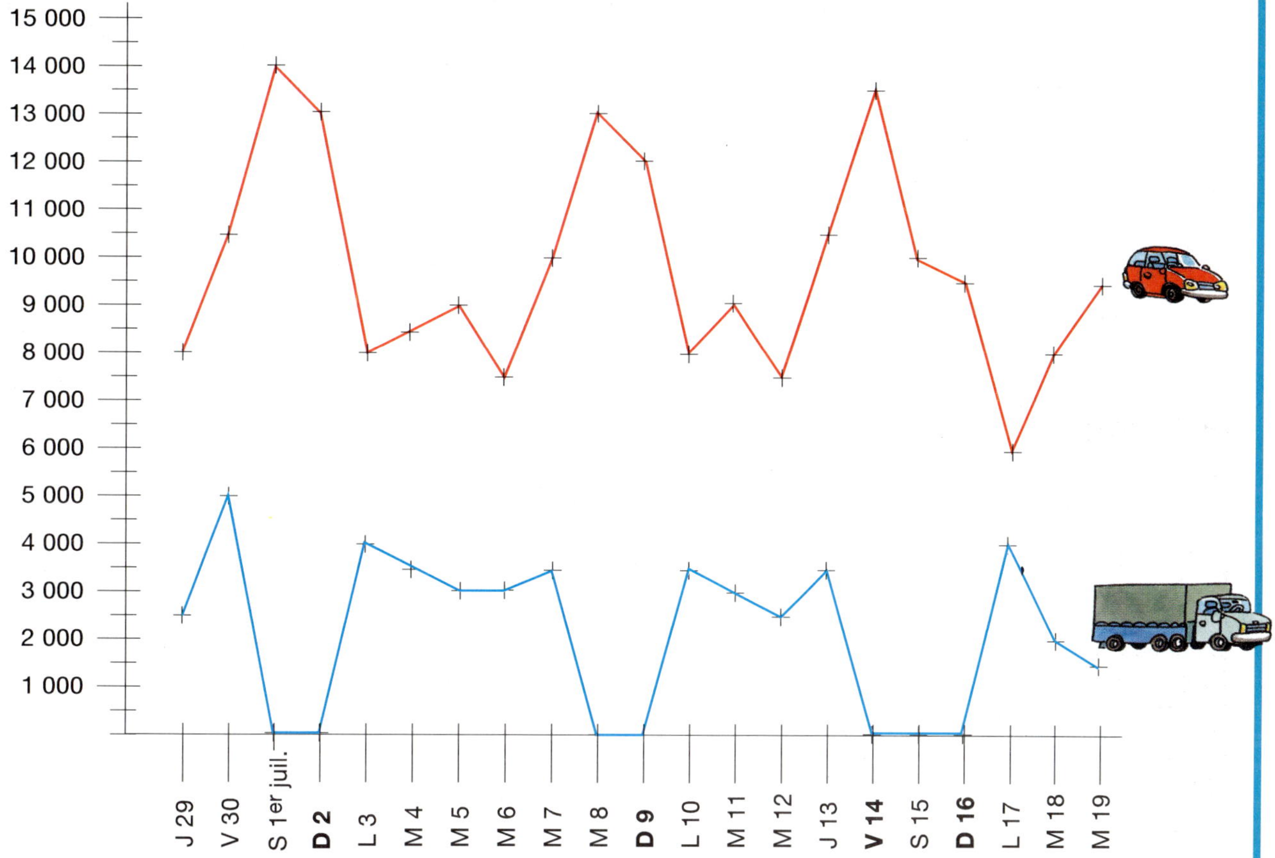

a *Approximativement, combien de voitures et de camions ont passé le péage le 29 juin ? Et le 17 Juillet ?*

b *Quel jour le nombre de voitures a-t-il été le plus grand ? Combien de voitures, environ, y a-t-il eu ce jour-là ? Pourquoi le nombre de voitures a-t-il été si grand ce jour-là ?*

c *Quand le nombre de camions a-t-il été le plus grand ? Combien, environ, y en a-t-il eu ce jour-là ?*

d *Quand le nombre de voitures a-t-il été le plus petit ? Combien, environ, y en a-t-il eu ce jour-là ?*

e *Vérifie que le 14 juillet, 0 camion et 13 500 voitures sont passés par ce péage. Saurais-tu pourquoi, ce jour-là, il y a eu tant de voitures et si peu de camions ?*

f *Quand les 2 nombres ont-il été les plus proches ? Quel était à peu près l'écart entre ces nombres ? Quand les 2 nombres ont-il été les plus éloignés ? Quel était approximativement leur écart ?*

Je deviens performant

A Jeu des *q* et *r* mystérieux

8 196 : 19 ?

10 995 : 82 ?

15 201 : 71 ?

12 780 : 53 ?

- q = 134, r = 7
- q = 214, r = 7
- q = 241, r = 7
- q = 413, r = 7
- q = 431, r = 7

❶ Dans ces graphiques, les verticales et les horizontales qui ont servi à les élaborer ne figurent plus ! L'absence de ces « lignes de rappel » rend plus difficile la reconstitution mentale des grandeurs représentées (*cf* note de la sq 116). On peut s'aider en déplaçant une règle parallèlement aux axes.

SÉQUENCE

118 Classer des figures géométriques

Calculs proposés oralement (sq nos 110 et 111)
« *N* divisé par 10, par 2, par 100, par 4 »
ou « *n* dixièmes, *n* demis, *n* centièmes, *n* quarts ».
Le résultat est écrit avec une virgule.

Je découvre

1 Voici 20 figures géométriques :

Il y a 15 polygones. *Quels sont-ils ?*
Il y a 7 quadrilatères. *Quels sont-ils ?*
Il y a 4 parallélogrammes. *Quels sont-ils ?*
Il y a 2 losanges. *Quels sont-ils ?*
Il y a 2 rectangles. *Quels sont-ils ?*
Il y a 1 seul carré. *Quel est-il ?*

1 et **2** Dans l'activité 1 (tri de figures), les élèves sont amenés à synthétiser les connaissances acquises dans l'année sur les polygones. On vise surtout à ce qu'ils mobilisent l'emboîtement des classes de figures (par ex., la classe des quadrilatères contient celle des parallélogrammes, la classe des parallélogrammes contient

2

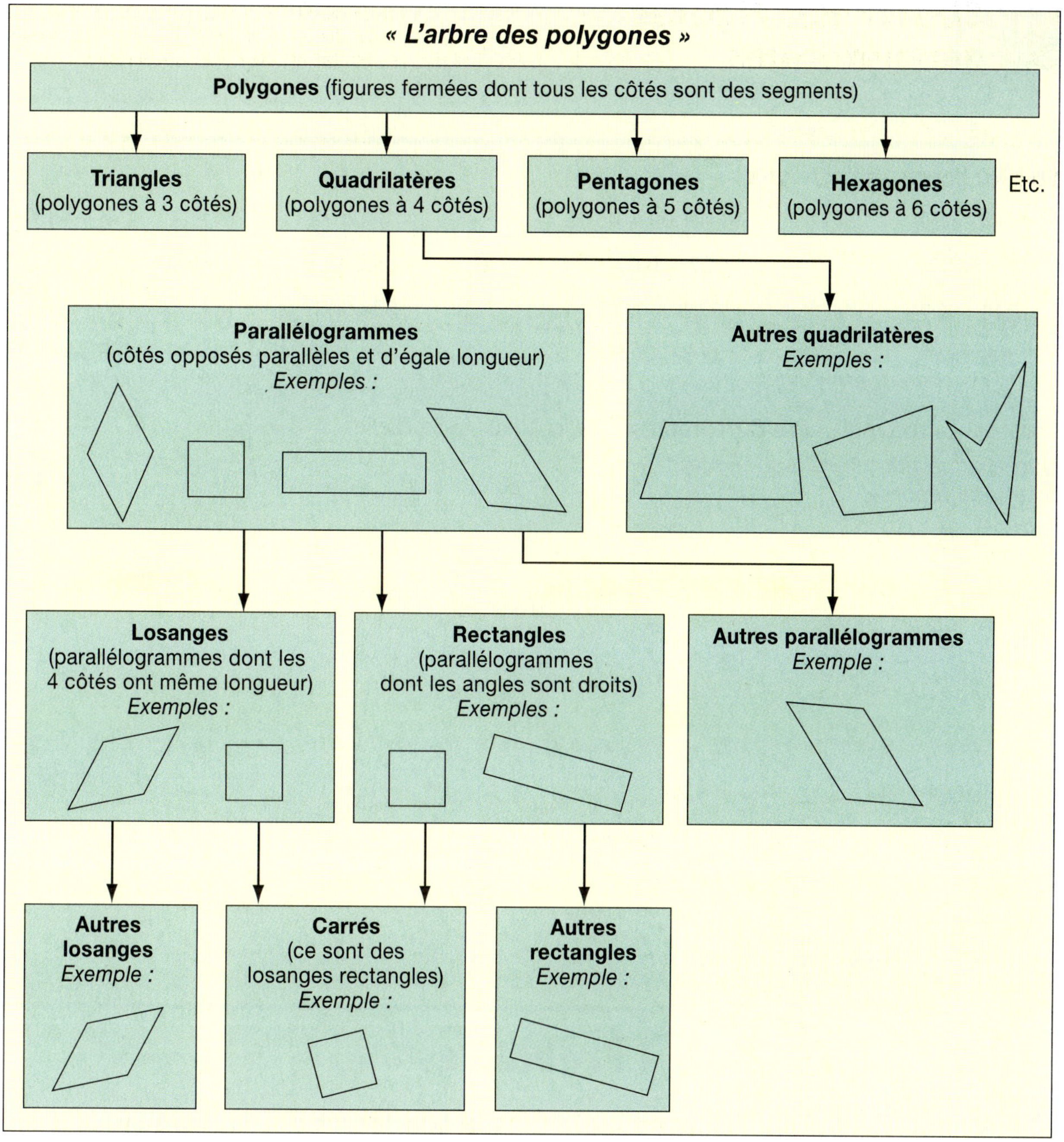

Je deviens performant

A Jeu du nombre mystérieux

2 001,28	2 010,58	2 011,8
2 020,98	2 021,8	2 031,38

1 575,52 + 1,06 + 424,7

287,4 x 7

86 + 1 924,12 + 0,46

6 x 336,83

11 072,7 – 9 041,32

B

Dans les deux problèmes ci-dessous, le poids des objets est proportionnel au nombre d'objets pesés.

Calcule le poids demandé.
Quand il y a plusieurs méthodes, choisis la plus facile.

1 ▶ Trois boules de billard pèsent 1,950 kg.
Combien pèsent 9 boules de billard ?

2 ▶ Seize petites galettes pèsent 448 g.
Combien pèsent 5 petites galettes ?

celle des losanges et celle des rectangles, etc.). Ils sont ainsi amenés à se rappeler par ex. que le rectangle est un parallélogramme particulier, que le carré est à la fois un rectangle particulier et un losange particulier, etc. L'arbre des polygones, qui permet de visualiser ces connaissances, pourra être construit collectivement.

Bilan terminal de la 4e période

1 Calcule.

19 647 : 8 ?	13,4 + 1,09 + 46,75	8 x 4,78	95 – 43,7
135 : 43 ?	67 + 0,03	85,06 x 6	73,9 – 61,08
6 348 : 51 ?	157,6 + 42,09	634,9 x 7	80 – 3,54
2 705 : 84 ?	0,59 + 0,6	9 x 5,68	168,34 – 53

2 Construis ce rectangle et ce carré, représentés ici à leur taille réelle.
Quelle est la figure la plus étendue ?
Justifie ta réponse.

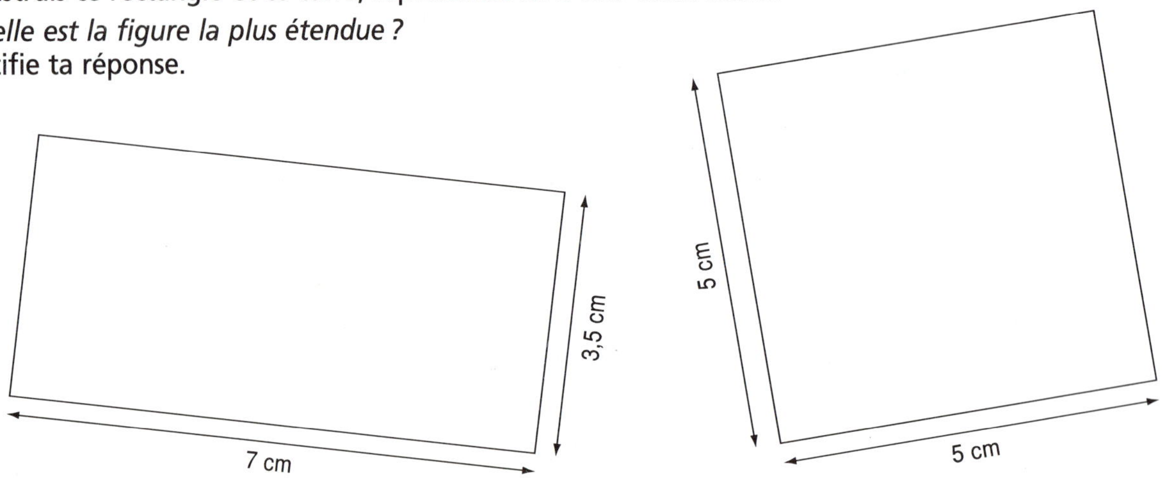

3

Problèmes

1 ▶ Mathias se pèse avec son chien dans les bras. La balance indique 51,3 kg. Quand Mathias est seul sur la balance, celle-ci indique 42,75 kg.
Combien le chien de Mathias pèse-t-il ?

2 ▶ Un fournisseur de produits surgelés pour cantines vend 2 sortes de poisson :
- 5 kg de colin coûtent 65 € ;
- 7 kg de lieu coûtent 91 €.

Montre que le prix est le même au kg.
Calcule le prix de 12 kg de poisson, puis celui de 15 kg.

3 ▶ *Combien de berlingots de $\frac{1}{5}$ de litre peut-on remplir avec 587 litres de lait ?*

4 ▶ Dans la cour, on a mis bout à bout 6 bancs qui mesurent chacun 2,65 m de longueur et 0,3 m de largeur :

Calcule la longueur totale de ces bancs.

5 ▶ En une journée, une usine a fabriqué 14 626 boutons. Il faut les ranger dans des boîtes. On met 45 boutons par boîte.
Combien de boîtes pourra-t-on remplir ?

6 ▶ 6 marins décident de se partager leur pêche du jour.
Chacun reçoit 72 kg de poisson.
Combien de kg de poisson ont-ils pêchés ?

4 Quel est le nombre le plus proche de 7 ?

6,3 ou 7,07

Quel est le nombre le plus proche de 59 ?

58,42 ou 59,6

Quel est le nombre le plus proche de 51 ?

50,92 ou 51,09

5 Range ces nombres du plus petit au plus grand.

16 15,60 15,09 15 13,98

35,7 35 35,09 35,61 36

6 Voici le nombre d'habitants en 2002 de la France et des pays qui ont une frontière avec la France :

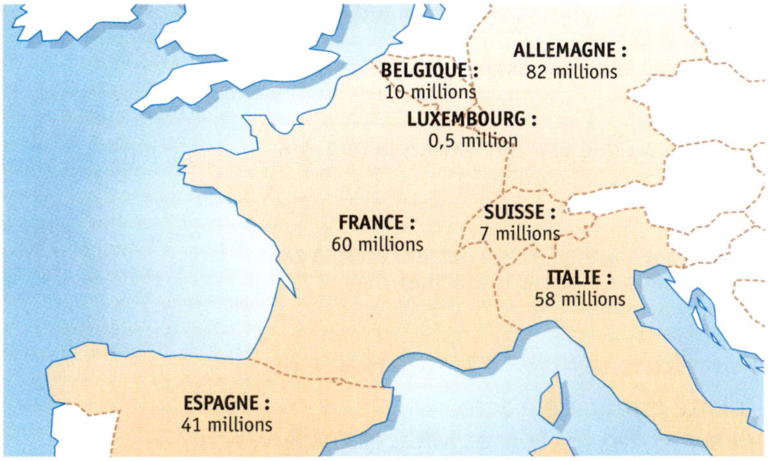

Reproduis la ligne graduée ci-dessous (10 carreaux = 50 000 000 d'habitants) et place les nombres d'habitants de ces différents pays.

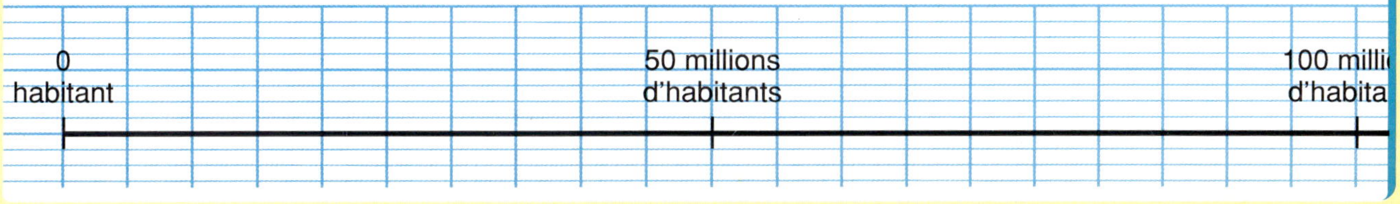

7

Problèmes

1 ▶ *Combien de gâteaux à 4 € peut-on acheter avec 238 € ?*

2 ▶ 4 athlètes ont lancé le poids. Établis leur classement à partir de la longueur de leur lancer :

- athlète A : 20 m et 7 dm ;
- athlète B : 2 dam ;
- athlète C : 20 m et $\frac{1}{2}$ m ;
- athlète D : 20,4 m.

3 ▶ Un chocolatier a rempli 789 boîtes avec des bonbons au chocolat. Dans chaque boîte, il a mis 53 bonbons.

Combien de bonbons au chocolat a-t-il rangés dans ces boîtes ?

4 ▶ Chez un libraire, pour 12 photocopies, Mme Hæckmann a payé 1,56 €. Pour 7 photocopies, M. Tibi a payé 0,98 €.

Montre que, chez ce libraire, le tarif n'est pas proportionnel.

5 ▶ *Si on découpe une corde de 91 m en 4 morceaux d'égales longueurs, quelle sera la longueur d'un morceau ?*

6 ▶ Deux enfants sortent l'argent qu'ils ont dans leurs tirelires : Nina a 6 € de moins que Manolo. Ensemble, ils ont 32 €.

Combien d'argent a chaque enfant ?

La calculatrice : comprendre le

1 « Remettre à zéro » une calculatrice qui possède une mémoire

Une calculatrice possède une mémoire lorsqu'elle a les touches M+, M− et MRC.
Est-ce le cas de la tienne ?

Si tu veux à la fois :
- annuler le nombre que la calculette a dans sa mémoire et
- afficher 0 à l'écran,
il faut appuyer successivement sur MRC MRC C/CE.*

Il faut donc appuyer deux fois sur MRC !

Remets ta calculatrice à zéro.

* Sur certaines calculettes, c'est une touche C/CE qui remet l'écran à zéro.
(La touche ON sert alors seulement à allumer la calculette.)

2 Calculer des additions sans utiliser les touches + et =

Assure-toi que ta calculette est remise à zéro.
Appuie successivement sur 5 M+ 3 M+ et MRC. *Qu'observes-tu ?*

Remets ta calculette à zéro. Appuie sur 16 M+ 50 M+ 4 M+ et MRC. *Qu'observes-tu ?*

Ne remets pas ta calculette à zéro (imagine que tu as oublié de le faire).
Appuie sur 100 M+ 210 M+ 5 M+ 4 000 M+ et MRC. *Qu'observes-tu ?*

J'ai appris

Avec une calculette à mémoire, on peut faire une suite d'additions sans utiliser les touches + et =, en utilisant les touches M+ et MRC.
Mais il faut d'abord remettre la calculette à zéro et on ne voit pas les résultats intermédiaires.

Sans utiliser les touches + et =, calcule cette suite d'additions : (732 + 1 549) + 598.
Vérifie ce calcul avec ta calculette en utilisant les touches + et =.

3 Calculer une suite de soustractions sans utiliser les touches − et =

Assure-toi que ta calculette est remise à zéro. Appuie sur 5 M+ 3 M− et MRC. *Qu'observes-tu ?*

Remets ta calculette à zéro. Appuie sur 100 M+ 50 M− 7 M− et MRC. *Qu'observes-tu ?*

Sans utiliser les touches − et =, calcule cette suite de soustractions : (732 − 548) − 147.
Vérifie ce calcul avec ta calculette en utilisant les touches − et =.

4 Pendant les calculs avec les touches + , − , x et ÷, la machine n'oublie pas ce qu'elle a en mémoire

Assure-toi que ta calculette est remise à zéro et tape : 81 M+.

Tape : 4 + 3 = ? *Quel résultat observes-tu ?* Tape MRC. *Qu'observes-tu ?*
Tape : 6 − 4 = ? *Quel résultat observes-tu ?* Tape MRC. *Qu'observes-tu ?*
Tape : 5 x 7 = ? *Quel résultat observes-tu ?* Tape MRC. *Qu'observes-tu ?*
Tape : 27 ÷ 3 = ? *Quel résultat observes-tu ?* Tape MRC. *Qu'observes-tu ?*

Tape : 5 M+.
Tape : 4 + 3 = ? *Quel résultat observes-tu ?* Tape MRC. *Qu'observes-tu ?*

Tape : 10 M−.
Tape : 7 x 5 = ? *Quel résultat observes-tu ?* Tape MRC. *Qu'observes-tu ?*

1 à 8 Cet ensemble d'activités sur les fonctions « mémoire » de la calculette est « hors progression » (le facteur constant sera abordé au CM2). Mais comme il nécessite certaines connaissances concernant la multiplication et la division, il ne peut être proposé, au plus tôt, qu'après le début de la 3e période. Dans l'activité 5, pour mettre en

fonctionnement de la mémoire

5 Mettre en mémoire le résultat d'un calcul

Remets ta calculette à zéro et tape : 6 x 8 = puis tape M+.

Tape : 4 + 2 = ? *Quel résultat observes-tu ?* Tape MRC. *Qu'observes-tu ?*
Tape : 7 – 5 = ? *Quel résultat observes-tu ?* Tape MRC. *Qu'observes-tu ?*
Tape : 2 x 7 = ? *Quel résultat observes-tu ?* Tape MRC. *Qu'observes-tu ?*

Tape : 3 M–.
Tape : 4 + 2 = ? *Quel résultat observes-tu ?* Tape MRC. *Qu'observes-tu ?*

Tape : 5 M+.
Tape : 4 + 2 = ? *Quel résultat observes-tu ?* Tape MRC. *Qu'observes-tu ?*

6 Mettre à zéro le contenu de la mémoire

Mélanie et Sébastien essaient de comprendre à quoi sert la touche MRC. Qui a raison ?

J'ai appris

MRC sont les initiales de **Memory** (mémoire) **Recall** (rappel) **Cancel** (annulation).
La 1re fois qu'on appuie dessus, ça « recopie » le contenu de la mémoire sur l'écran, la 2e fois, ça « vide » la mémoire (après, elle contient le nombre 0).

7 Utiliser la mémoire pour effectuer un calcul avec parenthèses

Problème : Camélia a 187 € d'économie et Loïc a 76 €. Pour l'anniversaire de leurs parents, ils réunissent leur argent et achètent 2 vélos à 117 € l'un.

Combien d'argent leur reste-t-il ?

Sébastien, Mélanie et Cécile ont cherché la solution de ce problème avec une calculette.

Il faut calculer :
187 + 76 – 117 x 2

J'ai d'abord tapé :
187 + 76 =

Puis j'ai tapé :
– 117 x
Ça a affiché 146 !
Je ne comprends pas !

Sébastien

Il faut calculer :
187 + 76 – (117 x 2)

J'ai d'abord tapé : 187 + 76 =
et j'ai noté le résultat
sur un papier : 263.

Puis j'ai tapé : 117 x 2 =
et j'ai noté le résultat : 234.

Puis j'ai tapé 263 – 234 =.

Mélanie

Il faut calculer :
187 + 76 – (117 x 2)

J'ai remis ma calculette à 0
et j'ai tapé : 187 + 76 =.
Puis j'ai tapé M+.
Puis j'ai tapé 117 x 2 =.
Puis j'ai tapé M–.

Pour voir le résultat, j'ai tapé MRC.

Cécile

Quelle(s) solution(s) conviennent ? Pourquoi la ou les autres ne conviennent-elles pas ?
Quand on ne dispose que de la calculette, quelle solution faut-il adopter ?

8

Calcule d'abord par écrit sur ton cahier, puis avec la calculette uniquement :

481 – (3 x 148)   (892 x 7) – (8 x 649)   (327 x 4) + (479 x 5) – (6 x 587)   926 – (832 – 457)

mémoire le produit 6 x 8, on demande de taper = avant d'appuyer sur M+, bien qu'on puisse le faire directement en tapant 6 x 8 M+. Dans cette situation de découverte, cela aide en effet à comprendre le fonctionnement de la mémoire. Mais en situation courante, cela permet aussi à l'utilisateur de contrôler ce qu'il a mis en mémoire.

Au dos des cahiers, on voit souvent des tables de multiplication complètes, mais c'est avec celles-ci que tu apprendras le mieux. **Ne les complète pas !**

J'apprends les tables de multiplication

Dans la table de 4, les nombres vont de 4 en 4 : *4, 8, 12, 16, 20…*

*Si je veux savoir combien font **4 fois 6**,*
*je cherche… dans la **table de 4**, à la **6e ligne**. Après 20, c'est 24.*

*Si je veux savoir combien font **4 fois 9**,*
*je cherche… dans la **table de 4**, à la **9e ligne**. Avant 40, c'est 36.*

Table de 3
3 fois 1, 3
3 fois 2, 6
3 fois 3, ...
3 fois 4, ...
3 fois 5, **15**
3 fois 6, ...
3 fois 7, ...
3 fois 8, ...
3 fois 9, ...
3 fois 10, **30**

Table de 4
4 fois 1, 4
4 fois 2, 8
4 fois 3, ...
4 fois 4, ...
4 fois 5, **20**
4 fois 6, ...
4 fois 7, ...
4 fois 8, ...
4 fois 9, ...
4 fois 10, **40**

Table de 5
5 fois 1, 5
5 fois 2, 10
5 fois 3, ...
5 fois 4, ...
5 fois 5, **25**
5 fois 6, ...
5 fois 7, ...
5 fois 8, ...
5 fois 9, ...
5 fois 10, **50**

Table de 6
6 fois 1, 6
6 fois 2, 12
6 fois 3, ...
6 fois 4, ...
6 fois 5, **30**
6 fois 6, ...
6 fois 7, ...
6 fois 8, ...
6 fois 9, ...
6 fois 10, **60**

Table de 7
7 fois 1, 7
7 fois 2, 14
7 fois 3, ...
7 fois 4, ...
7 fois 5, **35**
7 fois 6, ...
7 fois 7, ...
7 fois 8, ...
7 fois 9, ...
7 fois 10, **70**

Table de 8
8 fois 1, 8
8 fois 2, 16
8 fois 3, ...
8 fois 4, ...
8 fois 5, **40**
8 fois 6, ...
8 fois 7, ...
8 fois 8, ...
8 fois 9, ...
8 fois 10, **80**

Table de 9
9 fois 1, 9
9 fois 2, 18
9 fois 3, ...
9 fois 4, ...
9 fois 5, **45**
9 fois 6, ...
9 fois 7, ...
9 fois 8, ...
9 fois 9, ...
9 fois 10, **90**

Table de 10
10 fois 1, 10
10 fois 2, 20
10 fois 3, ...
10 fois 4, ...
10 fois 5, **50**
10 fois 6, ...
10 fois 7, ...
10 fois 8, ...
10 fois 9, ...
10 fois 10, **100**